福建省高校以马克思主义为指导的

哲学社会科学学科基础理论研究创新团队成果之一

福建師範大學 FUJIAN NORMAL UNIVERSITY | 史学文库

领先阁史学文萃

第二辑

闽台交流卷

叶青 主编

社会科学文献出版社
SOCIAL SCIENCES ACADEMIC PRESS (CHINA)

前言
PREFACE

社会历史学院历史学系是福建师范大学最早设立的院系之一，可追溯至1907年福建优级师范学堂开设的史地科。1952年，华南女子文理学院、福建协和大学和福建师范学院三校历史学系合并为一，承传至今。著名学者董作宾、卢兆荫、蔡维藩、傅衣凌、刘蕙孙、韩振华、陈增辉、陈矩孙、王文杰、熊德基、金云铭、朱维幹、陈贞寿、范传贤、林庆元等先后任教于此，积淀了厚重的学术传统。

在百余年的发展历程中，经过几代学人不懈的努力，福建师范大学历史学科紧紧围绕"立德树人"这一根本任务，在教学、科研、服务国家与地方需求、教育国际化拓展等方面，都取得了令人瞩目的成绩，得到社会各界的充分肯定。历史学本科教育是福建师范大学首批品牌专业，国家级特色专业，培养的学生在教育、科研及社会各界深受好评，毕业生遍布福建省内各中学，福建省中学历史特级教师、高级教师、省级骨干教师和教育硕士几乎全部毕业于我校历史学系。我系的研究生和本科生，在全国和全省的教育硕士、师范生教学技能大赛中，每年均能取得佳绩，荣获一二等奖。大批毕业生赴中国社会科学院、北京大学、复旦大学、南京大学、北京师范大学、南开大学、中山大学、武汉大学、厦门大学等著名学府及研究机构继续深造。历史学科现拥有中国史、世界史两个一级学科博士学位授权点和两个博士后科研流动站，拥有中国史、世界史一级学科硕士学位授权点，以及教育硕士学科教学（历史）专业学位研究生招生方向。世界史、中国史学科分别被确认为福建省一流学科建设的"高峰""高原"

学科。世界史、中国史双双入选省级首批博士、硕士研究生导师团队。拥有国学研究中心、区域与国别研究院、印度尼西亚研究中心、闽台文化研究中心、华人华侨研究中心、中琉关系研究所、中外关系史研究中心、中国基督教研究中心、福建省闽台缘仿真项目实验中心、福建省传统文化研究基地等研究机构，形成了全日制本科教育、学术型和专业型硕士研究生教育、博士研究生教育以及博士后教育的完整人才培养体系。

福建师范大学历史学系科研成果丰硕。教师团队每年都会获得多项国家社科基金项目（含重大、重点）、教育部社会科学基金项目、省级社科规划办等课题，大批成果获教育部人文社会科学优秀成果、福建省人文社会科学优秀成果奖。学科还着眼于国家与地方发展需要，主动融入国家战略，服务地方经济发展，先后围绕中国—拉丁美洲国家人文交流与合作、钓鱼岛争端、闽台关系、福建与“海上丝绸之路”及福建侨乡侨务工作等问题积极建言献策，并与政府各级部门或民间机构展开专题合作研究。

改革开放已经走过了40多年的历程，新中国迎来了70周年华诞，为了更好地总结经验，面向未来，继续书写新的历史，我们有必要对历史学科的研究成果进行回顾。此次收录的论文，冠名“领先阁史学文萃”，主要是为感谢1978级系友贾小平先生捐赠学院“领先楼”的情怀和义举。新建的领先楼为广大教师提供了国内一流的学习、工作条件。领先阁系列文萃（首批）五辑，主要聚焦福建社会相关论题，涉及“名人与福建社会”“闽台与福建社会”“地方文化与福建社会”“民间信仰与福建社会”等方面的论文。今后，我们拟每年出版关于其他论题的文萃辑，推出学科团队新近的学术力作。

领先阁系列文萃所收录论文的作者都是对福建师范大学历史学科的建设付出了热情和心血的学者，其中有的现已荣退，收录他们的论文，是为了让我们铭记福建师范大学历史学科的源远流长，靠的是每一位历史学人的努力付出，后学者当感怀曾经为之贡献智慧和才智的前辈们。当然，我们也希望以此总结过去的成绩，进一步增进与学界同人之间的了解和交流，推动学术的进一步繁荣发展。

历史学是社会科学的基础，是人类文明的灯塔，是开辟未来的阶梯。我们清楚地意识到学科发展带给我们的压力和福建师范大学历史学建设一流学科的需求。我们会在现有的基础上孜孜不倦，砥砺前行，凝聚学科新一代骨干力量，继承老一辈开创的传统，并将其发扬光大，协力推进学科建设的蓬勃发展。

本文萃获得了福建省高校以马克思主义为指导的哲学社会科学学科基础理论研究创新团队项目的支持。“文化传承视野下福建社会史研究”创新团队，引进了一批毕业于北京大学、中国社会科学院研究生院、香港中文大学、南开大学、北京师范大学、中山大学等国内著名高校的新生代学者，他们在研究领域亦初露锋芒，创造了一批视野宽阔、理论深厚、特色突出的著述。团队中的陈友良、李永、陈晔、谢皆刚、江晓成五位博士在此次编辑系列文萃中，通力协作，审稿认真、严谨、专业，付出了艰辛劳动。系列文萃得以付梓，还得益于作者们特别是老先生们的鼎力支持，《领先阁史学文萃》工作委员会专家们具体的指导，以及学院党政领导的鼓励和鞭策。在此一并表示衷心的感谢！

编 者

2019 年 3 月 21 日

本辑内容提要

本辑收录论文十余篇，分为移民、制度、抗争、信仰文化四个专题，从不同角度研究了闽台交流问题。

第一编为“移民编”。谢重光《清代台湾客家六堆义民的评价问题》在准确界定清代台湾客家义民身份的前提下，探讨了清代台湾客家义民的历史评价问题，阐明了清代台湾客家义民是乡村团结自保的民间武装，其首要任务是保卫家园，在历史上起到了稳定地方秩序的作用，是保护社会安定的力量。谢重光《台湾客家移民中的汀州客及漳州客、潮州客问题》利用海峡两岸关于清代闽粤移民台湾的文献和文物、口碑资料，详尽论述了汀州客对台湾开发的贡献，还讨论了汀州客及潮州客的族属问题。

第二编为“制度编”。郭培贵《明代金门岛的文举人和文进士考述》在考察明代金门岛的地理位置及其行政建置后，利用丰富的地方志资料，分别考察了明代金门岛的文举人、文进士和祖籍金门岛而在中举时户籍已迁出该岛的明代文举人和文进士的详情。戴显群《清代福建乡试与台湾举人》提出，台湾自康熙二十三年（1684）归属福建，到光绪二十年（1894）割让给日本的200余年间，在福建乡试中共有301人中举，居福建全省第8位，成绩斐然。台湾试馆，是清代为方便全台士子参加乡试、会试而在省城（会城）福州设立的试馆。它的设立，适应了增进闽台联系的需要，对促进闽台经济文化交流、维护国家统一具有重要意义。徐心希《试论福州三坊七巷学人与台湾书院的发展》以福州三坊七巷学人在历代尤其是清中晚期东渡台湾筹办书院、推广传统教育为线索，探索福州学者协助发展清代台湾书院教育的缘由，并重点分析了福州鳌峰书院等严谨、创新学风对晚清台湾各地书院教育的深刻影响。

第三编为“抗争编”。郑广南《17 世纪福建郑氏海商崛起及其“海上商业王国”》考察了 17 世纪 20 至 80 年代福建南安石井郑芝龙、郑成功、郑经祖孙三代所建立的“海上商业王国”，认为福建郑氏海商是国家“海洋利益”最早的捍卫者，郑氏海商经营海外贸易，既为己谋，也为民谋、为国谋。他们泛筏兴贩东西两洋，争贸易大利，利民裕国。张桂林《清代爱国将领林兴珠》一文据翔实资料，从林兴珠参加郑成功抗清斗争到投诚清朝、放弃吴三桂回归清朝、参加著名的雅克萨之战等方面进行了论述，认为林兴珠以国家利益为重，在不同历史时期，能顺应历史发展的趋势，做出明智的选择。他回归清朝以后，为维护统一的多民族国家和祖国领土主权做出了重要贡献，因而是清代一位爱国将领。叶青《日据时期“六三法”撤废运动与台湾知识分子民族联合阵线的形成》探讨了台湾在日据时期六三法撤废运动的缘起与台湾知识分子民族运动团体的建立，“六三法”撤废运动的发展与台湾知识分子民族运动团体的联合。叶青《日据时期台湾文化协会的文化启蒙运动》认为，在第一次世界大战后世界“民主”“自由”思潮及殖民地独立运动的影响下，台湾知识分子开始领导台湾人民展开一系列的民族运动。台湾文化协会是日据时期一批思想敏锐、阶级属性和世界观各异的新旧知识分子共同结成的知识分子抗日民族运动联合团体。叶青《解放战争时期国共两党的福州攻守战略与闽台关系》考察了解放战争时期国共双方对福州攻守的战略与战争过程，进一步解读了相关历史阶段闽台关系演变的缘由，深刻阐述了闽台之间存在的不可分割的密切关系。

第四编为“信仰文化编”。林国平《去巫化与正统化：民间信仰的生存和发展之路——以福建民间信仰为例》通过福建民间信仰的实例，认为“去巫化”和“正统化”对于民间信仰的生存和发展至关重要，“去巫化”和“正统化”是否成功，在很大程度上决定了民间信仰的生存和发展空间，甚至决定着民间信仰的生死存亡。林国平《闽台民间信仰的由来与社会基础》从“好巫尚鬼”的传统、自然灾害和社会矛盾、移民浪潮、实用功利性四个方面考察了闽台民间信仰的形成与传播等问题。林金水《台湾基督教史述论》探讨了荷据时期、清统时期、日据时期和战后时期四个时期基督教在台湾的发展。黄建兴《三坛小法与闽台传统社会》认为“三坛小法”是活跃于闽台传统社会的一种特殊宗教仪式。三坛小法通过一系列大大小小的义务法事仪式，极大地丰富了地方社会民众的精神生活和宗教民俗活动。台湾的三坛小法源于闽南原乡，既有传承又有变迁。通过对两地三坛小法的比较研究，互补互证，有助于更加全面了解三坛小法的历史渊源、宗教形态特征及其在传统社会的角色和功能。郭荣刚《晚清传教士的台湾少数民族观及其影响》论述了晚清在台传教士的宣教重点曾发生由汉人向少数民族的转变。基督教在少数民族中的传播，加快了当地原始社会的解体，亦促成少数民族在文化上的变迁。更为值得关注的是，由于传教士采取“分而治之”的策略，造成台湾基督教长期分化的格局。

目录
CONTENTS

移民编

清代台湾客家六堆义民的评价问题

谢重光

一　义民身份的界定

说到义民，最近有一种观点，认为“义民”只是因协助官府平乱而获得朝廷赐封的很少一部分人，其他参加抗御造反者侵扰及协助官府平定社会动乱的客家人，严格来说都不算“义民”，只能称为“乡民壮”。有学者认为，在朱一贵事件中，“总人数高达 15000 人以上的受赏人中，‘义民’其实仅有 221 名，其他的绝大部分都只是‘乡民壮’”①。后来“义民”扩大到六堆的所有客家人，是动乱平定之后地方社会建立或转型的产物，是粤民巧妙地利用官府赐予的牌匾，以及建立庙宇供奉圣旨牌位等办法，“成为地域社会的正统象征”，“让原本属于特定少数个人的‘义民’之身份和称谓，得以在历史时期于地域社会中扩散开来，成为一种泛地域、泛语言或泛族群的称谓”②。

笔者认为，“义民”的称号，是属于特定的少数个人，还是属于参加平乱的所有乡民，关系到对后来六堆客家社会发展的理解，也关系到对后来台湾福佬与客家关系的理解，必须首先予以阐明。

① 李文良：《清代南台湾的移垦与“客家”社会（1680~1790）》，台大出版中心，2011，第 193~194 页。

② 李文良：《清代南台湾的移垦与“客家”社会（1680~1790）》，台大出版中心，2011，第 179 页。

“义民”的提法来自官方，是官方对那些在社会动乱中不参与动乱，反而能“尽忠向义”，帮助官府平乱之民的褒奖。所以“义民”指涉的对象，应以官方的观点为准。因此，可对朱一贵事件发生之后两年，即雍正元年（1723）兵部尚书孙柱给皇帝的奏折进行考察。

> 总督满保原疏内开，台乱之时，南路下淡水，及安平镇西港尾乡壮义民李直三等纠众举义，固守地方，保护仓廒，又奋勇杀贼可嘉。恳将为首之人功加议叙，打仗出力、汉仗好者挑选数人准拔营中千、把，各项义民、乡壮量加奖赏，以示鼓励。等语。查李直三等义勇，诚属可嘉，虽民人从无议叙之例，今奉有从优议叙之旨，除周良佐、魏国泰业于征台案内议叙，吴光、李必第已于征台案内驳查，赖君奏、赖以槐、张生俱已病故，毋庸议外，应将守土义民李直三等一百十六名、引兵杀贼义民郭步青等三十六名、拿获贼首义民杨旭等二十三名，俱比照部册有名外委官议叙之例，各功加一等。各项乡民壮一万四千九百六十名，应俱加赏赉。查该督业经公捐赏给，应毋庸议。至阵亡之义民涂文煊等四十六名，应行该督酌量恤赏。①

有学者据此认为，义民专指李直三等200余人，其中又分守土义民、引兵杀贼义民、拿获贼首义民、阵亡之义民等不同类型，而其余参加协助官府抵御乱民的人，只是乡民壮，不能称为义民。②

笔者对此文件的理解，与上述论者不同。孙柱奏折中开列的李直三等各种名目的义民221名，是义民的“为首之人”，对于这些“为首之人”，是要“比照部册有名外委官议叙之例，各功加一等”，分别授予外委、千总、把总等官职，所以特别说明其具体功绩，报请批准；其余“举义，固守地方，保护仓廒，又奋勇杀贼可嘉”的“各项乡民壮一万四千九百六十名”，也是义民，不过因为他们不是“为首之人”，所以不能赏予官职，只能一般地“赏赉”。至于如何“赏赉”，该文没有具体说明，但据闽浙总督

---

① 张莉编译《台湾朱一贵抗清史料》（下），《历史档案》1988年第4期。

② 李文良：《清代南台湾的移垦与“客家”社会（1680～1790）》，台大出版中心，2011，第178～179页。

觉罗满保的《题义民效力议叙疏》可知，对一般义民的“赏赉”，主要是赐予匾额，给予精神上的褒扬和激励。觉罗满保是负责平乱的最高统帅，其《题义民效力议叙疏》又是在朱一贵事件中，最早提到“义民”的官方文件，对于考察官方如何认定“义民”，具有权威的意义，有必要细加分析。

觉罗满保的《题义民效力议叙疏》有繁简两个版本。简本文字简略，兹移录其中有关下淡水义民的文字于下。

> 查六十年四月二十四日，贼犯杜君英等在南淡水招伙竖旗，义民李直三等谋密起义。五月初一日，府治失陷，各义民随纠集十三大庄、六十四小庄共一万二千余名，分设七营排列淡水河岸，又以八庄仓谷遣刘怀道等带领乡庄社番固守。六月十二日，朱一贵遣贼目贼人二万余，隔河结营。十八日从西港口偷渡。十九日，钟沐华等三面合攻，大败贼众。臣随将为首给以外委牌、制“怀忠里”匾额，旌其里门。此南路下淡水义民效力之实绩。①

通过这份简本的文字，我们所知道的是事平之后，官方分两种方式奖赏义民，为首给以外委牌，即授予一定的官职；对一般“举义”群众，制“怀忠里”匾额，旌其里门，即表彰其乡里都是“怀忠”之民。在总督觉罗满保心目中，义民到底是为首的少数人，还是“怀忠”的全乡里之人，还是不很清楚。但在繁本的《题义民效力议叙疏》里，这个问题是说得很清楚的。繁本《题义民效力议叙疏》有以下内容。

> 镇平、程乡、平远……三县义民内有李直三、侯观德、涂文煊、邱永月、黄思礼、刘魁材、林英泰、钟国虬、林文彦、赖君奏等谋密起义，誓不从贼；纠集十三大庄、六十四小庄，合镇平、程乡、平远、永定、武平、大埔、上杭各县之人，共一万二千余名于万丹社，拜叩天地竖旗，立“大清”旗号，供奉皇上万岁圣旨牌……各义民纠

① 张莉编译《台湾朱一贵抗清史料》（上），《历史档案》1988年第2期。

众拒河严守一月有余，不容贼伙一人南渡淡水。……六月十八日巳时，贼从西港口偷渡，焚劫新园；刘庚甫、陈屏裕、钟贵和等统众与贼合战两次，彼时因各营义民分扎各处，众力未齐，未能取胜。至本日未时，刘庚甫、陈展裕复纠同侯欲达、梁元章、古兰伯，与贼战于小赤山；至晚复战一次，各有损伤。十九日，贼犯万丹，刘庚甫、陈展裕、侯欲达、古兰伯率众拒敌，且战且守，诱贼至滥滥庄。彼时钟沐纯等率众从搭楼赶赴前来，绕出贼人之后从北面杀入；刘庚甫、梁元章、古兰伯、刘怀道等统众从南面杀入，陈展裕、侯欲达、涂定恩等率众从东杀出：三面合攻，大败贼众。……自五月初十日起，义民与贼隔河对垒，官兵信息莫通。直至六月十九日，贼众败逃，搜得贼首朱一贵败军回府伪谕，始知大兵既经到府；遂于闰六月初二日，侯观德、李直三等率三千人护送皇上万岁圣旨牌至台湾府，奉入万寿亭。

臣与提臣闻报，见其纠众举义固守下淡水以南地方，保护仓廒；又复奋勇杀贼，大可嘉尚。随将为首起义及统众打仗出力之人，俱各分别奖励；各给以外委、都司、守备、千、把，又前后捐赏银九百五十两、米三百石、谷一千三百石、彩绸一百匹，制“怀忠里”匾额旌其里门。又拔李直三、侯观德、邱永月、刘庚甫、陈展裕、钟沐华为营中千、把，未经部准。此南路下淡水义民杀贼守土效力之实迹；其举事虽有先后之不同，而效忠则无彼此之或异。①

此疏首先提到“三县义民”，肯定了镇平、程乡、平远三县参与杀贼守土效力之人，都是义民，李直三、侯观德、涂文煊、邱永月、黄思礼、刘魁材、林英泰、钟国虬、林文彦、赖君奏等不过是“为首起义及统众打仗出力之人”，是义民中的领袖和功臣而已，并不是说只有李直三等才是义民，其他三县之人不是义民。后文又提到“各义民纠众拒河严守一月有余”“各营义民分扎各处”“义民与贼隔河对垒”等情，都说明“义民”是一个大群体，并非仅指其中的领导者或功绩显著之人。因为“其举事虽

① 觉罗满保：《题义民效力议叙疏》，王瑛曾《重修凤山县志》卷12，台湾银行经济研究室编《台湾文献丛刊》第146种，台湾银行，1962，第343~346页。

有先后之不同，而效忠则无彼此之或异”，故对这一大批义民给予普遍的奖赏，“前后捐赏银九百五十两、米三百石、谷一千三百石、彩绸一百匹”，又“制‘怀忠里’匾额旌其里门”。不难看出，在总督觉罗满保眼中，下淡水平原十三大庄、六十四小庄，镇平、程乡、平远、永定、武平、大埔、上杭各县之人，共一万二千余名都是义民，只不过存在所起作用和功绩大小的差别，因而应给予力度不同的奖励和旌表。

觉罗满保的这种观点和做法，获得了上至朝廷下至台湾府县的肯定。雍正十年（1732）内阁大学士张廷玉的一份题本称：“台湾府查明，义民共 12199 名。”① 足见在处理朱一贵事件善后事宜时，统治阶级一致认为，当时抵御朱一贵之乱“杀贼守土效力”的镇平、程乡、平远、永定、武平、大埔、上杭各县一万余名客家丁壮都是义民。

对此，笔者还可以提供其他文献佐证。乾隆年间曾任台湾府同知、知府和巡道的尹士俍，所撰《台湾志略》中有以下内容。

> 下淡水多客民庄，惠、潮之人聚集耕种，每庄不下千百人。辛丑助剿朱匪，因呼为“义民庄”（凡港东、港西二里之客民，当时报册有名者，俱称为“怀忠里义民”）。②

很明显，这里是把当年协助剿平朱一贵之乱的下淡水各客民庄，都称为“义民庄”，凡港东、港西二里之客民，当时报册有名者，俱称为“怀忠里义民”。

乾隆朝林爽文事件后，乾隆皇帝对义民的看法，也很具权威性，对于正确理解朱一贵事件中的义民很有帮助。乾隆皇帝的上谕说：

> 台湾义民甚多，而广东、泉州二处民人尤为急公，随同官兵打仗杀贼，屡经出力。自康熙年间，广东庄义民因剿贼有功，经总督满保

① 张廷玉等：《大学士管户部尚书事张廷玉等题议准闽抚所请台属义民往来应立法稽查以杜偷渡之弊本》（雍正十年八月五日），中国第一历史档案馆编《雍正朝内阁六科史书·户科》第 86 册，第 383~385 页。

② 尹士俍：《台湾志略》中卷《民风土俗》，李祖基点校，九州出版社，2003，第 45 页。

> 赏给怀忠、效忠匾额，是以民人等咸知向义，踊跃自效。但前次匾额只系总督所给，伊等已如此感激奋励，今将广东庄、泉州庄义民，朕特皆赐匾额，用旌义勇，伊等自必倍加鼓舞，奋力抒忠。[①]

在乾隆皇帝看来，在朱一贵事件中剿贼有功的广东庄民众，都是义民，旌表义民的标志，就是赐予怀忠、效忠匾额；而在林爽文事件中，“随同官兵打仗杀贼，屡经出力”的“广东庄、泉州庄”民众，也是义民。朱一贵事件中，对义民的褒奖，是由闽浙总督赐予匾额。这次他要提高规格，亲自赐予匾额。

又乾隆五十二年二月十三日，内阁奉上谕：“贼匪滋事，百姓中有能帮同官兵剿杀者，即为义民，自应加之奖励。”[②] 这可说是乾隆皇帝给义民下的标准定义。

总的来说，对义民的认定，是官方的事。从当时留下的官方文献来看，统治阶级上上下下一致的看法是：在社会动乱中协助官府打仗杀贼的民众都是义民。由于当时民众随同官兵打仗杀贼时都是一庄一庄集体行动，所以对义民的认定，基本上是按庄来识别的，所谓“下淡水各客民庄”“义民庄”“广东庄、泉州庄”，都体现了按庄判别义民的事实，并成为统治阶级的共识，进而成为社会共识。可见，论者把义民局限于少数特定个人，不符合历史实际。这些受到提拔的特定个人，其实不是一般的义民，而是义民首。论者由此得出的结论：“原本属于特定少数个人的‘义民’之身份和称谓”，“在历史时期于地域社会中扩散开来，成为一种泛地域、泛语言或泛族群的称谓”，自然也不符合历史实际。

二　应肯定六堆义民是保卫家园的民间武装，是保护社会安定的力量

现在再来讨论对六堆义民的评价问题。

---

① 台湾史料集成编辑委员会编《清代台湾关系谕旨档案丛编》2，“行政院文化建设委员会”，2004，第152页。

② 台湾银行经济研究室编《台案汇录庚集》，《台湾文献丛刊》第200种，台湾银行，1963，第4页。

近年来，关于台湾历史上屡屡出现的义民的评价，学界的分歧很大。有人从肯定朱一贵、林爽文等事变为农民起义出发，认为“依附官府镇压起义”的义民“不义”，是封建官府的帮凶；有人认为，义民是针对游民（罗汉脚）对社会的破坏而产生的民间自卫组织；游民反对“乱民”的焚掠行为，协助官府恢复社会秩序，“含有相当社会正义行为的成分”；义民是“社会团结的力量”。[①] 陈孔立教授以阶级斗争的观点分析义民问题，从肯定台湾移民社会历次民变是农民起义的立场出发，得出几点重要的结论，其中前两点是：“1. 义民是由官府或士绅阶级组织领导的，义民帮助官府镇压起义，保护官府和士绅阶层的利益。这就决定了义民在台湾移民社会中所处的社会地位——统治阶级的附庸和工具。2. 义民既有保卫乡里、避免受到起义者侵害的一面，又有乘机焚抢、侵害一般平民的一面，把他们看成是保护社会安定的力量是不符合历史真实的。”[②]

笔者认为，清代台湾义民的问题很复杂，不能一概而论。但就朱一贵事件中下淡水平原的客家“义民”来说，“义民”一方组织民间武装，起而对抗造反的农民武装，主要是为了保卫家园，捍卫自己耕垦的权益和成果。事件中“义民”与“乱民”的矛盾斗争很复杂，但起决定性作用的主要是族群矛盾。其起因有客家与福佬两个族群长期的隔阂为背景。让我们还是通过原始文献去观察和分析这个问题。

早在大陆原乡，客家与福佬两个族群就已积不相能，由于语言不通，习俗不同，以及实际利益的争夺，彼此产生不少猜忌和仇怨，“客家”“福佬”之得名，分别是被对方作为鄙称骂出来的，原本都带有强烈的贬义。到了台湾之后，两个族群的猜怨如故，最集中的体现，是康熙五十六年到康熙五十九年由福佬文人编纂的台湾三个县的县志[③]，口径一致地记载了客家人在台湾的负面形象。如《诸罗县志》在描述客家风俗时，用了一连串鄙视排挤之词：“犷悍无赖下贫触法亡命”，“朋比齐力，而自护小故，

---

① 陈孔立：《清代台湾移民社会研究》（增订本），九州出版社，2003，第 414 页。

② 陈孔立：《清代台湾移民社会研究》（增订本），九州出版社，2003，第 425 页。

③ 《诸罗县志》，漳浦县监生陈梦林编纂，成书于康熙五十六年；《凤山县志》，台湾福佬人、府学岁贡生陈文达编纂，成书于康熙五十八年，五十九年刊行；《台湾县志》，陈文达编纂，成书于康熙五十九年。

辄哗然以起，殴而杀人、毁匿其尸”。“引类呼朋，连千累百，饥来饱去，行凶窃盗，头家不得过而问矣。田之转移交兑，头家拱手以听，权尽出于佃丁。”“初，台人以客庄盛，盗渐多，各铸铁烙牛，以其字为号，便于识别。盗得牛，更铸钱，取字之相似者覆以乱之。牛入客庄，即不得问。或易其牛，反缚牛主为盗；故台属窃盗之讼，偷牛者十居七八。”又称：“诸罗自急水溪以下，距郡治不远，俗颇与台湾同。自下加冬至斗六门，客庄、漳泉人相半，稍失之野；然近县，故畏法。斗六以北，客庄愈多，杂诸番而各自为俗，风景亦殊郐以下矣。”[①] 意思是，客家人多的地方，风俗就“野”，风景就鄙俗不堪。

《凤山县志》亦称客家风俗“好事轻生，健讼乐斗，所从来旧矣”。[②]《台湾县志》自称该县没有客庄，因而“无生事、无非为，俗之厚也，风斯隆矣！”[③] 在其作者看来，一个地方没有客家人，风俗就隆厚，有客家人，风俗就轻薄。《台湾县志》又曰：“客人多处于南、北二路之远方；近年以来，赁住四坊内者，不可胜数。房主以多税为利，堡长以多科为利；殊不知一人税屋，来往不啻数十人，奸良莫辨。欲除盗源，所宜亟清者也。”[④] 以上材料，简直就等于说客家人非奸即盗。

陈梦林的好友、同为漳浦人的蓝鼎元，对客家人的观感也是很负面的。他认为“客庄居民，朋比为党，睚眦小故，辄哗然起争，或殴杀人匿灭其尸。健讼，多盗窃，白昼掠人牛铸铁印重烙以乱其号。（台牛皆烙号以防盗窃，买卖有牛契，将号样注明。）凡牛入客庄，莫敢向问；问则缚牛主为盗，易己牛赴官以实之。官莫能辨，多堕其计。此不可不知也。”“客庄居民，从无眷属。合各府、各县数十万之倾侧无赖游手群萃其中，无室家宗族之系累，欲其无不逞也难矣！”[⑤] 蓝鼎元与陈梦林在这方面观点相近。他从征台湾，作露布声讨朱一贵、杜君英曰：“朱一贵以饲鸭鄙夫，

---

① 周钟瑄主修、陈梦林等编纂《诸罗县志》卷 8《风俗志》“汉俗”总论及“杂俗”，台湾银行经济研究室编《台湾文献丛刊》第 141 种，1963，第 136 页、第 145 页。

② 陈文达编纂《凤山县志》卷 7《风土志》，《台湾文献丛刊》第 124 种，第 80 页。

③ 陈文达编纂《台湾县志》卷 1《舆地志》“杂俗”，《台湾文献丛刊》第 103 种，第 57 页。

④ 陈文达编纂《台湾县志》卷 1《舆地志》“杂俗”，《台湾文献丛刊》第 103 种，第 60 页。

⑤ 蓝鼎元：《鹿洲初集》卷 2《与吴观察论治台湾事宜书》，蒋炳钊、王佃点校《鹿洲全集》上册，厦门大学出版社，1995，第 49 页。

狡焉倡乱。杜君英以佣工客子，肆其狂谋。”① 他对杜君英的族群属性判断虽然有误，但用客子对鄙夫，也暴露出他对客家人的强烈鄙视。

台湾青年学者李文良说得好：“与其把清初台湾方志的‘客民’书写看成是一张‘客家人的照片’，来观察客家的面貌，倒不如将之视为一面‘镜子’，借以照射清初台湾的社会像。”② “我们除了从文献中去读取表面的客家讯息外，更应该试图读取掌握书写权力、却未在文献中出现的那群人以及他们内心的想法。透过文献的‘客民’书写所要对照出来的，可能不是客家人的问题，而是当时‘非客家’之人所面对的社会问题。”③ 当然，这里提到的“未在文献中出现的那群人”，不但是掌握文献书写权的少数文人，还有他们背后的广大福佬人。少数福佬籍文人对客家的负面印象，源于整个福佬族群与客家族群之间的隔阂、误解、矛盾、对立。由此反观，在朱一贵事件中，总督觉罗满保对南台湾社会矛盾的观察是多么的深刻：“查台湾凤山县属之南路淡水，历有漳、泉、汀、潮四府之人，垦田居住。潮属之潮阳、海阳、揭阳、饶平数县，与漳、泉之人语言声气相通，而潮属之镇平、平远、程乡三县，则又有汀州之人自为守望，不与漳、泉之人同伙相杂。”语言声气相通者结为一个族群，自为守望，而与语言声气不通的其他族群不相往来，甚而矛盾争斗，这正是下淡水客民团结一气、武装抗御朱一贵集团的社会背景。研究和评价朱一贵事件中的义民问题，不能不了解这一深刻的社会背景。

还有一个必须了解的背景，是明中叶以来社会动乱与乡村军事化的关系。面对社会动乱，乡村社会往往以士绅阶层为主导，组织乡兵，力图实现乡村自保。这样的社会过程，在闽粤两省都可找到典型的实例。闽省的经验，是训练乡兵与营筑土堡、土楼相结合。嘉靖年间，福建沿海倭患连绵不断，各地遭受惨烈破坏。乱世中，很多地方都会团结乡兵，结寨自保。做得最成功的是漳浦县埔尾乡（今属云霄县），该乡因为筑起土堡，

① 蓝鼎元：《东征集》卷1《六月丙午大捷攻克鹿耳门收服安平露布》，蒋炳钊、王佃点校《鹿洲全集》下册，厦门大学出版社，1995，第530页。

② 李文良：《清代南台湾的移垦与“客家”社会（1680~1790）》，台大出版中心，2011，第128页。

③ 李文良：《清代南台湾的移垦与“客家”社会（1680~1790）》，台大出版中心，2011，第138页。

抗击倭寇取得巨大成功。位至翰林的漳浦县人林偕春总结说：

> 自是而后，民乃知城堡之足恃，凡数十家聚为一堡，寨垒相望，雉堞相连。每一警报，辄鼓铎喧闻，刁斗不绝。贼虽拥数万众，屡过其地，竟不敢仰一堡而攻，则土堡足恃之明效也。

又说：

> 自平和小陂倡勇于前，漳浦周陂奋勇于后，寡可击众，贼不敢迩。埔尾、洋下诸堡，遂鸠族人习学技击，教一为十，教十为百，少年矫健，相为羽翼，每遇贼至，提兵一呼，扬旗受甲，云合响应。每一夫持梃而驱，贼望见之以为神兵从天而下，所当皆靡，所至无前。

根据这一经验，他明确提出：无论县城和官修的军事寨堡如何坚固，要保护广大百姓，作用有限，“不如在乡各自堡之为安”，“坚忍不拔之计在筑土堡，在练乡兵”。[①]

粤东的情况，则以大埔县白堠乡为典型。白堠本是一个“盗窟”，在嘉靖年间的张琏之乱中，白堠杨家有多人加入张琏团伙，因而惨遭镇压。事后，白堠杨氏宗族成功实现了角色转型，重文教，走科举之路，慢慢演变成文化家族。其间，“明末白堠士绅阶层的形成与发展，在地方社会发展过程中产生了相当深刻的影响。他们在明清鼎革、社会动荡之际，组织乡兵，实现乡村军事化，力图实现地方‘自保’。而对白堠地方社会影响最大的，早期莫过于组织乡兵，打击地方流寇，稳定地方秩序”[②]。

这一因应社会动乱而实现地方军事化的传统，也由闽粤对台移民带到了台湾。朱一贵事件前后，下淡水平原客家庄形成民间武装，实行联庄自保，就是这一传统在台湾传承结出的硕果，其团结自保因应动乱的色彩是非常浓厚的。

---

① 林偕春：《兵防总论》，陈汝咸原本、施锡卫再续纂（光绪）《漳浦县志》卷 11。

② 肖文评：《白堠乡的故事：地域史脉络下的乡村社会建构》，生活·读书·新知三联书店，2011，第 105~106 页。

据现有史料，尚不能得知朱一贵事件之前下淡水平原各客庄团结自保的具体情形，只能约略知其“自为守望，不与漳、泉之人同伙相杂”。在朱一贵事件中，其乡村自保组织迅速形成。据史料记载，康熙六十年四月二十二日，杜君英等在南路淡水槟榔林招伙竖旗起事，各客庄之民“并无入伙”[①]，而且自“五月初一日，府治失陷，各义民随纠集十三大庄、六十四小庄共一万二千余名，分设七营排列淡水河岸，又以八庄仓谷遣刘怀道等带领乡庄社番固守”[②]。从四月二十二日到五月初一日，最多不过旬日时间，十三大庄、六十四小庄共一万二千余名客民，就结成联盟，分设七营排列淡水河岸，与造反队伍对垒，形成了日后“六堆”组织的雏形。我们除了惊叹其时下淡水平原客家人组织能力之强、效率之高外，也不难感受到，事件之前下淡水平原客民一定已有某种形式的自保组织。[③]

现在大家常常渲染下淡水平原客民在朱一贵事件中结成的七营民间武装，主要是为了帮助官府征剿造反武装。其实，客庄当时组织起来的首要任务，是防御造反武装的侵扰。也就是说，保卫家园是第一位的，拥护朝廷、帮助官军是第二位的。甚至可以说，打着拥戴朝廷、支持官府的旗号，也是自保的一种策略。现存的史料，就提供了在朝廷的平乱大军到来之前，造反武装侵犯客庄，遭到客庄民间武装坚决反击的史实。对此，闽浙总督觉罗满保在奏疏中有一个概略的说法：

> 各义民纠众拒河严守一月有余，不容贼伙一人南渡淡水。至六月十二日，贼首朱一贵遣贼目陈福寿、王忠、刘育、刘国基、薛菊生、郭国桢带贼人二万余，隔河结营，两相对垒。六月十八日巳时，贼从西港口偷渡，焚劫新园；刘庚甫、陈屏裕、钟贵和等统众与贼合战两次，彼时因各营义民分扎各处，众力未齐，未能取胜。至本日未时，

---

① 觉罗满保：《题义民效力议叙疏》，王瑛曾《重修凤山县志》卷12，台湾银行经济研究室编《台湾文献丛刊》第146种，台湾银行，1962，第343~344页。

② 张莉编译《台湾朱一贵抗清史料》（上），《历史档案》1988年第2期。

③ 据《重修凤山县志》记载，就在四月二十二日杜君英招伙竖旗的当天，下淡水平原的客民首领“直三等密谋起义不从贼，先于四月二十二日，遣艾凤礼、涂华（煊）等，赴府请兵”。据此推测，在李直三等团结十三大庄、六十四小庄共一万二千余名客民组成七营之前，客民已有核心武装组织。

> 刘庚甫、陈展裕复纠同侯欲达、梁元章、古兰伯，与贼战于小赤山；至晚复战一次，各有损伤。十九日，贼犯万丹，刘庚甫、陈展裕、侯欲达、古兰伯率众拒敌，且战且守，诱贼至滥滥庄。彼时钟沐纯等率众从搭楼赶赴前来，绕出贼人之后从北面杀入；刘庚甫、梁元章、古兰伯、刘怀道等统众从南面杀入，陈展裕、侯欲达、涂定恩等率众从东杀出：三面合攻，大败贼众。追至淡水河边，有邱若瞻、艾凤礼拦河截杀，贼众无船可渡，溺死及杀死者数千人，余俱逃散；贼目刘育亦被杀死。义民为首之涂文煊及乡壮被贼伤死者一百一十二名。夺得大铳四尊、砂炮四尊、伪札、伪印、旗号、军器甚多。贼目陈福寿、刘国基、薛菊生小船逃至琅峤，相继投出。自五月初十日起，义民与贼隔河对垒，官兵信息莫通。①

据此可知，客家民间武装在初期一直采取守势，从五月初十日起，守了一个多月，保证下淡水平原客家庄不被蹂躏。六月十二日开始，造反武装集结二万余人大举向客家武装进攻，六月十八日巳时，更渡过下淡水溪进行“焚劫”，客家武装方面，先受到挫折，然后各处齐集，合力御敌，经过惨烈的战斗，终于取得胜利。

朱一贵部属的供词，也证实了造反武装对下淡水客家武装的侵扰和进攻。有一名朱一贵部下供称：“大兵进鹿耳门，□□□□□南淡水与客仔厮杀，打败了，逃往琅峤。”又朱一贵部将王忠的手下王拔供称：“六月初间，同王忠去南淡水征客仔，十九日输了，二十日同王忠坐一只船出海。”②“与客仔厮杀”“征客仔”，这样的语气，反映了福佬人对客家人的蔑视和仇恨，也反映出朱一贵事件在反抗腐败的官府之余，掺杂有比较浓厚的族群械斗成分。

总之，下淡水平原的客家人结成客庄，“其志在力田谋生，不敢稍萌

---

① 觉罗满保：《题义民效力议叙疏》，王瑛曾《重修凤山县志》卷12，台湾银行经济研究室编《台湾文献丛刊》第146种，台湾银行，1962，第343~344页。

② 中研院史语所编《明清史料丁编》卷8，中研院史语所史料丛书，1999，第795页。

异念。”[①] 在朱一贵起事之后，因应社会动乱的局面，为了保卫家园、保护生命财产、保住力田谋生的环境，各处客庄才结成联盟，组成民间武装，用血与火来保护自己的生存权利。这正是明中叶以来乡村社会在动乱中实行军事化以图自保的传统做法。我们既然肯定明清时期大陆的乡村自保具有稳定地方秩序的作用，是保护社会安定的力量，那么，我们为什么不能理直气壮地说，康熙末年下淡水平原的客家民间武装，即当时所谓的“义民”，也就是后来的六堆乡村自保组织及其成员，也同样具有稳定地方秩序的作用，是保护社会安定的力量呢？

当今的六堆地区，是台湾南部最大的客家聚居区，客家文化在该地保存完好，成为全台振兴客家文化的重要基地。这一现状，与六堆组织在朱一贵事件中成功地实现了自保，并在其后长期起着乡村自保的作用，有着不可分割的关系。这一历史事实雄辩地说明，当年的六堆组织和义民，对于维护客家人的生存权、发展权具有非常重要的、不可替代的积极意义。

原载《闽台文化研究》2013年第3期

① 蓝鼎元：《鹿洲初集》卷11《粤中风闻台湾事论》，蒋炳钊、王佃点校《鹿洲全集》上，厦门大学出版社，1995，第236页。

台湾客家移民中的汀州客及漳州客、潮州客问题

谢重光

一　汀州客对台湾开发的贡献

汀州本是客家中心区域之一，汀属各县都是纯客家县份，来自汀州的移民是地地道道的客家人，这是毫无疑问的。汀州客移殖台湾及在台湾社会中的表现，笔者另文略有述及。过去对一些比较具体的问题，台湾学者根据台湾文献的记载和某些文物、遗迹进行探讨，大陆学者根据大陆文献结合社会调查进行探讨，皆很难避免片面之见。这里尽量结合两岸文献和文物、口碑资料，力图比较客观深入地分析问题。

（一）汀州客在北台湾主要拓垦、聚居地的变迁

汀州客家人移殖台湾者，除了明郑时期随刘国轩等客籍将领赴台的一小部分人，最早的应是康熙四十二年（1703）被先期赴台的闽南人招来佃耕者。黄叔璥《台海使槎录》说：“罗汉内门、外门田，皆大杰颠社地也。台（台湾县）、诸（诸罗县）民人招汀州属县民垦治。自后往来渐众。”①“罗汉内门、外门”在今高雄县境内内门、旗山一带，当时属于台湾县管辖，可知初期赴台垦田的汀州客家人主要分布在台湾南部，但“自后往来

① 黄叔璥：《台海使槎录》卷 5《番俗六考》“北路诸罗番四”附载，台湾银行经济研究室编《台湾文献丛刊》第 4 种，台湾银行，1963，第 112 页。

渐众”，就应有不少人转往台湾北部的诸罗县境内垦荒了。康熙《诸罗县志》所谓“自下加冬至斗六门，客庄、漳泉人相半……斗六以北，客庄愈多，杂诸番而各自为俗”①。所言斗六以北，主要是指浊水溪以北，范围可达淡水河两岸。所言客庄，虽然以粤东客家人为主，也应包括汀州客家人。汀州客家人之所以选择往北发展，盖因其时入垦台湾中、南部的闽南人和粤东福佬、客家人较多，而北部台湾特别是淡水河南北岸草莱未辟，荒地多而竞争少，有利于相对弱势的汀州客族群自主拓垦创业。

当时汀州属县赴台拓垦者，以汀州南部的永定、武平、上杭三县人为多，尤以地处汀州最南端，与潮州、漳州交通方便的永定县为最。自永定县顺汀江而下，可以直通潮州各出海港口。从永定县往东，经漳州至厦门港也很方便。明末以来，永定县的商品经济获得了长足发展，“商之远贩吴楚滇蜀，不乏寄旅；金丰、丰田、太平之民，渡海入诸番如游门庭”②。由于永定县土瘠民贫，发展空间有限，加之远出谋生已成习惯，在台湾地旷人稀，提供了很好的拓垦机会的情况下，永定客家人便大批渡海入台垦殖了。

赴台拓殖的汀州客家移民分布很广，但以台湾中北部为多。据台湾学者邱彦贵、吴中杰的研究，地处“台湾头”的北海岸，包括淡水、三芝、石门一带，这个区域的客家移民主要来自汀州府。其中人数最多者首推永定县，武平、上杭的移民也有一些，如练姓即来自武平，华姓来自上杭。③而在南彰化平原，也有汀州客家人的踪迹。例如彰化县有个叫永靖的乡镇，即因永定和南靖县的移民来此开发而得名。日久年深，台湾中北部的汀州客或迁徙，或被福佬化，族群文化特性大多隐而不彰，但彰化的定光庵和淡水的鄞山寺，为我们留下了当年汀籍移民在其地辛勤拓垦的历史见证。

彰化定光庵始建于乾隆二十六年（1761），乃由“永定县士民鸠金公

---

① 周钟瑄主修、陈梦林等编纂康熙《诸罗县志》卷8《风俗志》，台湾银行经济研究室编《台湾文献丛刊》第141种，1963，第136~137页。

② 诚善：（道光）《永定县志》卷14《风俗志》，道光十年（1830）木刻本。

③ 邱彦贵、吴中杰：《台湾客家地图》，猫头鹰出版社，2001，第36页。

建”，至道光十年（1830），又由“贡生吕彰定等捐修，祀定光古佛”。[①] 移民从零星入垦到“呼朋引类”吸引较多同乡前来垦殖，并结成地缘组织，创立祭祀原乡保护神的庙宇，应有一个较长的过程。以此而论，汀州客家移民入垦台湾中部的彰化地区，很可能在康熙时期即已开始。永定原乡的族谱资料，为此提供了佐证。古竹苏氏《芦山派系始祖益公遗下族谱》称：十一世祖肖屏公，嘉靖丁未岁（1547）生，娶吴氏，生五子，“此系后代第十七、十八世有人到台湾”。十六世祖泰友公，生八子，“其中一房移居台湾”。十五世祖升槐公，生于顺治八年（1651），娶卢氏，生四子，“第十七世迁台新竹”。十五世祖升莪公，生于顺治十七年（1660），娶阙氏，生六子，其中次子癸舍、五子德舍、六子春满皆迁往台湾，现在升莪的后代在台湾共1000多人。[②] 苏氏第十六世、十七世的生活年代约当康熙初、中期，这两代有多人迁往台湾。此外，永定县高头江氏、湖坑李氏都有很多支派迁居台湾，移民时间在“清朝初年直至乾隆、嘉庆大约一百余年间”。[③] 原乡族谱记载与《彰化县志》中关于定光庵的记载互相印证，说明认为康熙时期（主要应是后期）有汀州客家移民入垦彰化县是没有问题的。

淡水鄞山寺始建于道光三年（1823），最初主持捐建的是张鸣岗，施田充寺经费的是罗可斌[④]，都是汀州永定人。张鸣岗的父亲张英才捐得“太学生”资格，张鸣岗则捐得“州同”身份，看来是拓垦有成的垦首；罗可斌与其弟罗可荣原在淡水东兴街开店经商，原籍是永定县金沙。当时

---

① 周玺：道光《彰化县志》卷5《祀典志》，台湾银行经济研究室编《台湾文献丛刊》第156种，台湾银行，1963，第158页。

② 古竹苏氏：《芦山派系始祖益公遗下族谱》，光绪二十一年（1895）手写本。转引自杨彦杰《台湾北部的汀州移民与定光古佛信仰：以淡水鄞山寺为中心》，赖泽涵、傅宝玉主编《义民信仰与客家社会》，台湾南天书局有限公司、“中央大学客家研究中心”，2006，第284页。杨彦杰原按：“引文部分似为苏氏后人所加”。

③ 参见杨彦杰《台湾北部的汀州移民与定光古佛信仰：以淡水鄞山寺为中心》，赖泽涵、傅宝玉主编《义民信仰与客家社会》，台湾南天书局有限公司、“中央大学客家研究中心”，2006，第285页。

④ （同治）《淡水厅志》卷13《古迹考·寺观（附）》，台湾银行经济研究室编《台湾文献丛刊》第172种，台湾银行，1963，第346页。

汀州人渡往台湾者在淡水出入，均以罗氏兄弟的商店为集合点。[①] 建庙时以敬献楹联、题捐等形式参与其事的有永定江氏、李氏、孔氏、胡氏、苏氏等六姓28人，合总理张鸣岗与献地施主罗可斌，为八姓，都是汀州永定人。这显示出，在淡水河流域拓垦的汀州客籍移民中，永定移民占有突出的地位。

嗣后，参与鄞山寺庙产经营和管理的，新增加了游、练、徐三姓，其中练姓来自武平县。[②] 至同治年间，最早总理鄞山寺兴建的张氏和献地的罗氏，以及早期参加捐建的孔、李二氏退出了管理层，而由江姓结合苏、徐、胡、游、练共六姓组成管理层。[③] 姓氏的增多，反映了有更多的汀州客家人陆续来台垦殖。管理权的移易，一则反映了地方各姓势力的消长，二则反映了移民拓垦重心和聚居地的变迁。例如，张鸣岗是道光初年兴建鄞山寺的总理，拥有"州同"身份，其父是"太学生"，显然是地方上的头面人物。几十年后，张氏在寺庙管理层中消失，而同治十一年（1872）却有"越县例贡生张林超"到鄞山寺"将帐仇匿""案控公庭"[④]。张林超是今属新竹县的新埔街、九芎林的"总理"[⑤]，同时也是一位"贡生"，在新埔街、九芎林也算得上一位头面人物。他凭什么"越县"到淡水鄞山寺来争夺寺产？合理的解释，应是张林超乃张英才、张鸣岗的后裔，他以鄞山寺创建者后裔的身份，与当时寺院的管理层发生了财产争执。然则说明张氏的垦业已经从淡水河流域转移到桃园、新竹、苗栗地区了。

---

① 淡水鄞山寺一张供桌桌脚题有"道光二十三年……永邑弟子太学生张英才同男鸣岗敬奉"字样，《淡水厅筑城案卷》又记载淡水厅筑城时"州同张鸣岗"题捐了"城工银一百两"；鄞山寺侧罗氏墓塔原碑刻着"汀州永定金沙可斌、可荣罗公墓"字样。赖泽涵、傅宝玉主编《义民信仰与客家社会》，台湾南天书局有限公司、"中央大学客家研究中心"，2006，第282页。

② 鄞山寺内道光二十三年楹联落款为"武邑弟子练龙贵兄弟等同叩"。

③ 见鄞山寺内保存的同治十二年《碑记》。

④ 鄞山寺董事江沧汉等为寺产争执向官府呈递的禀文，见鄞山寺内碑刻。转引自赖泽涵、傅宝玉主编《义民信仰与客家社会》，台湾南天书局有限公司、"中央大学客家研究中心"，2006，第288页。

⑤ 佚名《新竹县采访册》卷5"碑碣"所载同治三年（1864）六月《示禁赌博碑》中有"据竹北二保新埔街总理彭澄清、张林超……禀称"等语，台湾银行经济研究室编《台湾文献丛刊》第145种，台湾银行，1963，第251页；又，光绪二年五月二十二日《淡新档案》12217.5有"九芎林、五和庄等地方……即如现今张林超、刘世珍，近亦以次殂谢"等语。

汀州客家人从淡水河流域向桃园、新竹、苗栗地区转移，有很多因素，其中主要的一个因素是客家人与福佬人的族群矛盾。尤其是自乾隆五十一年(1786) 林爽文之变后，客家人与福佬人的矛盾和猜疑加深，互相仇杀事件不断。如，乾隆五十二年，今台北县土城与台北市内湖一带漳泉、粤人杂居地方就发生“分庄互杀”事件[①]；嘉庆四、五年，今头城和宜兰一带又发生粤人与泉人械斗事件。[②] 这些事件涉及的客家人虽是粤人，其实汀州客家人也未能幸免。例如，淡水鄞山寺有这样一个关于风水传说故事：

> 关于前项鄞山寺的建立，流传有一段很神奇的风水传说。原来鄞山寺的所在地，如果由风水的传说观之，正好位于所谓“水蛙穴”，也就是庙后面的两口井相当于蛙眼，而庙前半月形水池则相当于蛙口。在这种地点建庙必然特别灵验，人民将受到周全的保佑，所以汀州人就计划在这里盖庙。然而草厝尾街的居民却认为这条街如果就风水传说而言，恰好是一条蜈蚣，假如让水蛙开始活动，草厝尾街就会受到影响而归于衰弱，因此就对汀州人的建庙计划提出严重抗议，可是汀州人根本不加理睬而照建不误。果然后来草厝尾街灾祸频传，使居民陷于极度不安，于是就去请教风水先生。风水先生为他们想出一个对策，这就是钓鄞山寺之蛙的方法，先在草厝尾街高高立一个钓竿，每天夜里都在竿头点火作为钓饵，鼓乐齐奏，频频念咒。结果汀州人大为恐慌，深恐蜈蚣来袭，就通宵警戒，保卫水蛙，可是最后还是被草厝尾街人攻陷，其证据就是鄞山寺靠淡水的井水变成白浊。如此汀州人更加恐惧，就赶紧举行盛大祭典，最后总算保住了水蛙的另一只眼。可是水蛙终于成为病蛙，就因为如此，据传尔后该庙的管理人，即使不死也要罹患重病。可是由于管理人有很多好处，所以人们仍然趋之若鹜。然而此处应注意的，就是所谓地理师的风水说，多半是出于妖言惑众。[③]

---

① 陈培桂：(同治)《淡水厅志》卷 14《祥异考》“兵燹门”，乾隆五十二年五月八日条。

② 姚莹：《东槎纪略》卷 3《噶玛兰原始》，台湾银行经济研究室编《台湾文献丛刊》第 7 种，台湾银行，1963，第 71 页。

③ 铃木清一郎：《增订台湾旧惯习俗信仰》，冯作民译，台湾众文图书公司，1989，第 441 页。

这一传说间接反映了汀州客家人与福佬族群的矛盾和冲突。一方面，客家人与福佬族群因语言风习的不同素有积怨；另一方面，彼此毗邻错居的两个族群又因争地、争水、争山林、争风水等现实的矛盾而冲突不断，无法和睦相处，处于弱势一方的客家人只好选择了迁徙来脱离是非之地。这一态势，因战火威胁与樟脑、茶叶种植的兴盛而加速。道光二十年(1840)，中英鸦片战争爆发，英舰进逼台湾，台北情势紧急，加之樟脑和茶叶事业大兴，粤籍客家人便变卖田业，迁到桃园、新竹、苗栗一带的粤籍客家人聚居区，种植樟脑和茶叶，这才摆脱了淡水河流域闽、粤长期缠斗的局面。而不少汀州客也随粤籍客家人的迁徙潮流，由淡水河流域移居桃园、新竹、苗栗，在樟脑和茶叶经济中找到了发展之路。

二 若干漳州移民的族群属性问题

以前在不少人的印象中，台湾的漳州籍移民都是福佬人。那是因为他们不了解漳州所属的南靖、平和、云霄、诏安诸县西部山区乡镇多为客家人聚居区，而由这些乡镇向台湾移民者在台湾的漳籍移民中占了很高的比例。现在台湾客家史的研究者似乎产生了另一种偏向，盲目地把漳籍移民都称为客家人。

举几个明显的例子。尹章义《台湾客家史研究》中的“潮、汀客与台北五股的开发”部分，第六节“众多小垦户”下第二条列“张华日（漳州平和县人）”，第八节“五股的客家家族”下第二条又列“平和张氏”，讲的还是张华日家族。显然，作者是把平和张华日家族作为客家人看待的。但平和县并不是一个纯客家县份，该县多数乡镇的居民还是福佬人，只有西部的长乐、九峰和西南部的大溪镇有较高比例的客家人。据尹章义书中提供的资料，张华日祖籍平和县（书中误作正和县，或是排印之误）庵仔岭庵坑①。查《平和县地名录》②，安厚镇有安坑、庵仔下自然村，并

① 尹章义：《台湾客家史研究》，台北市政府客家事务委员会，2003，第184页。

② 福建省平和县地名办公室编《平和县地名录》（内部资料），1981。此《平和县地名录》所录载的地名具体到自然村和山、岭、河流等自然地理实体的名称，是目前所见关于平和县最详细的地名资料。

有庵坪山；九峰镇复兴行政村下有庵坑仔自然村，平等行政村下有庵坑自然村。如果张华日家族的原乡是九峰镇平等行政村庵坑自然村，那倒可能属于客家人，因为其地接近广东饶平，是被称为“死客”的客家人聚居区。要是张华日的老家是九峰镇复兴行政村下的庵坑仔自然村，或是安厚镇的安坑自然村（安坑与庵坑同音，其附近又有“庵仔下”，与庵仔岭相近），那张家就可能是福佬人。总之，因为找不到一个与所谓“庵仔岭庵坑”完全相符的地方，张华日家族的族群属性很难贸然断定。况且，“庵仔岭”的叫法，带有福佬人命名的色彩，其家族又将女性祖先称为“祖妈”，这也是福佬人的叫法①，而不是客家人惯用的“女哀太”或“祖婆”，使笔者更不敢轻易认为张家为客家人。

尹章义在《台湾客家史研究》之“五股的客家家族”中所列的另两个家族是南靖许氏和漳浦林氏。许氏祖籍漳州府南靖县马坪。据台湾许朝更编《洲子许姓族谱》（自印本，未标出版时间），南靖太始祖若公，字子顺“为漳南列十三世猷公之子。因南靖兵革，乃徙迁龙溪徐翔，由徐翔转居田源，田源即是漳州府南靖县马坪之称”②。查南靖地名，唯南坑镇有一外马坪村，乃福佬人住区。南靖县客家人比较集中的书洋、梅林二镇，俱无叫田源或马坪的村子。那么，要认定这支许氏为客家人，是缺乏根据的。

至于漳浦林氏，其世祖号大卿公，宋元丰时莆田人，由“岁进士升授朝义大夫，由兴化莆田开基”，“与其兄择居浦（漳浦）之南曰山仔”③。漳浦县是一个纯福佬人聚居的县份，这支林氏由莆田徙居漳浦，可谓与客家没有丝毫渊源关系。其开基台湾祖林志道生于明崇祯十年（1637），卒于清康熙三十年（1691），清初“因海氛不靖，勘界命迁族流离，伊祖播越东宁，住大穆降……后同迁居安定里羡仔林……后迁于铁线桥保八老爷庄”④。大穆降即平埔族大目降社，在今台南县新化镇，铁线桥保八老爷庄

① 1982年台湾张华日祭祀公业召开第二届会员大会，决定重建张氏墓园，将第十二世广厚祖妈、第十三世华勋祖妈、华立、华任等齐葬同茔。见尹章义《台湾客家史研究》，台北市政府客家事务委员会，2003，第186页。

② 原谱第6页，转引自尹章义《台湾客家史研究》，台北市政府客家事务委员会，2003，第183页。

③ 见尹章义《台湾客家史研究》，台北市政府客家事务委员会，2003，第186页。

④《漳浦林启元公一派家谱》（手抄本，无页码），转引自尹章义《台湾客家史研究》，台北市政府客家事务委员会，2003，第186页。

即今台南县柳营镇。从林氏开台祖迁居台湾的经历，也看不出其与客家移民有任何瓜葛，倒是与漳州福佬人的迁台情形雷同。林志道的孙子林作哲后来迁居淡水河流域，与胡焯猷、胡习隆合组“胡林隆垦号”，这才与客家人产生联系。但客家人与福佬人合组垦号也是常见的现象，很难据此就说林作哲已经转化为客家人了。

三　潮籍移民的族群属性问题

台湾的潮籍移民，过去多被视为客家人，其实情况也相当复杂，不可一概而论。仍以尹章义《台湾客家史研究》列举的所谓潮州客家家族为例。该书中“汀、潮客入垦台北泰山与明志书院争夺史”之第二章“台北泰山的客家家族与人物”，所举“饶平林氏”是否属于客家，就大有可疑之处。该族始祖为林原隆。据《林氏族谱》记载：“原隆之父，初来溪东，生四子。长子世居溪东，次子与三子俱居饶平县之南陂。”这段记载所指的时间是元末明初，所谓“饶平县之南陂”，具体地点是“南陂楼内地也。嘉靖以前，属漳州漳浦县”。[①] 当时漳浦县的辖境很广，今诏安县、云霄县、东山县当时都在漳浦县范围内，尚未独立建县。饶平县则是明成化十四年（1478）从海阳县析置的。初置时是否从漳浦县割地来属，文献无征，姑置不论，但南陂楼内地在今诏安县，当时属漳浦县却是事实。诏安建县后，南陂为四都，是福佬人聚居区，二都（今官陂、秀篆等乡镇）才是客家人聚居区。而溪东在今汕头市澄海区，即原澄海县。澄海县是清代潮州旧县中唯一没有客家人的纯福佬县。故迁自澄海溪东和饶平南陂（准确地说，应是诏安南陂）的林氏一族，应是福佬人，而不是客家人。

台湾学者又常将三山国王庙作为客家人的标志。尹章义《台湾客家史研究》第三篇第三节“福佬、客家的对立与三山国王庙的兴衰”即以此把参与兴建新庄三山国王庙的潮籍移民都视为“客属潮州移民”。但其文征引的 1915 年《台北厅的寺庙调查报告》（手稿本）有以下内容：

---

① 《林氏族谱》，林义修先生提供，未刊本，无页码。转引自尹章义《台湾客家史研究》，台北市政府客家事务委员会，2003，第 124 页。

> 广福宫，俗称国王庙。乾隆四十五年粤东潮州九县籍移民捐金数万元兴筑，其宏壮美观，在当时可说是全台第一。①

这座广福宫创建于乾隆四十五年②，当时所谓潮州九县为海阳、潮阳、揭阳、饶平、惠来、澄海、大埔、普宁、丰顺，其中只有大埔县为纯客县，澄海县为纯福佬县，其余都是福佬、客家杂居县，且以福佬人为多数，如何能够贸然将潮州九县的移民都断为客属移民呢？

导致把潮州移民都看成客属的根源，是把三山国王神当成客家人的祖籍神或客家人的乡土保护神。其实，三山国王信仰最早起源于粤东俚人，后来为先后形成的福佬人和客家人所接受，成为粤东包括福佬、客家、畲族在内的各族群共同的福神。③ 因此，潮州人移民台湾时，不管是客家人还是福佬人，都会把三山国王的塑像或香火带到台湾新居地，继续奉祀，作为本族的守护神。但或许是因为三山国王祖庙在揭阳河婆，当地是客家人聚居区，故台湾的潮州移民中客籍奉祀三山国王神的更多；或许是因为语言相近，台湾潮州移民中操闽南次方言的福佬人久而久之完全与来自福建的福佬移民融为一体了，剩下客籍潮州移民比较顽强地坚守着包括三山国王信仰在内的本族群文化习俗，如今给人的印象是信奉三山国王的潮州移民都是客家人。明乎此，我们把三山国王庙及三山国王信仰作为当今粤籍客家人的文化标志之一是可以的，但若把三山国王庙作为追寻和判断早期移台的潮州移民的族群属性，即所谓“客家索引”，却难免出现差错。④

原载《闽南师范大学学报》（哲学社会科学版）2014 年第 1 期

---

① 这份调查报告藏台湾“中央图书馆台湾分馆”，无页码，原为日文，由尹章义译成中文，见尹章义《台湾开发史研究》，台湾联经出版事业公司，1989，第 374 页。

② 陈培桂：（同治）《淡水厅志》卷 6《典礼志・祠庙门》，第 86 页。

③ 谢重光：《三山国王信仰考略》，《世界宗教研究》1996 年第 2 期。这里所说的粤东，包括惠州和日后的嘉应州在内。

④ 台湾学者邱彦贵、吴中杰一方面指出把客家等同于三山国王，“这种说法不完全正确”，并具体举证了马卡道平埔族信奉三山国王的情况，但又认为在台湾中南部“三山国王是最佳的客家索引工具”，看来其所谓“不完全正确”主要是指三山国王也庇护平埔族人，在潜意识中，仍以三山国王作为客、福族群划分的标志。见邱彦贵、吴中杰《台湾客家地图》，猫头鹰出版社，2001，第 100~102 页。

制度编

明代金门岛的文举人和文进士考述

郭培贵

近年来，在海峡两岸相关高校、机构和学者的共同参与和推动下，关于“科举制度在金门”的研究获得了显著发展，有关论著都高度评价宋、明、清特别是明代金门岛出色的科举成就，但对明代金门岛考取的文举人和文进士的数量尚无统一或清晰的认识，尤其是存在不论举人和进士的户籍是否属于金门岛，只要和金门岛存在宗亲关系就一律视之为金门举人或金门进士的情况。这既不符合明代史实，也必然会给今人对明代更大范围内的举人和进士的地域分布研究造成混乱，当然也就很难取得学术界尤其是相关地区人士的认同。本文拟对此进行专门探讨，以期推动该论题研究的进一步深入，并就教于方家。

一　明代金门岛的地理位置及其行政建置

要弄清明代金门岛居民中究竟考取了多少举人和进士，就得首先弄清明代金门岛的地理位置尤其是行政建置，这是判断文献记载的举人和进士是否属于金门岛的前提。

承袭宋、元，明代金门岛仍归泉州府同安县管辖，其“在大海中，去县治九十里，水路五十里”，旧称“浯洲屿”“浯洲”和“仙洲”等；岛呈哑铃状，“广袤五十余里”，其上“有山十数，其最高者曰太武”。全岛面积133平方公里，小于同省的平潭、东山二海岛，稍大于厦门岛，为福建第三大海岛；因其为控扼漳、泉的海上门户，洪武二十年（1387），明朝在其上设守御千户所，号称“固若金汤，雄镇海门”，故称金门。

明代同安县下设在坊、长兴、同禾、民安、从顺、翔风、感化、归德、仁德、安仁、积善、嘉禾共 12 里，除县城在坊里领有两隅外，其他 11 里共领 44 都，皆在县城之外。其中，翔风里为规模较大之里，领有第 12、13、14、15、16、17、18、19、20 共 9 都。而当时的金门岛既不是乡，也不是里，只是翔风里下属的第 17、18、19 三都之所在。清代金门岛的行政区划仍因袭三都之建置。1914 年，民国政府正式以金门岛为中心设置金门县，包含金门岛、大嶝屿（翔风里 15 都）、小嶝屿（翔风里 16 都）、烈屿（翔风里 20 都，今称小金门岛）以及夹屿（今称“角屿”）等若干附属小岛，即以原属于翔风里的第 15、16、17、18、19、20 共 6 都之地建立了金门县。本文则主要以明代金门岛的科举为考察对象。

二　明代金门岛文举人、文进士考

明代福建科举在全国处于领先地位，共录取举人 8230 名、进士 2307 名。其中，同安县属于科举比较发达的县份，共录取 242 名举人、80 名进士，排在莆田、晋江、闽县、漳浦、长乐、龙溪、侯官、福清之后，名列全省第九位。按通常情况，县城因是一县政治、经济、文化、教育乃至交通的中心，也是人口最为集中的地方，所以县城及其周围地区往往成为一县科举最为发达的地方。但同安县却是个例外，其科举最发达的地方不是在县城及其周围地区，也不是在陆地，而居然是在孤悬大海中的金门岛。

明代金门岛不仅是同安县科举最为发达的地方，而且也是福建省乃至全国的科举兴盛之地。那么，自洪武五年（1372）至崇祯十五年（1642），此岛共考取多少举人和进士呢？这个问题表面看来似乎简单，但深究起来却十分复杂，主要是因为界定金门岛举人和进士的标准难以确定。具体说来，是把祖籍在该岛但现籍已迁出该岛的举人和进士以及现籍在该岛的举人和进士，都视为金门岛的举人和进士呢？还是仅把现籍在该岛的举人和进士视为金门岛的举人和进士？通常而言，明代士子无论入学还是参加科举，都要遵循在户籍所在地报考的原则，所以目前学术界在确认举人、进士的属地时，采用的一般也是以现籍地即报考时户籍所在地为准的原则。但在现存的方志文献中，编纂者为显示其地文化发达、人才众多，又往往把祖籍虽在其地但在中举前甚至数代之前就已迁籍他乡的举人和进士都一律载入其中，如研究金门科举首先需要参考的《金门志》就是这样做的，现今已出版和发表的关于金门科举的论著也主要是以该书和民国初年以该书为基础所修的《金门县志》为依据。又由于《金门志》所载举人实际上包含了金门、烈屿和大嶝三岛的举人，所以，要研究金门岛的举人、进士，首先就得把这三岛的举人和进士区分开来。经笔者考察统计，《金门志》卷8《选举表·举人》所载明代金门、烈屿、大嶝三岛举人共有94人；又经笔者考证，可知其中的正德八年癸酉科黄时懋、崇祯三年庚午科龚天池2人皆属误载[①]；同时，笔者据《泉州府志》《同安县志》等文献记载，又补入了景泰四年癸酉科陈琳和崇祯十五年壬午科张瀛2人，如此，则三岛举人共应为94人，其中金门84人，烈屿、大嶝岛各5人[②]。

因这84名金门岛文举人，实际上包含了现籍在该岛和祖籍曾在该岛而现籍在其报考前甚至数代之前就已迁出该岛两类情况，故也需要把两者区别开来。只有报考时户籍在金门岛的举人和进士，才是真正出自金门岛的

① 《金门志》卷8《选举表·举人》载正德八年癸酉科有金门举人黄时懋，并注其为“十七都东店人，字慎轩，江西太和令”。但《正德八年癸酉科福建乡试录》和《乾隆泉州府志》卷35《选举三》所载泉州府考生在正德八年癸酉科福建乡试中试名单（第172页下）以及民国《同安县志》卷15《选举表》所载同安县考生在该科中试名单皆无黄时懋。甚至四库本《福建通志》卷37《选举五·明举人上》及卷38《选举六·明举人》所载明代各科举人名单皆无黄时懋，可见，《金门志》卷8《选举表·举人》应为误载，此科福建举人乃至明代福建举人并无黄时懋。《金门志》卷8《选举表·举人》还载崇祯三年金门举人有“龚天池”；同书同卷《选举表·进士》载崇祯十年丁丑科金门进士也有“龚天池”，并注曰：“十七都何厝人，号亨明，庶吉士，改浙江鄞县令。”民国《同安县志》卷15《选举·明举人》也载龚天池为“十七都何厝人，丁丑进士”（第480页）。但据天一阁《崇祯十年丁丑科进士三代履历》，龚天池为“晋江县人”，《明清历科进士题名碑录》也载其为“福建泉州府晋江县民籍”，乾隆《泉州府志》卷35《选举三》载其为“晋江人”（第182页上）；《福建通志》卷36《选举四·明进士》载龚天池为晋江县人，同书卷38《选举六·明举人》载晋江县龚天池顺天中试，丁丑进士。由上可知，龚天池为晋江县籍人，而非同安县金门岛人，《金门志》《同安县志》所载俱误。

② 烈屿（小金门岛）5人分别是景泰四年癸酉科林纪、正德二年丁卯科吴蕴、嘉靖七年戊子科吴德范、嘉靖十三年甲子科林可栋、嘉靖四十年辛卯科洪鸣阳；大嶝岛5人分别是嘉靖元年壬午科王佐、万历二十五年丁酉科张廷拱（万历二十九年辛丑进士）、万历四十六年戊午科张若纲、天启七年丁卯科张瀚、崇祯十五年壬午科张瀛。

举人和进士，反映的是金门科举的成绩，也才能真正成为评价明代金门科举实力的依据。因此，笔者在全面搜集相关史料的基础上，对其进行了逐个的考证与甄别。为避免烦琐和节省篇幅，兹谨把考证与甄别结果列表显示如下。

表 1　明代金门岛的文举人、进士

科年	序号	姓名	都	村	中进士科次	官职	出处
洪武五年壬子科	1	陈显	18	陈坑	—	山东德州知州	《金门志》卷 11《列传三·忠烈》（第 12 页）、乾隆《泉州府志》卷 35《选举三·明举人》（第 165 页下）
正统十二年丁卯科	2	吕大宜	17	沙美	—	直隶涿州判官	四库本《福建通志》卷 37《选举五·明举人上》、乾隆《泉州府志》卷 35《选举三》（第 169 页上）、《同安县志》卷 15《选举·明举人》
景泰四年癸酉科	3	陈琳	17	阳翟	—	浙江泰顺知县	《金门志》卷 8《选举表·举人》阙载，据《景泰四年福建乡试录》、乾隆《泉州府志》卷 35《选举三》（第 169 页下）、《同安县志》卷 15《选举·明举人》补
成化十九年癸卯科	4	洪敏	18	西洪	—	南京国子监助教	乾隆《泉州府志》卷 35《选举三》（第 170 页上）、《同安县志》卷 15《选举·明举人》
弘治八年乙卯科	5	吕川	18	西仓	—	浙江太平知县	乾隆《泉州府志》卷 35《选举三》（第 171 页上）、《同安县志》卷 15《选举·明举人》
弘治十七年甲子科	6	李煌	19	前水头	—	山东峄县教谕	四库本《福建通志》卷 37《选举五·明举人上》、《同安县志》卷 15《选举·明举人》

续表

科年	序号	姓名	都	村	中进士科次	官职	出处
正德五年庚午科	7	黄泰	17	汶水头	—	工部主事	乾隆《泉州府志》卷35《选举三》（第172页下）、《同安县志》卷15《选举·明举人》
	8	萧冠玉	17	沙美	—	南直盱眙教谕	乾隆《泉州府志》卷35《选举三》（第172页下）、《同安县志》卷15《选举·明举人》
	9	黄伟	17	汶水头	正德九年甲戌进士	云南南雄知府	乾隆《泉州府志》卷35《选举三》（第172页下）、《金门志》卷10《宦绩》（第9~10页）、《同安县志》卷15《选举·明举人》
正德八年癸酉科	10	陈回	17	斗门	—	不详	乾隆《泉州府志》卷35《选举三》（第172页下）、《同安县志》卷15《选举·明举人》
正德十四年己卯科	11	陈健	17	阳翟	嘉靖五年丙戌进士	广西南宁知府	四库本《福建通志》卷36《选举四·明进士》、乾隆《泉州府志》卷35《选举三》（第173页上）、《同安县志》卷15《选举·明举人》
嘉靖七年戊子科	12	许福	19	后浦	嘉靖十四年乙未进士	中第后终养家居几二十年，未仕而卒	乾隆《泉州府志》卷35《选举三》（第173页下）、《同安县志》卷15《选举·明举人》
	13	张明	17	沙美	—	浙江瑞安教谕	乾隆《泉州府志》卷35《选举三》（第173页下）、《同安县志》卷15《选举·明举人》
	14	陈温	17	阳翟	—	江西新城知县	乾隆《泉州府志》卷35《选举三》（第173页下）、《同安县志》卷15《选举·明举人》
	15	张文录	17	青屿	—	江西万载知县	乾隆《泉州府志》卷35《选举三》（第173页下）、《同安县志》卷15《选举·明举人》

续表

科年	序号	姓名	都	村	中进士科次	官职	出处
嘉靖十年辛卯科	16	许大来	19	后浦	—	四川万州知州	乾隆《泉州府志》卷35《选举三》（第174页上）、《同安县志》卷15《选举·明举人》
	17	蔡宗德	18	平林	—	台州府通判	四库本《福建通志》卷38《选举六·明举人》、乾隆《泉州府志》卷35《选举三》、（第174页上）、《同安县志》卷15《选举·明举人》
	18	王臣	17	吕厝	—	广东新宁知县	乾隆《泉州府志》卷35《选举三》（第174页上）、《同安县志》卷15《选举·明举人》
	19	黄源	17	汶水头	—	不详	乾隆《泉州府志》卷35《选举三》（第174页上）、《同安县志》卷15《选举·明举人》
	20	吕文纬	18	林兜	—	简州知州	《福建通志》卷38《选举六·明举人》、乾隆《泉州府志》卷35《选举三》（第174页上）、《同安县志》卷15《选举·明举人》
	21	许以明	19	后浦	—	广西兴业知县	乾隆《泉州府志》卷35《选举三》（第174页上）、《同安县志》卷15《选举表》、《金门县后湖许氏族谱·金门县珠浦许氏科第出身》（第150页）
	22	许赟	19	后浦	—	湖广城步知县	乾隆《泉州府志》卷35《选举三》（第174页上）、《同安县志》卷15《选举·明举人》、《同安县志》卷8《冢墓》（第229页）
嘉靖十六年丁酉科	23	卢天佑	19	贤聚	—	永丰知县	四库本《福建通志》卷45《人物三》、乾隆《泉州府志》卷35《选举三》（第174页下）、《同安县志》卷15《选举·明举人》

续表

科年	序号	姓名	都	村	中进士科次	官职	出处
嘉靖十九年庚子科	24	杨师颜	17	官澳	—	不详	乾隆《泉州府志》卷35《选举三》（第175页上）、《同安县志》卷15《选举·明举人》
	25	王时拱	17	山后	—	广信府同知	乾隆《泉州府志》卷35《选举三》（第175页上）、《同安县志》卷15《选举·明举人》
	26	许廷用	19	后浦	嘉靖二十年辛丑进士	户部主事	四库本《福建通志》卷36《选举四·明进士》、乾隆《泉州府志》卷35《选举三》（第175页上）、《同安县志》卷15《选举·明举人》
嘉靖二十二年癸卯科	27	蔡焕	18	平林	—	云南临安府知府	乾隆《泉州府志》卷35《选举三》（第175页下）、《同安县志》卷15《选举·明举人》、《同安县志》卷8《冢墓》（第229页）
嘉靖二十八年己酉科	28	陈思诚	17	东埔	—	不详	乾隆《泉州府志》卷35《选举三》（第176页上）、《同安县志》卷15《选举·明举人》
	29	杨汝蕃[①]	18	田央	—	浙江常山教谕	乾隆《泉州府志》卷35《选举三》（第176页上）、《同安县志》卷15《选举·明举人》
嘉靖四十年辛卯科	30	萧复阳	17	沙美	嘉靖四十四年乙丑进士	户部郎中	四库本《福建通志》卷36《选举四·明进士》、乾隆《泉州府志》卷35《选举三》（第177页下）、《同安县志》卷15《选举·明举人》
	31	张凤征	17	青屿	嘉靖四十四年乙丑进士	观政都察院病卒	《嘉靖乙丑科进士同年乡籍》、乾隆《泉州府志》卷35《选举三》（第177页下）、《同安县志》卷15《选举·明举人》

① 《金门志》卷八《选举表·举人》作“阳汝蕃”，《嘉靖二十八年福建乡试录》、《泉州府志》卷35《选举三》（第176页上）、《同安县志》卷15《选举表》皆作“杨汝蕃”，据此改。

续表

科年	序号	姓名	都	村	中进士科次	官职	出处
嘉靖四十三年甲子科	32	陈荣祖	17	阳翟	—	广东德庆知州	《嘉靖四十三年福建乡试录》、乾隆《泉州府志》卷35《选举三》（第178页上）、《同安县志》卷15《选举·明举人》、《广东通志》卷40《名宦志》
	33	蔡贵易	18	平林	隆庆二年戊辰进士	浙江按察使	《嘉靖四十三年福建乡试录》、乾隆《泉州府志》卷35《选举三》（第178页上）、《同安县志》卷15《选举·明举人》
隆庆元年丁卯科	34	李明忠	19	李厝	—	九江府知府	《隆庆元年福建乡试录》、乾隆《泉州府志》卷35《选举三》（第178页下）、《同安县志》卷15《选举·明举人》
万历四年丙子科	35	陈荣选	17	阳翟	—	广州府同知	《万历四年福建乡试录》、《千顷堂书目》卷二、乾隆《泉州府志》卷35《选举三》（第180页下）、《同安县志》卷15《选举·明举人》
万历七年己卯科	36	蔡用明	17	蔡厝	—	四川乐至知县	乾隆《泉州府志》卷35《选举三》（第181页上）、《同安县志》卷15《选举·明举人》
	37	张廷相	17	埔头	—	汀州永定教谕	乾隆《泉州府志》卷35《选举三》（第181页上）、《同安县志》卷15《选举·明举人》
万历十年壬午科	38	张日益	17	青屿	—	不详	乾隆《泉州府志》卷35《选举三》（第181页下）、《同安县志》卷15《选举·明举人》

续表

科年	序号	姓名	都	村	中进士科次	官职	出处
万历十三年乙酉科	39	蔡守愚	18	平林	万历十四年丙戌进士	四川右布政使	《明神宗实录》卷434“万历三十五年六月丁酉”、乾隆《泉州府志》卷35《选举三》（第182页上）、《闽省贤书》卷6《万历十三年乙酉科》、《金门志》卷10《宦绩》、《同安县志》卷8《冢墓》（第231页）、《同安县志》卷15《选举·明举人》
	40	李玑	17	田墩	万历十四年丙戌进士	都察院经历	乾隆《泉州府志》卷35《选举三》（第182页上）、《同安县志》卷15《选举·明举人》
万历十六年戊子科①	41	蔡献臣	18	平林	万历十七年己丑进士	湖广按察使	《明清进士题名碑录》（第1023页下）、《福建通志》卷38《选举六·明举人》、乾隆《泉州府志》卷35《选举三》（第182页下）、《同安县志》卷15《选举·明举人》
	42	陈基虞	17	阳翟	万历十七年己丑进士	广东按察副使	天一阁《万历十七年进士履历便览》、《明神宗实录》卷571“万历四十六年六月辛未”、《泉州府志》卷35《选举三》（第182页下）、《同安县志》卷15《选举·明举人》、《金门志》卷10《宦绩》（第19页）
	43	吕大楠	18	林兜	—	广西洛容知县	乾隆《泉州府志》卷35《选举三》（第182页下）、《同安县志》卷15《选举·明举人》

① 过去学术界和社会上流行着金门有8人在万历十六年（1588）戊子科福建乡试中同中举人，因之被称为“八鲤渡江”的说法；但实际上，其中有5人（蒋孟育、黄华秀、张继桂、黄华瑞、赵维藩）仅是祖籍在金门，而现籍已迁出金门，故此5人已非严格意义上的金门举人。还流行万历十七年（1589）己丑科金门有5人同中进士，因之被称为“五桂联芳”的说法；但实际上，其中有3人（蒋孟育、黄华秀、张继桂）仅是祖籍在金门，而现籍已迁出金门，故此3人也已非严格意义上的金门进士。

续表

科年	序号	姓名	都	村	中进士科次	官职	出处
万历二十二年甲午科	44	蔡复一	17	蔡厝	万历二十三年乙未进士	兵部左侍郎，赠兵部尚书	《明史》卷249《蔡复一传》、《明清进士题名碑录》（第1058页上）、乾隆《泉州府志》卷35《选举三》（第183页下）、《同安县志》卷15《选举·明举人》、《金门志》卷10《宦绩》
	45	许光卿	19	后浦	—	广东新宁知县	乾隆《泉州府志》卷35《选举三》（第183页下）、《同安县志》卷15《选举·明举人》、《金门志》卷10《宦绩》
万历二十五年丁酉科	46	许獬	19	后浦	万历二十九年辛丑会元、二甲第一、庶吉士	翰林院编修	乾隆《泉州府志》卷35《选举三》（第184页下）、《同安县志》卷15《选举·明举人》、《同安县志》卷8《冢墓》（第231页）
万历二十八年庚子科	47	陈士铨	17	阳翟	—	知县	乾隆《泉州府志》卷35《选举三》（第184页下）、《同安县志》卷8《冢墓》（第231页）、《同安县志》卷15《选举·明举人》
万历三十一年癸卯科	48	李雍①	19	李厝	—	宿迁知县	《泉州府志》卷35《选举三》（第185页上）、《同安县志》卷15《选举·明举人》
万历三十四年丙午科	49	张朝纲	17	青屿	万历四十四年丙辰进士	广西副使	《明清进士题名碑录》、乾隆《泉州府志》卷35《选举三》、（第185页下）、《同安县志》卷15《选举·明举人》
	50	陈士英	18	新垵	—	五城兵马司主事	乾隆《泉州府志》卷35《选举三》（第185页下）、《同安县志》卷15《选举·明举人》

① 四库本《福建通志》卷38《选举六·明举人》载该科“许晏，复姓李，改名雍”，即李雍榜名为许晏。

续表

科年	序号	姓名	都	村	中进士科次	官职	出处
万历四十年壬子科	51	林釬	18	欧垄	万历四十四年丙辰探花	礼部左侍郎兼东阁大学士	《明史·宰辅年表》；据《金门志》卷10《宦绩·林釬传》（第9~10页）、《同安县志》卷15《选举·明举人》，林釬出生于金门，后虽入龙溪县学中第，但与金门岛仍保持密切联系，故《明清进士题名碑录》（第1171页）、《类姓登科考》（第576页）、《闽省贤书》、《福建通志》卷36《选举四·明进士》、《福建通志》卷38《选举六·明举人》、四库本《福建通志》卷46《人物四》、《金门志》卷10《宦绩》（第32页上）、四库本《闽中理学渊源考》卷77《文穆林实甫先生釬》等文献俱载其为“同安县籍”或同安人，故应计入金门岛举人、进士
	52	苏寅宾	17	蔡店	万历四十七年己未进士	湖广布政司参议	万历刊本《万历己未会试录》（《明代登科录汇编》第22册）、《福建通志》卷36《选举四·明进士》、《福建通志》卷38《选举六·明举人》、《泉州府志》卷35《选举三》（第187页上）、《金门志》卷10《宦绩》（第33页）、《同安县志》卷15《选举·明进士》
	53	吕天畀	17	吕厝	—	不详	乾隆《泉州府志》卷35《选举三》（第187页上）、《同安县志》卷15《选举·明举人》
	54	陈如松	18	陈坑	—	南直隶太仓知州	乾隆《泉州府志》卷35《选举三》（第187页上）、《金门志》卷10《宦绩》（第31页）、《同安县志》卷15《选举·明举人》

续表

科年	序号	姓名	都	村	中进士科次	官职	出处
万历四十三年乙卯科	55	陈昌文	19	古区	天启二年壬戌进士	南京刑科给事中	乾隆《泉州府志》卷35《选举三》（第187页下）、《金门志》卷10《宦绩》（第34页上）、《同安县志》卷15《选举·明举人》
	56	徐锦	17	东埔	—	广东惠来知县	四库本《福建通志》卷38《选举六·明举人》、《闽省贤书》、乾隆《泉州府志》卷35《选举三》（第187页下）、《同安县志》卷15《选举·明举人》
万历四十六年戊午科	57	董文衡	19	古坑	—	不详	乾隆《泉州府志》卷35《选举三》（第188页上）、《同安县志》卷15《选举·明举人》
天启元年辛酉科	58	刘廷宪		金门所	—	浙江桐乡知县	乾隆《泉州府志》卷35《选举三》（第188页下）、《同安县志》卷15《选举·明举人》
	59	李敷明	17	南安乡	—	严州府同知	乾隆《泉州府志》卷35《选举三》（第188页下）、《同安县志》卷15《选举·明举人》
	60	许逵翼	19	后浦	—	知县	四库本《福建通志》卷38《选举六·明举人》、乾隆《泉州府志》卷35《选举三》（第188页下）、《同安县志》卷15《选举·明举人》
天启七年丁卯科	61	蔡国光	18	平林	崇祯七年甲戌进士	礼科给事中	《明清进士题名碑录》（第1296页上）、乾隆《泉州府志》卷35《选举三》（第189页上）、《金门志》卷10《宦绩·蔡国光传》（第34页上）、《同安县志》卷15《选举·明举人》
	62	辛一鹭	19	后埯	—	湖广宝庆府推官	乾隆《泉州府志》卷35《选举三》（第189页下）、《同安县志》卷15《选举·明举人》

续表

科年	序号	姓名	都	村	中进士科次	官职	出处
崇祯六年癸酉科	63	陈观泰①	17	阳翟	—	入清任仪封知县	《泉州府志》卷35《选举三》（第191页上）、《金门志》卷10《宦绩》（第38页上）、《同安县志》卷8《冢墓》（第232页）、《同安县志》卷15《选举·明举人》
崇祯九年丙子科	64	卢若腾	19	贤聚	崇祯十三年庚辰进士	浙江佥事	乾隆《泉州府志》卷35《选举三》（第191页下）、《金门志》卷10《宦绩》（第35页上）、《同安县志》卷15《选举·明举人》
崇祯十五年壬午科	65	王策②	17	汶水头	—	教谕	《崇祯壬午科乡试录·福建》、《金门志》卷8《举人》
	66	张汝瑚	17	青屿	—	湖广安陆府通判	乾隆《泉州府志》卷35《选举三》（第192页下）、《金门志》卷10《宦绩》（第38页上）、《同安县志》卷15《选举·明举人》

由表1所示可知，明代金门岛共录取举人66名、进士19名。从举人、进士的时段分布看，91%的举人产生于正德五年（1510）以后，进士则全部产生于正德九年（1514）之后，即明代金门科举真正步入辉煌期是在正德以后，而此前的大约一个半世纪则处于相对沉寂状态。

三　祖籍在金门岛而报考时户籍已迁出该岛的明代文举人和文进士

明代还有一些人在户籍从金门岛迁出后，其本人或其后代在他处中举

① 榜名琬。

② 《崇祯壬午科乡试录·福建》作“王策”（第429页上）；《金门志》卷8《举人》（第13页）、《金门县志》卷15《选举·明举人》（第481页）、《福建通志》卷38《选举六·明举人》、乾隆《泉州府志》卷35《选举三》（第192页下）俱作“黄策”。因前者成书最早，故暂采前者。

乃至中进士。这些举人、进士只能视为祖籍属金门岛的举人和进士，而其现籍则属金门岛外的某地，已不能径称其为金门举人或金门进士。其具体情况见表2。

表2　祖籍在金门岛而报考时户籍已迁出该岛的明代举人及进士[①]

科年	序号	姓名	《金门志》、《同安县志》所载旧籍		中进士科次	户籍迁出金门岛之依据
			都	村		
成化十九年癸卯科	1	张定	17	青屿	弘治三年庚戌进士	据《弘治三年进士登科录》（宁波出版社2006年影印天一阁藏本）载，张定本为“福建同安县人”，其父苗，系成化太监张敏从子，承荫官至南京通政使；定亦由金门籍荫为北京“锦衣卫官籍”，入国子监，中顺天乡试第62名举人
弘治五年壬子科	2	陈兴仁	17	东埔	—	《泉州府志》卷35《选举三》载陈兴仁为“安溪籍，同安人”（第171页上）；《闽省贤书》卷4《弘治壬子科》载陈兴仁为“安溪”县人；《福建通志》卷37《选举五·明举人上》载“安溪县陈兴仁”。《同安县志》卷15《选举·明举人》载陈兴仁“由安溪学”考中举人。可见，陈兴仁祖籍为同安县，其本人为安溪籍，由安溪县学生员中举
弘治十四年辛酉科	3	张宜	17	青屿	—	据《儒林张氏联宗谱》载，宜为“定弟”；《金门志》卷10《列传二·文学·张苗》载苗“子定进士、宜举人”。《弘治十四年顺天府乡试录》载，张宜为“锦衣卫官籍，监生”，弘治十四年中顺天乡试“第九名”

① 以清道光岁贡生林焜熿纂辑、光绪举人林豪续修《金门志》卷8《选举表·举人》、《选举表·进士》以及民国十八年修《同安县志》卷15《选举·明举人》为基本依据，凡据此二书者皆省注出处；据其他文献如明代《进士登科录》《明清历科进士题名碑录》《闽省贤书》以及《福建通志》和乾隆《泉州府志》等文献补正者则标出处。

续表

科年	序号	姓名	《金门志》、《同安县志》所载旧籍		中进士科次	户籍迁出金门岛之依据
			都	村		
万历十三年乙酉科	4	蔡懋贤	18	平林	万历十七年己丑进士	《明清历科进士题名碑录》载懋贤为万历十七年己丑科第二甲第五名进士，“福建泉州府同安县民籍”（1023页上）；《福建通志》卷38《选举六·明举人》载“龙溪县蔡懋贤”，又注明其为“同安籍”；但《同安县志》卷15《选举·明进士》载懋贤为同安县城“在坊前街人”，即其户籍实际上已不在金门，而是迁至县城。《金门志》本传载懋贤为金门“平林人，贵易族”；但《琼林蔡氏前水头支派族谱·本族文职官迹便览》载有蔡贵易，却未载蔡懋贤，可见该支族已不视其为族人，大概虽同族但不属同一支派，且其已迁出金门岛，成为县城“在坊前街人”
	5	陈廷梁	17	斗门	—	《福建通志》卷38《选举六·明举人》、《闽省贤书》皆载陈廷梁为“漳浦县”籍；《泉州府志》卷35《选举三》也载陈廷梁为“同安人，漳浦籍”（第182页上）
万历十六年戊子科	6	蒋孟育	17	浦边	万历十七年己丑进士、庶吉士	据《万历十七年进士履历便览》载，蒋孟育为“龙溪县籍，同安县人”（宁波出版社2006年影印天一阁藏本，第22页）；《闽省贤书》卷5《万历戊子科》载其为“龙溪”人；《明清历科进士题名碑录》载其为“福建漳州府龙溪县民籍，泉州府同安县人”（第1029页）；《福建通志》卷36《选举四·明进士》、卷38《选举六·明举人》载其为“龙溪县”人。《泉州府志》卷35《选举三》载其为“同安人，龙溪籍，己丑进士”（第182页下）。《闽书》卷91《英旧志》载其由“龙溪学”中举人。可见，蒋孟育祖籍当为同安县，而中举时籍隶龙溪县，由龙溪县学中举

续表

科年	序号	姓名	《金门志》、《同安县志》所载旧籍		中进士科次	户籍迁出金门岛之依据
			都	村		
万历十六年戊子科	7	黄华秀	17	西黄	万历十七年己丑进士	据《万历十七年进士履历便览》载，黄华秀为“南安县人”（宁波出版社2006年影印天一阁藏本，第21页），《闽省贤书》卷5《万历戊子科》载其为“南安”人；《明清历科进士题名碑录》载其为“福建泉州府南安县军籍”（第1031页下）；《泉州府志》卷35《选举三》载其为“华瑞弟”，由“南安学”中式（第182页下）。由上可知，黄华秀祖籍应为同安，而中举时籍隶南安县，由南安县学考中举人
	8	张继桂	17	青屿	万历二十三年乙未进士	据《万历二十三年进士履历便览》载，张继桂为“龙溪人”（宁波出版社2006年影印天一阁藏本，第16页）；《明清历科进士题名碑录》载其为“福建漳州府龙溪县民籍”（第1066页上）；《闽省贤书》卷5《万历戊子科》载其为“龙溪”人；《泉州府志》卷35《选举三》载其为“凤征子，同安人，龙溪籍”（第182页下）；《类姓登科考》载其为“福建龙溪人”（第518页下）。由上可知，张继桂祖籍当为同安县，而中举时籍隶龙溪县，由龙溪县学中举
	9	黄华瑞	17	西黄	—	《闽省贤书》卷5《万历戊子科》载华瑞榜名为“之瑞”，“南安”人，后改名华瑞；《福建通志》卷38《选举六·明举人》载其为“南安县”人；《泉州府志》卷35《选举三》载黄华瑞为“南安学”（第182页下）。可知，黄华瑞祖籍当为同安县，中举时籍隶南安县，由南安县学中举

续表

科年	序号	姓名	《金门志》、《同安县志》所载旧籍		中进士科次	户籍迁出金门岛之依据
			都	村		
万历十六年戊子科	10	赵维藩	17	浦边	—	《福建通志》卷38《选举六·明举人》载赵维藩属“漳州府”。《闽省贤书》卷5《万历戊子科》载其为“漳州”人；《泉州府志》卷35《选举三》载为“同安人，漳州籍”（第182页下）。可知，赵维藩祖籍当为同安县，中举时籍隶漳州籍，由漳州府学中举
万历二十二年甲午科	11	张懋华	17	田墩	—	《福建通志》卷38《选举六·明举人》载张懋华为“龙溪县”人，“改名懋”；《闽省贤书》卷6《万历二十二年甲午科》也载其为“龙溪”人，“更名懋”；《泉州府志》卷35《选举三》载其“改名懋，同安人，龙溪籍”（第183页下）。可知，张懋华祖籍当为同安县，中举时籍隶龙溪，由龙溪县学中举
万历二十二年甲午科	12	蔡有麟	18	平林	—	《福建通志》卷38《选举六·明举人》载蔡有麟属“龙溪县”人；《闽省贤书》卷6《万历二十二年甲午科》也载其为“龙溪”人；《泉州府志》卷35《选举三》载其为“守愚族”，“同安人，龙溪籍”（第183页下）。可知，蔡有麟祖籍当为同安县，中举时籍隶龙溪，由龙溪县学中举
万历二十八年庚子科	13	刘行义	17	刘澳	万历三十八年庚戌进士	《万历庚戌科序齿录》（《明代登科录汇编》第21册，影印万历间刊本，残一卷）载刘行义为“福建漳州府漳浦县民籍，同安县人”（第11775页）；《福建通志》卷36《选举四·明进士》、卷38《选举六·明举人》皆载其为“漳浦县”人；《广东通志》卷27《职官志二·明·按察司副使》、卷41《名宦志》俱载其为“福建漳浦人”；《泉州府志》卷35《选举三》载其为“漳浦籍，同安人”（第185页上）。可知，刘行义祖籍当为同安县，中举时籍隶漳浦

续表

科年	序号	姓名	《金门志》、《同安县志》所载旧籍		中进士科次	户籍迁出金门岛之依据
			都	村		
天启元年辛酉科	14	许焕	19	后浦	—	《福建通志》卷38《选举六·明举人》载许焕为“安溪县”人；《金门县后湖许氏族谱·金门县珠浦许氏科第出身》载其“以高祖以恭出居清溪之澳江，遂补安溪邑庠生，习诗经”（第150页）；道光《福建通志》卷156载其为“安溪籍，同安人”；《闽省贤书》载其为“安溪”人；《泉州府志》卷35《选举三》（第188页下）、《同安县志》卷15《选举·明举人》（第480页）皆载其由“安溪学”中举。可知，许焕祖籍当为同安县，在其高祖时迁出金门，落籍安溪县，许焕由安溪县学中举
崇祯三年庚午科	15	杨期演	17	彤埕①	—	《泉州府志》卷35《选举三》载杨期演为“泉州府学”（第190页）；《金门志》卷9《隐逸》载其“从金门彤埕，移居中左所。博涉书史，尤工古文。崇祯三年庚午举人”；《同安县志》卷15《选举·明举人》载其为“中左所人”，即厦门人

① 《金门志》卷8《选举表·举人》载崇祯三年举人有金门彤埕杨期演。据载：“赤庭亦写作彤庭、赤埕。旧属十七都阳田保，与塘头、官澳毗邻，是一座已消失的滨海古村落。现村郊遗有一座碑刻‘行素杨公墓’的明代先人古坟。根据一些典籍记载，村中居民除杨姓外，尚有吴、洪、黄等姓。杨氏于宋代，由河南固始移居；明中叶村中文风颇盛，先有正德十四年（1519年）杨昂中己卯科贡生，至崇祯三年杨期演高中庚午科（1630年）举人。六传杨延生于明代往同安任教，定居橄榄岭下，故村名橄榄村，现为同安区新民镇凤岗村委会所辖自然村。”（蔡凤雏文、陈成沛整理《谋生定居，史上金胞爱迁厦门》，《厦门商报》2008年11月10日B08版）但因史籍未明确记载杨期演中举人是在迁出金门前，还是在迁出金门后，兹暂取保守态度，计作迁出后中举。

续表

科年	序号	姓名	《金门志》、《同安县志》所载旧籍		中进士科次	户籍迁出金门岛之依据
			都	村		
崇祯六年癸酉科	16	陈守臣	17	营山	—	《闽省贤书》、（清）金鋐、郑开极修纂《福建通志》卷 39《选举六·明举人》（《北京图书馆古籍珍本丛刊》第 33~35 册，据清康熙刻本缩印）、四库本《福建通志》卷 38《选举六·明举人》、《泉州府志》卷 35《选举三》所载崇祯六年举人名单俱未载陈守臣；《浙江通志》卷 141《选举十九·明举人》载其为浙江“平阳人”，中浙江崇祯六年癸酉科举人；《金门志》卷 8《选举表·举人》、《同安县志》卷 15《选举·明举人》俱载其“中浙江试”。可知陈守臣以浙江平阳籍中浙江乡试
崇祯十二年己卯科	17	颜应奎	19	贤聚	—	《泉州府志》卷 35《选举三》载颜应奎为“同安人，安溪籍”（第 192 页上）；《金门志》卷 8《选举表》、《同安县志》卷 15《选举·明举人》俱载其“由安溪学”中举。可知，颜应奎祖籍应为同安县，现籍安溪县，由安溪县学中举
崇祯十二年己卯科	18	张朝綖	17	青屿	崇祯十三年庚辰进士	《崇祯十三年庚辰履历便览》、《国朝历科题名碑录初编》皆作“晋江县籍，同安人”。《泉州府志》卷 35《选举三》载其由“府学”中举（第 191 页上）。可知张朝綖祖籍当为同安县，中举时籍隶晋江县，由泉州府学中举

由表 2 可知，明代祖籍在金门岛而其本人户籍在中举前甚至几代前就已迁出该岛的举人，自成化十九年癸卯科以“北京锦衣卫官籍”身份考中顺天乡试的张定，到崇祯十二年以“晋江县籍”身份考中福建乡试的张朝綖，共有 18 名，其中包含进士 7 名。

以报考户籍是否在金门岛作为判定是否属于金门举人和进士的依据，所得举人、进士数尽管比《金门志》的记载有所减少，但只有这样，才符合历史真实。

事实上，即使除去这18名祖籍在金门而报考时户籍已迁出该地的举人，并不能动摇明代金门岛在福建乃至全国显赫的科举地位。明代金门岛的科举成就仍是辉煌灿烂的，不仅在同安县表现优异——以三都之力，考出的举人占了同安县举人总数的27.27%，考出的进士占了同安县进士总数的23.75%，还考出了明代同安县唯一的会元（万历二十九年辛丑会元许獬）和鼎甲进士（万历四十四年丙辰探花林釬）；而且在福建乃至全国科举中也表现出一定的优势：明代全国举人考中进士的平均比例是24%，而金门达到了28.79%，超出全国平均水平4.79个百分点；明代全国共设州193个，设县1138个，每个州、县平均应有举人77名、平均应有进士18名；以此计，则仅有三都之地的金门岛考出的举人实际上已接近明代州、县的均有举人数，考出的进士比全国州、县均有进士数还多出1名。

通过科举走出金门，在京师和全国各地任官者也不同凡响。目前能确认官职的金门举人和进士有57人，占总数的86.36%。其中有京官11人。林釬官至正三品的礼部左侍郎兼东阁大学士，最为显赫。有明一代，阁臣出自海岛者只有两人，一人是弘治年间的海南人丘濬，另一人即崇祯时的金门人林釬。明朝在海南岛设琼州府，领有14个州、县，设有15所府、州、县儒学，而金门岛仅设三都，连一所儒学都没有，产生的阁臣却能与海南一样多，这不能不说是个奇迹。还有蔡复一于天启年间官至兵部左侍郎，“总督贵州、云南、湖广军务，兼巡抚贵州，赐尚方剑，便宜从事”，“卒赠兵部尚书”[①]，《明史》有传。另有地方官四十余人，其中包括1布政使、1布政司参议、2按察使、2按察副使、1佥事，4知府、3府同知、5知州、17知县；另有7儒学教谕；任职于南北直隶、山东、浙江、云南、广西、江西、四川、广东、湖广和福建等地，地域分布十分广阔，为各地经济、教育和社会发展做出了贡献。

原载陈益源主编《科举制度在金门论文集》，金门县文化局、台湾成功大学人文社科研究中心，2016年

① 《明史·蔡复一传》，中华书局，1974，第6460页。

清代福建乡试与台湾举人

戴显群

一 清代福建乡试

明清科举制度在继承宋元的基础上，发展到更加完备的阶段。明清科举取士实行三级考试制度，即乡试、会试和殿试。乡试中式者为举人，会试及第者为进士，殿试不淘汰，仅按成绩分三甲，一甲共三名，为状元、榜眼、探花。乡试是科举考试制度的第一级考试，是科举考试不可或缺的环节。清承明制，乡试每三年举行一次，时间定在子、午、卯、酉年的八月。除了三年一次的正科外，还有不少恩科。乡试作为地方上最高一级的考试，当然要在各省会城市举行。乡试考场设在各省会城市的贡院。参加乡试的主要为本省府州县学生员、贡生、监生，以及部分儒士之未仕者、官之未入流者。但他们都要经过学政“科考”录科、录遣后，才准予应试，即获得参加乡试的资格。

福州贡院自明洪武十七年（1384）兴建后，经过多次改扩建，已形成一定规模。入清以后，由于乡试规模不断扩大，福州贡院也屡加扩治。康熙十九年（1680）、三十八年（1699）、四十四年（1705）、四十七年（1708）、五十六年（1717）和乾隆十八年（1753），先后进行扩治。其中康熙四十四年与乾隆十八年扩建的工程最大，影响也最显著。康熙四十四年，福建巡抚李斯义“念闽地人文日盛，每科应试，多至万人，与布政使高缉睿集议拓贡院旁隙地，复购民居，增号舍千余楹。”[①] 乾隆十八年，总

---

① 乾隆《福州府志》卷46《名宦一》。

督喀尔吉善、巡抚陈弘谋重修福州贡院，“宽展号舍，增高墙垣，又另筑夹道，疏通沟渠，拓至公堂而新之。各堂所房舍俱加增建，规制肃然，福州府知府徐景熹、抚标参将窦宁董其役”①。

由于清代福建文教发达，人文日盛，闽人参加科举活动的热情持续高涨，参加乡试的考生逐科增多，原来的贡院显得狭小，乡试的三场考试期间，考生的号舍也不够用，需要拓建贡院，增建号舍。号舍亦称号房，是考生的考场，考生每人住一间，考试答卷与衣食起居均在号内。因此，号舍是贡院建筑最重要的组成部分。据说清代顺天贡院有号舍9000余间。晚清时江南与浙江考生常超过万人，号舍不够，须临时搭建简易号舍。广东贡院的号舍也有7000余间。清康熙年间，福建“每科应试，多至万人”，巡抚李斯义拓建贡院，增设号舍千余楹。乾隆年间，巡抚陈弘谋又重修福州贡院，各堂所房舍俱加增建。以此推算，清代福州贡院的号舍不会少于顺天贡院的号舍，否则无法容纳上万名应试者。可见清代福建乡试的规模之大。省城福州地盘并不算大，人口亦不多，然每逢子、午、卯、酉年乡试，来自全省各地的上万名应试者及其家属、随从云集福州，热闹非凡，犹如过年过节一般。这是两三年一遇的科举盛会，给省城福州增色不少。清代福建乡试的盛况以及福州贡院的规模甚至都感染了乾隆皇帝。乾隆九年（1744），特赐御书匾、联，匾曰“旁求俊义”，联曰“立政待英才，慎乃攸司，知人则哲；与贤共天位，勖哉多士，观国之光”。②

乡试的解额，主要依据各省文风之高下、人口之多寡、丁赋之轻重而定之。顺治初年定额较宽，顺天、江南皆160余名，福建、浙江、江西、湖广均超过100名，河南、山东、广东、四川、山西、陕西、广西、云南自90余名递减，至贵州40名为最少。顺治十七年（1660），减各直省中额之半。这样，福建的乡试中额仅50余名。康熙年间（1662~1722），先后又增加了各直省的中额。康熙五十年（1711），各直省均增20%中额。乾隆九年（1744），北闱有40余名考生夹带败露。乾隆皇帝为严肃纪律，诏减各直省中额十分之一。于是定顺天南、北皿中额各36名，中皿改二十

① 乾隆《福州府志》卷18《公署一·贡院》。

② 乾隆《福州府志》卷18《公署一·贡院》。

取一，江南上江（安徽）45 名、下江（江苏）69 名，浙江、江西均 94 名，福建 85 名，广东 72 名，河南 71 名，山东 69 名，陕西 61 名，山西、四川皆 60 名，云南 54 名，湖北 48 名，湖南、广西皆 45 名，贵州 36 名。此后，这一定额再未打破。咸、同年间，由于各省输饷达数百万，先后增加各省中额，福建及台湾增 13 名。[①] 台湾府隶属福建省，台湾乡试士子系另编字号，额中举人一名。雍正十三年（1735），福建巡抚卢焯上疏朝廷："今台属五学，人文日盛，请于闽省解额外，将台字号再加中一名，以示鼓励。"[②] 礼部议覆，同意增加台字号一名中额。嘉庆十二年（1807），又增加台湾府至字号举人中额一名。[③]

关于录送（参加）乡试的额数，顺治二年（1645）规定，各直省每举人 1 名，录送生儒 20 名应试。其后放宽录送名额。乾隆九年（1744）后又规定，直隶、江南、江西、福建、浙江、湖广为大省，每举人 1 名，录送生儒 80 名应试，山东等中省为 60 名，广西等小省为 50 名。副榜举人 1 名，大省加送 40 名，中省加送 30 名，小省加送 20 名。[④] 而台湾初录送 200 名，嘉庆十二年（1807）改为录送 300 名。由此可见，乡试的竞争是十分激烈的，与会试相比，可谓有过之而无不及。早在明朝末年，顾公燮就曾说道："乡试难而会试易。乡试定额，科举三十名中一人……至于会试，进士有三百余人，其途宽矣。故俗有'金举人、银进士'之谣。"[⑤]

从以上乡试解额与录送乡试的额数来看，清代福建仍属科举大省。由于福建发达的文化教育以及以往的科举成就，清政府才一直将福建列为科举大省。这从清初担任各省主考官的职位规定中亦可看出："初制，顺天、江南正副主考，浙江、江西、湖广、福建正主考，差翰林官八员。他省用给事中、光禄寺少卿、六部司官、行人、中书、评事。"[⑥] 福建等科举大省

---

① 《清史稿》卷 108《选举三》，中华书局，1977，第 3157~3158 页。

② 《清世宗实录》卷 156，雍正十三年五月辛亥，《清实录》第 8 册，中华书局，1985，第 907 页。

③ 《清仁宗实录》卷 179，嘉庆十二年五月丙辰，《清实录》第 30 册，中华书局，1985，第 361 页。

④ 《清会典事例》卷 337、卷 338，中华书局，1991 年影印本，第 977~998 页。

⑤ 顾公燮：《丹午笔记》，江苏古籍出版社，1985，第 68 页。

⑥ 《清史稿》卷 108《选举三》，中华书局，1977，第 3154 页。

的乡试主考官由翰林官担任，而其他中、小省乡试主考官的职位就大为逊色。

有清一代，共举行110科乡试，其中包括恩科与恩正并科。由于顺治二年、三年福建尚未开科，以及康熙十四年（1675），福建因耿精忠叛乱，停止乡试两科，所以福建共举行106科乡试。根据陈寿祺《重纂福建通志》卷162《国朝举人》与民国陈衍《福建通志》卷13《清举人》的统计，清代福建中举人数共9967名，其中福州府4309名、泉州府1694名、漳州府893名、汀州府659名、兴化府546名、建宁府398名、延平府311名、台湾府301名、邵武府265名、福宁府195名、龙岩州177名、永春州143名、八旗驻防64名、平海卫与镇海卫12名。

除了上述正榜举人外，清代还有所谓的副榜举人制度。副榜举人之名始于明嘉靖五年（1526），清朝沿袭之，于顺治二年（1645）定为制度。副榜举人亦谓副举人、副贡，其地位远逊于正榜举人。按规定，副榜举人不能与举人同赴会试，仍可应下届乡试，只有乡试中式后才可参加会试。

关于清代福建副榜举人的情况，陈寿祺《重纂福建通志》没有任何记载，而民国《福建通志》对咸丰元年（1851）以后的情况则有详细记载。以此看来，清代福建似乎从咸丰元年才开始实行副榜举人制度。根据民国《福建通志》卷13《清举人》的统计，从咸丰元年（1851）到光绪二十九年（1903），福建共录取副榜举人425名，其中福州府265名，其他10个府州合计160名，福州府占有绝对优势。

二　台湾士子到福州参加福建乡试

康熙二十二年（1683）六月，福建水师提督施琅率军2万，战船300艘，从铜山出发，开始了收复台湾的征程。在澎湖海战中，清军击败郑军，攻克澎湖36岛，取得澎湖大捷。在清军强大的军事实力威慑下，郑克塽归降。八月十三日，施琅率清军抵鹿耳门港，郑克塽率文武大臣迎接清军，至此，大陆和台湾复归统一。康熙二十三年（1684）四月，清政府正式设台湾府，下辖台湾、凤山、诸罗三县。台湾府隶属福建，成为福建的一个府，福建的行政区划从此扩展到整个台湾岛，闽台关系更为密切。

随着台湾社会经济的发展与人口的增长，台湾地区的文化教育事业也得到迅速发展，台湾的府县也随之增多，官学也相应增设。从康熙二十三年（1684）台湾隶属福建到光绪十一年（1885）台湾建省为止，台湾地区先后建立了9所府县官学。具体情况见表1。

表1 清代台湾府县官学

官学名称	建立时间	创建者
台湾府学	康熙二十四年（1685）	巡道周昌、知府蒋毓英建
台湾县学	康熙二十三年（1684）	知县沈朝聘建
凤山县学	康熙二十三年（1684）	知县杨芳声建
嘉义县学	康熙四十五年（1706）	署县孙元衡建
彰化县学	雍正四年（1726）	知县张缟建
淡水厅学	嘉庆十九年（1814）	总督汪志伊、巡抚王绍兰倡建
台北府学		
宜兰县学		
新竹县学		

说明：前6条资料源自陈寿祺《重纂福建通志》卷66《学校·台湾府》。同治以后所建台北府学、宜兰县学、新竹县学，主要根据《光绪台湾通志稿》的相关记载。因《光绪台湾通志稿》未列“学校”专目，故这三所学校的创建者、建立时间无准确记录

此外，自康熙二十三年（1684）统一台湾之后，台湾地区的府县相继建立了数量可观的书院。根据民国《福建通志》总卷24《学校志》、陈寿祺（同治）《重纂福建通志》卷63~67《学校》的记载，清代台湾地区的书院仅有8所，见表2所示。

表2 同治《重纂福建通志》、民国《福建通志》所载清代台湾书院

书院名称	地址	创建时间	创建者
海东书院	台湾府	康熙五十九年（1720）	巡道梁文煊
崇文书院	台湾府	康熙四十三年（1704）	知府卫台揆
引心书院	台湾县	嘉庆十五年（1810）	邑绅黄拔萃（嘉庆十八年改名台湾书院）

续表

书院名称	地址	创建时间	创建者
文石书院	台湾县	乾隆三十一年（1766）	通判胡建伟
玉峰书院	嘉义县	乾隆二十四年（1759）	知县李倓改建
白沙书院	彰化县	乾隆十年（1745）	署县曾曰瑛
文开书院	彰化县	道光四年（1824）	理番同知邓传安捐建
明志书院	淡水厅	乾隆二十八年（1763）	署同知胡邦翰

但根据王启宗《台湾的书院》一书统计，台湾至光绪十一年（1885）建省之前，一共建立了50所书院，[①] 远远超过同治《重纂福建通志》所记载的8所。

随着台湾学校教育的开展，台湾士子也开始参加科举考试，取得功名后为官从政。这不仅是一件文化盛事，也是一件政治大事。台湾隶属福建，台湾士子需要到福州参加福建乡试。到了光绪年间，经过近200年的倡学教化，台湾地区已文风渐盛，台湾士子每届应乡试者超过800人，经福州再赴京师参加会试者每届亦有20余人。

康熙二十六年（1687），台湾府凤山县士子苏峩首中福建乡试举人。这是自康熙二十三年（1684）台湾设府后的第一个举人。直至嘉庆九年（1804），台湾地区的乡试中举人数每科仅维持在1至2名。此后，随着台湾地区经济、文化的发展，台湾的科举活动渐趋发达，科名也日益繁荣。咸丰九年（1859）乡试中举人数达14名，同治元年（1862）更达15名。光绪二十年（1894）甲午科，台湾乡试中举人数为8人，分别是：台南的叶仁山，凤山的欧道行，彰化的施耀南，安平的许献琛，新竹的郑家珍，宜兰的林以佃、戴家林，淡水的黄希尧。然而这也是台湾士子最后一次参加科举考试。因为清朝在甲午战争中失败，台湾被割让给了日本。

台湾自康熙二十三年（1684）归属福建，到光绪二十年（1894）割让给日本的200余年间，在福建乡试中共有302人中举，名列福建全省第8位，次于福州府（4309名）、泉州府（1694名）、漳州府（893名）、汀州府（659名）、兴化府（546名）、建宁府（398名）、延平府（311名），

① 王启宗：《台湾的书院》，台北“行政院文化建设委员会”，1984，第20~23页。

高于邵武府（265 名）、福宁府（195 名）、龙岩州（177 名）、永春州（143 名）、八旗驻防（64 名）、平海卫与镇海卫（12 名）。此前，台湾人并无参加科举的经历，回归之后，在短暂的时间内迅速崛起，成绩斐然，其科名甚至超过闽北、闽东以及闽西南的一些府州。这是清政府对台湾的政策倾斜以及两岸人民经济文化交流的结果。台湾科举的成就给福建增添了光彩，同时对促进台湾文教事业的进一步发展，巩固国家统一都起到了重要的作用。

表 3 台湾举人名录

科 年	人数	姓名
康熙二十六年（1687）	1	苏峩（凤山）
康熙二十九年（1690）	1	包星焕（凤山）
康熙三十二年（1693）	1	王璋（台湾府）
康熙三十五年（1696）	1	王际慧（凤山）
康熙四十四年（1705）	1	王茂立（台湾县）
康熙五十年（1711）	2	杨阿捷（台湾府）、王锡祺（诸罗）
康熙五十二年（1713）（恩科）	1	杨朝宗（台湾县）
康熙五十三年（1714）	1	陈飞（台湾府）
雍正元年（1723）（恩科）	1	王世臣（台湾府）
雍正四年（1726）	1	庄飞鹏（台湾县）
雍正七年（1729）	1	陈文苑（凤山）
雍正十年（1732）	1	廖殿魁（凤山）
雍正十三年（1735）	2	陈邦杰、石国球（台湾县）
乾隆元年（1736）（恩科）	2	张岳、王贵（台湾府）
乾隆三年（1738）	2	陈辉、王宾（台湾府）
乾隆六年（1741）	2	陈联榜（台湾府）、李如松（凤山）
乾隆九年（1744）	2	张简拔（诸罗）、黄师琬（彰化）
乾隆十二年（1747）	2	陈名标、林垂芳（台湾府）
乾隆十五年（1750）	2	卓肇昌、林大鹏（凤山）
乾隆十七年（1752）（恩科）	2	林昂霄（台湾府）、唐谦（凤山）
乾隆十八年（1753）	2	谢其仁（凤山）、王克捷（诸罗）
乾隆二十一年（1756）	2	穆帝赉（台湾府）、庄文进（凤山）

续表

科　年	人数	姓名
乾隆二十四年（1759）	2	杨对时（台湾府）、白紫云（彰化）
乾隆二十五年（1760）（恩科）	2	张源仁、施廷封（台湾府）
乾隆二十七年（1762）	2	张源德、蔡霞举（台湾）
乾隆三十年（1765）	2	王振声、杨道成（台湾府）
乾隆三十三年（1768）	2	张源俊、张植华（台湾）
乾隆三十五年（1770）（恩科）	2	张源义、周朝瀛（台湾）
乾隆三十六年（1771）	2	许拔萃（诸罗）、叶期颐（彰化）
乾隆三十九年（1774）	2	陈作霖（台湾府）、郭廷机（诸罗）
乾隆四十二年（1777）	2	刘应熊（台湾）、陈榗（彰化）
乾隆四十四年（1779）（恩科）	2	王泰（台湾府）、尤式钰（彰化）
乾隆四十五年（1780）	2	曾大源（台湾府）、黄朝辅（台湾）
乾隆四十八年（1783）	2	郭旁达（台湾府）、史锦华（台湾）
乾隆五十一年（1786）	2	王播圭（台湾府）、潘振甲（台湾）
乾隆五十三年（1788）（恩科）	2	童俊德（台湾府）、郭一簪（嘉义）
乾隆五十四年（1789）（恩科）	2	李维梓（台湾府）、柯梅溪（嘉义）
乾隆五十七年（1792）	2	林毓奇、何肇成（嘉义）
乾隆五十九年（1794）（恩科）	2	洪禧（台湾府）、蔡廷懋（嘉义）
乾隆六十年（1795）	2	郑锡金（台湾府）、蔡廷炯（嘉义）
嘉庆三年（1798）	2	郭绍芳（台湾）、蔡廷槐（嘉义）
嘉庆五年（1800）（恩科）	2	蔡其英、周琼浆（台湾府）
嘉庆六年（1801）	2	刘大业、许廷杰（彰化）
嘉庆九年（1804）	2	吴逢春（嘉义）、王三锡（彰化）
嘉庆十二年（1807）	3	林焕章、郑捧日（彰化）；陈玉辉（台湾）
嘉庆十三年（1808）（恩科）	3	黄名标（凤山）；张士凤、林希文（嘉义）
嘉庆十五年（1810）	3	许捷升（台湾府）、杨元启（嘉义）、王珪璋（彰化）
嘉庆十八年（1813）	3	李三山、林谦光（台湾）；王克成（彰化）
嘉庆二十一年（1816）	3	林芳贤、曾作霖、林廷璋（彰化）
嘉庆二十三年（1818）（恩科）	3	曾维桢（台湾府）、郑用锡（淡水）、叶向荣（彰化）
嘉庆二十四年（1819）	4	陈玉珂、黄龙光（台湾府）；郭成金（淡水）；陈泰阶（台湾）

续表

科　年	人数	姓名
道光元年（1821）（恩科）	4	韩治、林大元（台湾府）；柯琮璜（彰化）；林长青（淡水）
道光二年（1822）	3	吴景中、林青莲（台湾）；洪天衢（彰化）
道光五年（1825）	3	郑应元（台湾府）、陈维藻（淡水）、王朝纲（嘉义）
道光八年（1828）	4	谢天申、郑朝兰（台湾府）；王琼佩（台湾）；谢有祥（彰化）
道光十一年（1831）（恩科）	4	曾伟中（台湾）；陈尚忠、丁捷三（嘉义）；梁济时（彰化）
道光十二年（1832）（恩科）	4	钟桂龄、蔡国瑛（台湾）；郭望安（嘉义）；黄滋培（彰化）
道光十四年（1834）	4	沈鸣岐、刘献廷（台湾府）；林巽中（台湾）；刘拔元（嘉义）
道光十五年（1835）（恩科）	4	陈松龄、吴铭钟（台湾府）；李树泽、黄景琦（台湾）
道光十七年（1837）	4	蔡廷兰、杨缉光、施龙文（台湾府）；沈廷戴（嘉义）
道光十九年（1839）	4	杨占鳌、陈学光、冯谦光（台湾府）；柯维基（台湾）
道光二十年（1840）	4	江中安、黄缵绪、刘桢（台湾府）；陈德言（嘉义）
道光二十三年（1843）	4	利鹏程、石耀宗、邱位南（台湾府）；王晨嘉（台湾府）
道光二十四年（1844）（恩科）	4	钟洪诰、陈宗璜（台湾府）；吴敦德、詹道新（台湾）
道光二十六年（1846）	4	黄廷祐、郑如松（台湾府）；施大猷（嘉义）；许超英（淡水）
道光二十九年（1849）	4	陈云史、吴尚震、陈光昌（台湾府）；施启东（彰化）
咸丰元年（1851）（恩科）	5	徐焕梯（台湾府）；陈尚恭、王献瑶（嘉义）；蔡鸿猷（彰化）；李春华（淡水）
咸丰二年（1852）	4	张维桢、王明模、郑步蟾（台湾府）；刘达元（嘉义）
咸丰五年（1855）	5	王玉柱、林凤池（台湾府）；黄廷祚（台湾）；陈霞林（淡水）；蔡廷魁（彰化）
咸丰九年（1859）	14	李文元、李春波、俞春锦、陈维英、陈谦光（台湾府）；吴尚霑、陈有容、陈培松（台湾）；韦国琛（嘉义）；陈肇兴、简化成、蔡德芳、黄焕奎（彰化）；李望洋（淡水）

续表

科　年	人数	姓名
同治元年（1862）	15	罗万史、陈澄清、杨士芳、叶在甲（台湾府）； 曾云镛、王藩、蔡景云、魏缉熙（台湾）； 黄登瀛（嘉义）；蔡鸿章、廖宗英、周嘉霖（彰化）； 蔡丕基、林步瀛、萧国香（淡水）
同治四年（1865）	7	李腾芳、吴子光、陈庆勋、曾云登（台湾）； 曾云书（嘉义）；苏衮荣、张书绅（淡水）
同治六年（1867）	7	何清霖、詹正南（台湾）； 李连科、许廷仑、陈超群、张维垣（台湾）； 郭黄槐（嘉义）
同治九年（1870）	7	郭鹗翔、黄裳华、江上蓉（台湾府）； 陈望曾（台湾）；张步蟾（嘉义）； 吴士敬、林师洙（淡水）
同治十二年（1873）	8	郑维藩、林洪香、王均元（台湾府）； 王蓝玉（台湾）；丁寿泉、施炳修（彰化）； 陈树蓝、李春潮（淡水）
光绪元年（1875）（恩科）	8	卢宗烈、邱鹏云、施士洁（台湾府）； 赵光诏（台湾）；张觐光（嘉义）； 黄玉书（彰化）；李藩岳、潘成清（淡水）
光绪二年（1876）	7	张绍芳、陈登元、徐仲山、连日春、陈楷（台湾府）； 李春澜（噶玛兰）；曾云峰（彰化）
光绪五年（1879）	7	叶题雁、刘仁海（台湾府）；庄芸香（台湾）； 吴廷琪、庄士勋、蔡寿星（彰化）；张赞忠（淡水）
光绪八年（1882）	7	陈大猷、余绍赓（台湾府）；蔡国琳、王蓝石（台湾）； 张琮华、林启东（嘉义）；陈瑺芝（新竹）
光绪十一年（1885）	7	许南英（台湾府）；谢锡光（台北府）； 叶懋禧、林凤藻（台湾）；陈日翔（凤山）； 徐德钦（嘉义）；林廷仪（宜兰）
光绪十四年（1888）	7	丘逢甲、吕赓年（台湾府）；林际春、汪春源（台湾）； 庐德祥（凤山）；罗秀惠（嘉义）；蔡逢辰（台北）
光绪十五年（1889）（恩科）	8	李向荣、陈元音（台南）；黄宗鼎、江呈辉（台北）； 萧逢源（凤山）；刘汝澄（嘉义）；李清琦（彰化）； 萧云镛（安平）
光绪十七年（1891）	7	施仁恩（台湾府）；张大江、林金城（台南）； 李应辰（台北）；何朝章（嘉义）； 施之东（彰化）；郑玉书（安平）

续表

科　年	人数	姓名
光绪十九年（1893）（恩科）	7	谢维岳（台湾府）；林文钦（台湾）；洪谦光、施荚（彰化）；林瑶、赖文安（安平）；李师曾（新竹）
光绪二十年（1894）	8	叶仁山（台南）；欧道行（凤山）；施耀南（彰化）；许献琛（安平）；郑家珍（新竹）；林以佃、戴家林（宜兰）；黄希尧（淡水）
合计	302	

资料来源：道光《重纂福建通志》、民国《福建通志》

到福州参加福建乡试的台湾士子中，不乏一些优秀的学子，他们中举后，大都在次年进京参加会试，进士及第后，步入政坛和文坛，最后发展成为台湾地区的政治精英与文化精英。他们对振兴中华文化和促进祖国统一具有重大影响。此类士人包括连横、许南英、丘逢甲、陈肇兴、汪春源等。

连横，生于清光绪四年（1878），台湾省台南人。光绪二十八年（1902），先到厦门捐得监生，再赴福州应补行经济特科乡试，不第。连横虽然乡试不第，但没有放弃对文化事业的追求。他后来成为台湾著名的爱国诗人和史学家，被誉为“台湾文化第一人”。著有《台湾通史》《台湾语典》《台湾诗乘》《大陆诗草》《剑花室诗集》等。

许南英，清咸丰五年（1855）生于台南。光绪十一年（1885）赴福州参加福建乡试，中试为举人。光绪十六年（1890），进京参加会试，中恩科进士。许南英是台湾近代著名的爱国诗人，他的诗歌鲜明地揭露了日本军国主义者的侵略罪行，讴歌了台湾人民的反日斗争，猛烈地抨击了清王朝的腐朽统治，表现出炎黄子孙对统一祖国和振兴中华的强烈向往。许南英著有诗集《窥园留草》和词集《窥园词》。

丘逢甲，清同治三年（1864）生于台湾苗栗县。光绪十四年（1888）到福州参加福建乡试，中试为举人。光绪十五年（1889）春，赴京参加会试，中进士。《马关条约》签订后，丘逢甲悲愤交加，率全台绅民上书反对割台，联合一批爱国志士，与日军展开斗争。斗争失败后，丘逢甲离台，内渡广东，兴办教育，倡导新学，支持康梁维新变法，投身孙中山领导的民主革命。丘逢甲擅长诗文，诗风豪放激越、震撼人心，多为怀念台湾和感愤时事之作。其作品有《柏庄诗草》《岭云海日楼诗钞》等。

陈肇兴，生于清道光十年（1831），台湾府彰化县人。咸丰九年（1859）赴福州参加福建乡试，中试为举人。陈肇兴是清代中叶崛起的台湾著名诗人，他的诗不仅有个人心灵世界与理想抱负的抒写，更有深切关心民生的内容。在形式上，他擅长以长篇诗歌来抒怀、言志，诗风雄健豪迈，颇类杜甫，被视为清中叶台湾文坛之“诗史”。著有《陶村诗稿》六卷。

汪春源，生于清同治八年（1869），台南安平人。光绪十四年（1888），他和爱国诗人丘逢甲到福州参加福建乡试，二人同榜中举。1895年，甲午战败之后，中日签订《马关条约》，割台议和，举国震惊，在京应试的举人群情激愤。当时，汪春源正在京城准备参加会试，于是他联合在京台湾举人及官员上书都察院，强调台湾为东南门户，“无台地则不特沿海七省岌岌可危，即京畿亦不能高枕”。随后，他参与康梁等人发起的“公车上书”。光绪二十四年（1898），汪春源再度进京参加戊戌科会试，中贡士。后因庚子事件，北京贡院被烧，直至1903年，两科合并，终得进士。汪春源成为台湾最后一位进士。著有《柳塘诗文集》。

三　福州台湾试馆的建立[①]

台湾试馆，又称台湾会馆，是清代专供全台士子因参加乡试、会试而在省城（会城）福州下榻的试馆。

福州台湾试馆的创设，经历了复杂而曲折的过程。它的最后建成，当归功于晚清分巡台湾道刘璈。刘璈，字凤翔，号泳仙，一号兰洲，湖南临湘人，以“附生”入左宗棠军。同治三年（1864），因军功获道员衔。光绪七年（1884），朝觐光绪皇帝，授福建台湾兵备道兼提督学政。他在台湾锐意革新，兴学校，招开垦，整顿盐、茶、煤业和税收；整饬政风，修

① 关于福州台湾试馆的建立，主要参考卢美松先生的文章《福州台湾试馆钩玄》。

路浚渠，架桥灭疫，颇有政声。他还积极备战，抵抗法军入侵。

光绪九年（1883）正月初六日，刘璈首向闽浙总督上《禀筹办全台乡会试馆宾兴及育婴、养济、义仓各事由》呈文，指出当时台湾“文风日起，每届应乡试者约八百余名，应会试者二十余人”，说明在清朝统一台湾后，经过大约200年的教化、倡学，不仅民风淳厚，士气振作，而且文风渐盛，每届乡试、会试之期，都有众多秀才和举人，渡海到省城福州参加乡试，或经过福州再进京参加会试。清朝这一抡才大典对台湾士子确有很大吸引力。

鉴于每科到省城参加乡试的士子常达七八百人，到京城参加会试的举人也常有20多人，刘璈先在岛内筹得善款，并预提银两，用于购建试馆、会馆。同时向闽浙总督何璟上呈禀文，申明“今筹款既有成数，拟就此二款内，先提银一万五千元，即在省城贡院左近，构建台南、北两郡试馆，遴委员绅监造，以为全台乡士子栖息之所。又提银三千元，函托在京绅友，即在都城购建全台会馆，以备台湾会试举人及供职于京者，借以居住”。应该说，刘璈作为台湾道官员，为振兴台湾的文教事业，便利当地应试士子与在京供职人员的旅居，做了周密的安排。这本是一大善举，况且“经费均已支拨”，“以台地之款办台地之事”。谁知报告呈到何璟案前，即遭严词批驳。何璟在三月初八日的批复中，大打官腔，并罗列刘璈的举措有四点不宜：“徇一隅之见，不为全局计”；“尚未请奏，先行支拨”，是举不当；试馆不应“官为构建”；“违道干誉，古所深戒”。

针对何璟的批复，刘璈于四月二十四日，向总督、将军、巡抚三大员上呈《申报停办试馆各事宜由》，报告称，正月上呈的“通禀”，已于三月初八日收到总督部堂的批复。在这份呈文中，刘璈主要针对何璟所指责的用官款“购建试馆会馆”事进行申辩，说明“台湾建造京都试馆、会馆暨乡试盘费”等项开支，“皆系无关报部之杂款项下提给举办”，而且前此主办绅董等业已“屡次陈请”。刘璈特别说明：“亦知前举本系民捐民办，无关报部，且系遵照宪批办理，似非有违。”这就有力地回应了何璟的无端指责。他明确表示，自己是按规定、按程序且经批准办理建馆之事的，根本没有违令违规。但慑于总督的威权和指令，他表示“自应恪遵批谕”，奉令行事。因此，刘璈在呈文中报告了执行批示的情况：“转饬停办，一面驰函省会、京都各绅董，如原购馆屋，可退即退，其已购修有成者，设法召变归价。”即便如此，刘璈还是带着情绪揶揄上司，自谓“未便徇一隅之见，只为台湾计、不为全局计也”。他还告知省会、京都各绅董：“静候司道详奉宪批，再行饬遵，免贻后累。”刘璈虽然表面上报告已经“恪遵批示”，停建或退购试馆，其实仍然对建馆之事抱有希望。

八月初八日，刘璈再次上书总督何璟，开篇仍强调兴建试（会）馆的必要性，继而说明各项善举经费及修建会（试）馆款项的使用情况。该呈文称：“现已督同绅商筹议，在省垣构建台南、北两郡试馆及京都全台会馆，并会试宾兴盘费。”刘璈再三强调，支出附捐经费兴建会馆，确实得到台湾绅商的支持，确系“民捐民办”，“商民乐从”，“实于国计民生，两有裨益”。他还重申，所提兴建款项，“概系不报部杂款”，是“归新设全台培元局，作为筹办台地各项善举经费”。同时，他也不忘趁便提醒上司：“若不俯顺舆情办理，恐多棘手。”对于刘璈这样据理力争的说明，何璟自然十分不快和不满。他在九月十六日的批示中，依然指责刘璈“含混”入告，坚持要他“候抚部院批示”。

按照何璟的批示要求，刘璈第四次呈文，向船政大臣何如璋与福建巡抚张兆栋两人请示。在呈文中，刘璈详尽开列了善举（如购建两试馆）经费的使用情况，但始终对此事持反对态度的何璟，仍不依不饶地指责刘璈“提拨购建会馆一节”，认为当时并无绅衿禀请，现在才罗列百余名绅衿具禀，斥责“其情可知”；还强词夺理，称钱款“既捐在官，自应由官处置”，硬指捐款为官款。何璟还转移话题，称“此项杂款应办善举尚多”，不一定非要用于“购建会馆、试馆”，可见是无理托词。最后，何璟还质问刘璈文教宾兴之典包括兴建乡会试馆，不知“见于何典”。面对何刘之争，巡抚张兆栋的批示颇有意味，其态度也颇显圆融。看来他自有判断与倾向，故一方面指出：“此案迭奉宪批驳查”，暗示总督已有成见在先，自己虽另有看法，但碍于同僚面子，故只是舒缓口气，表示“如内地之善举办理，提款有余，方准扩充别项”；“范围已定，办理各有遵循”。他要求刘璈按内地他处方法办理，看是否实属收支有余。城府颇深的张兆栋，无形之中为刘璈作了转圜，授梯下楼。所以，刘璈随即于翌年（1884）三月向督抚部院再上《咨覆收支各项善举经费由》呈文，就自己上任后的光绪七年（1881）十一月至光绪九年（1883）十二月底的收支情况列出清单，载明“省城购建台南北两郡试馆，价值工料经费银一万一千零九十八两零”，“京都购建全台会馆，价值工料经费银三千四百两”，加上其他多项善举经费，“共需支库平银四万三千一百九十四两零”，“尚存库平银三千四百三十九两零”。结算确有余裕，满足了张兆栋所提条件，也堵住了何璟的口，这段公案似乎就此了结。

由于刘璈没有盲从何璟的批复，暗中坚持己见，遂使福州的台湾两郡试馆最终得以建成。刘璈在光绪十年（1884）三月的呈文中表示：“台南北两郡试馆……现已告竣”，“京都购建全台会馆……尚未报竣”。这说明福州台湾试馆当时确已建成，而北京全台会馆其时尚未竣工。另据《台南市志》“祁征祥”条记载，光绪九年（1883），祁自台湾“移知闽县。十一年（1885）乡试，台湾士子往谒，尚礼下情殷，纡尊至台湾会馆回拜。”这也说明会馆在 1885 年以前确已建成。应该说，福州台湾两郡试馆的建成，全赖刘璈顽强而执着的抗争精神。

福州台湾两郡试馆的旧址，至今仍难以确定。北京市台湾同胞联谊会于 2012 年编著的《台湾会馆与同乡会》中记载：“随着赶考人数的增加，光绪九年（1883），分巡台湾道刘璈在台湾地方乡绅的支持下，在福州贡院附近设‘天衢’和‘云路’两试馆，作为台北、台南两郡参加乡试人员的居住地，两馆可同时容纳三百多名秀才居住。”文中明确指出台湾两郡试馆建在贡院北面的天衢坊与云路坊。然而，两坊旧址今已难觅，故试馆自然也难寻遗迹。也有记载称，在台湾试馆购建之前，先有商人醵资在南台购建“澎湖会馆”，然其地址于今更难查考了。

总之，晚清福州台湾试馆的建成与使用，为台湾士子到福州参加乡试带来了极大的方便。它的建立是形势使然，说明在清朝统一台湾后，经过大约 200 年的发展，台湾的经济、文化已有了充分的发展，闽台关系更为密切。试馆的建立，适应了闽台关系发展的需要，对促进闽台经济文化交流、维护国家统一具有重要意义。

原载《教育与考试》2018 年第 1 期

试论福州三坊七巷学人与台湾书院的发展

徐心希

明清时期，台湾书院发展的每个阶段背后均有福州三坊七巷学人忙碌的身影。数百年来，他们通过书院与宝岛血肉相连。如今，福州三坊七巷已经获得中国十大历史文化名街称号，人们更不应忘记当年书院山长们为台湾书院教育所做出的无私奉献。

一　三坊七巷与福建士子学风

（一）唐宋福建士子学风大振

汉晋时，福建文教发展迟缓。唐宋时，面貌却日新月异。此盖缘于两晋中原士民为避战乱陆续入闽，带来内地先进文化。正如杜祐《通典》所称“永嘉之后，帝室东迁，衣冠避难，多所萃止”。相当数量的入闽官吏属学者型官员。南朝刘宋晋安太守阮弥之在闽兴学，《闽县乡土志》称“家有诗书，市无斗嚣”。嗣后，晋安太守虞愿“在郡立学堂教授”[①]；王秀之继任，承袭其“善政遗风”。六朝时，入闽的名宦有郡守范缜、林禄、江淹等，不下40人，为福州教化夯实了根基。隋朝创建的开科取士制度，为福州士子提供了天赐良机。唐代，大历、建中年间李椅、常衮两任福建

① 王钦若等编《册府元龟》卷676《牧守部・教化》，中华书局，1960，第8075页。

观察史，努力在闽推行教化。李椅严课士子学业，量才录用，酌才提升。常衮留意选招优秀生员北上入试，人称“搜罗天下文章，得士之盛，前无伦比”。[①] 由此，福州民情骤变，学风大振，奠定宋代“海滨邹鲁”之基。唐贞元年间，福建全省中进士者高达 74 人，其中福州占 39 人。

入宋之后，中国政治经济重心南移，自北方入闽者更多，福建社会经济发展迅速。时人曰：“惟昔瓯越险远之地，为今东南全盛之邦。”[②] 福建于是跻身全国发达地区行列。福州、泉州同列为望郡，朝廷慎择人选，宦闽多是才高望重之人，如张浚、辛弃疾、曾巩、陆游、程师孟、赵汝愚、王十朋等，皆富于才学、勤于公事。宋代福建地狭人稠，士人力求仕进，社会习儒成风，如福州人“多向学，喜讲诵，好为文辞，登科第者尤多”。[③] 朱熹称“福州之学，在东南为最盛”。[④] 宋人称“学校未尝虚里巷”，“城里人家半读书”。[⑤] 其他州县亦类此。南安“百里之间，弦诵相闻”[⑥]；延平府“五步一塾，十步一庠”[⑦]；邵武军“比屋弦诵之声”[⑧]；汀州则是“风声气习，颇类中州”[⑨]。当时福建书院林立，学校星罗棋布，被誉为“东南洙泗”“海滨邹鲁”。由于教育发达，涌现出许多著名的教育家。福州大学者陈襄、陈烈、周希孟和郑穆，世称“海滨四先生”，被尊为闽中理学先驱；其后，开创闽学体系的著名学者有杨时、游酢、罗从彦、胡安国、李侗、朱熹等。朱熹是闽学的创立者和集大成者，其后黄榦、蔡元定、蔡沈、真德秀、陈淳、刘爚、熊禾诸人薪火相传，将闽学推向各地。闽学兴盛的积极方面，在于促进教育，造就人才。有宋一代，福建登进士第者计有 7600 多人，约占全国进士总数的五分之一，按人口比例

---

① 李贻孙：《故四门助教欧阳詹文集序》，董诰等编《全唐文》卷 544，中华书局，1983，第 5514 页。

② 张守：《毗陵集》卷 6《谢除知福州到任表》，中华书局，1985，第 82 页。

③ 《宋史・地理志》，中华书局，1980，第 2210 页。

④ 朱熹：《晦庵先生朱文公文集》卷 80《福州州学经史阁记》，商务印书馆，1935，第 20 页。

⑤ 梁克家：《淳熙三山志》卷 40《土俗类》，方志出版社，2002。

⑥ 陈叔刚：《重建夫子庙碑记》，收入乾隆《泉州府志・人物志・儒林》，上海书店出版社，2000 年影印本。

⑦ 郑庆云等：嘉靖《延平府志》卷 1《风俗》，上海古籍书店，1961 年影印天一阁嘉靖本。

⑧ 黄仲昭：《八闽通志》“邵武府”，福建人民出版社，1990。

⑨ 陈一新：《赡学田碑》，民国《长汀县志》卷 17《礼俗志》，1983 年长汀县排印本。

居全国第一；在朝任宰辅者约 60 人，收入《宋史》列传的名人，也以福建籍为最多。这时，还出现一些人才辈出、历久不衰的名门望族，如福州林氏、陈氏，莆田方氏、蔡氏、傅氏，建阳蔡氏，崇安刘氏，浦城杨氏、章氏、黄氏、陈氏等。这些家族均与三坊七巷结下了不解之缘。

（二）三坊七巷之得名

唐天复元年（901），闽王王审知嫌子城小，创筑罗城，环绕子城之外，罗城南、西以安泰河为界，行政机构与官僚文人居于城北，平民宅第及商业区居于城南，同时强调中轴对称，在城南中轴线两边分段筑围墙，这就形成了如今三坊七巷的雏形。

所谓三坊七巷即文儒坊、衣锦坊、光禄坊和杨桥巷、郎官巷、塔巷、黄巷、安民巷、宫巷、吉庇巷，其名称一般定形于宋朝。从地名即可窥见此地当年文化之盛。如衣锦坊，旧名通潮巷，北宋宣和年间，陆蕴、陆藻兄弟才华横溢，名震一时。陆氏兄弟“典乡郡居此”，名其居地为“禄锦”。南宋淳熙年间，进士王益祥改称衣锦坊。再如文儒坊，位于南后街之西，衣锦坊之南，坊西端通金斗门桥河沿。文儒坊旧名山阴巷，宋代改名儒林坊。后有国子监祭酒郑穆居住在坊内，改称文儒坊。明代两任尚书的林瀚、抗倭名将张经、清台湾挂印总兵官甘国宝等均曾居住在该坊内。塔巷、黄巷、郎官巷等亦是名人荟萃，高士朋比，其中多数为知名学者。

二　福州学人东渡台湾筹办教育

康熙二十二年（1683），清政府统一台湾，并在台湾设立各级儒学，发展教育。《重修台湾省通志》（1993）载，自康熙二十三年（1684）设立儒学起，至光绪二十一年（1895）的 200 余年间，清政府延聘台湾儒学教授 80 人，其中福州籍人士 33 人；厅、县儒学教谕 265 人，福州籍 79 人；训导 299 人，福州籍 78 人。据统计，清领台湾期间延聘的儒学教授与教谕合计 644 人，其中福州籍 190 人，几占三成。清代在台执教的福州籍文人多为饱学之士。所聘 190 人中有进士 17 名、解元 2 名、举人 121 名、贡生 50 名。他们不仅学识渊博，人品高尚，且教学有方。如首任台湾府学教授林谦光，长乐人，康熙壬子（1672）副贡生，担任台湾府学教授4年，《续修台湾府志》称其“笃学励行，诲人不倦”。后升任浙江桐乡知县。侯官举人谢金銮，嘉庆十年（1805）出任台湾嘉义县学教谕，热心办学，整饬学风。在任期间撰《蛤仔难纪略》6篇，阐述其治台主张，见解独到。连横在《台湾通史》中仅为两位福州籍人士作传，谢金銮即为其中之一。刘家谋，侯官举人，道光二十五年（1845）任台湾府学训导。任职期间“怜才爱士，敢作敢为……勤于执教，为人师表，留心文献”，并重视破除陋习。因在台积劳成疾，年仅40岁而卒于任上。福州学人在台殉于教职者尚有8人。致力于书院教育者亦比比皆是，譬如闽县人薛士中、侯官人蔡征藩等，从清初至晚清络绎入台，主持书院。任教期间，均诲人不倦、笃学励行，开创台湾书院教育新风。

三　三坊七巷文人与福州书院

今三坊七巷之郎官巷有琴南书院。其实此地较早的书院当推位于光禄坊内的道南书院，始建于南宋宝祐六年（1258），祀“道南第一人”杨时，故又称道南祠。明成化元年（1465），福建提督使游明重建，增祀罗从彦、李侗和朱熹。此后游明升任福建副使，仍管理学校。此公在闽以廉洁勤政著称，深受闽中师生爱戴。嘉靖八年（1529），提学金贲亨重建道南书院，并增祀程颢为正祀。

明代扶持书院教育的三坊七巷名人甚多，首推抗倭名将张经。张经，明正德十二年（1517）进士，官至兵部尚书，故居在今文儒坊尚书里。于山九仙观天君殿尚存有张经撰《福州府四学新立学田记》。碑文详细记录了福州府四大书院以鼓山寺田收入办学之经过。文曰：“嘉靖丁未，奉命按闽。庶寮既肃，百度咸贞。弘化需才，式覃嘉惠。故览兹多士，思所以甄陶长养之，谓非增田莫给也。……遂稽鼓山寺田，原额既盈，洲田具羡，因裁其二千五百一十三亩有零，属之闽邑，计亩征租输赋外，岁入金六百二十五两有奇，以赡郡邑田学，而又为之定格，俾劝学之翰墨有资，考文之赏赉有级。”[①] 全文900余字，用词恳切，言简意赅，阐述了福州四大书院学田设置之意义与作用。以鼓山寺田每年租金625两白银资助莘莘学子，乃至解决生童之婚嫁赀赉。

三坊七巷之名门望族人才辈出，譬如闽西武威廖氏之四世廖陆峰迁北后街，儿孙多入鳌峰书院。嘉道年间，其六子之中有3个进士、2个举人。第六子廖鸿荃系进士出身，历任工部尚书及江浙等省学政、光禄大夫，咸丰年间归隐三坊七巷。七世廖骧，清光绪六年庚辰（1880）进士，曾任刑部主政，五品衔，先后主讲兴化府擢英书院、台湾府明志书院、福州越山书院。

林枝春，字继仁，号青圃，闽县濂浦乡人，乾隆十二年（1747）冬出任江西学政。十三年（1748）入京为通政司通政。十七年（1752）乞假归里，主讲鳌峰书院，连任山长8年，严格教导，培养学生千人以上。遗著有《就轩诗文抄》《青圃诗文集》《日知录》和《闻见录》等。[②]

陈寿祺，字恭甫、介祥、苇仁，号左海、梅修、隐屏山人，闽县人。清嘉庆四年（1799）进士，授翰林院庶吉士，散馆授编修。后回里省亲，应浙江巡抚阮元之聘，主讲敷文书院，编修《海塘志》。嘉庆九年（1804）起出任广东、河南乡试副考官、会试同考官，文渊阁校理、教习庶吉士。嘉庆十五年（1810）丁父忧回里侍母，后主持泉州清源书院10年。曾上书督抚，请通饬各府县禁止征书院为官员馆舍。道光二年（1822）起再主鳌峰书院10年。陈寿祺品行课文并重，造就了众多人才。道光四年（1824），他联合士绅请将黄道周从祀孔庙，刊印《黄忠端集》，倡修《福建通志》并任总纂。

梁章钜，字闳中、茝林，号茝邻，晚号退庵。祖籍长乐。14岁入鳌峰书院，清嘉庆七年（1802）进士，授庶吉士。历任江苏按察使、山东按察使、江苏布政使、甘肃布政使、广西巡抚、江苏巡抚兼署两江总督等职。道光十一年（1831）江淮大水灾，他率属捐廉募款，赈济苏南灾民。同年，修复练湖牌坝。纵览群籍，能诗善书，为清督抚大臣中著述最多者。

---

① 详见徐心希主编《闽都书院》，福建美术出版社，2009，第95~96页。

② 相关人物生平，详见福建省地方志编纂委员会编《福建省志·人物志》，中国社会科学出版社，2003，第220、439页。

郭柏荫，谱名弥广，字远堂，少敏悟好学，17 岁取秀才第一。官至广西巡抚、湖北巡抚、署理湖广总督。官声甚著。曾任清源、紫阳、鳌峰等书院山长。由于他博学多识，旁征博引，众皆心服，育成人才甚众。

张际亮，清代诗人，数度乡试落第，仍不灰心，求学之志未减，道光三年（1823）入鳌峰书院。其时陈寿祺已经出任鳌峰书院山长，书院风气焕然一新。他深得陈寿祺赏识，陈寿祺称赞其诗“足以雄视天下”。曾仄居郎官巷绥安会馆苦读。

林聪彝，鳌峰书院生童，曾随侍其父林则徐流戍伊犁，勘办开垦事业。父丧服阕，以庠生赐举人，历任内阁中书、衢州知府、署浙江按察使、杭嘉湖海防兵备道等，多有政绩。

梁鸣谦，字礼堂。清咸丰九年（1859）进士，历任吏部考功司主事，军机处稽勋司行走，同治六年（1867）被沈葆桢聘为船政幕府，以船政功，加三品衔。曾随沈葆桢巡视台湾，当时沈葆桢所上奏章皆出其手，并提议福建巡抚移驻台湾，为郑成功建祠等。以抚台功加二品衔，光绪元年（1875）随沈葆桢返闽，并从沈葆桢赴两江总督任，次年回闽，任鳌峰书院山长。

杨庆琛，字廷元，号雪椒，别署云山行脚僧，晚号绛雪老人，侯官人。13 岁即肄业于鳌峰书院山长郑光策门下，与梁章钜、林则徐、廖鸿荃等同窗。道光二十三年（1843）夏辞职归隐。曾与沈葆桢等联函建议，将正谊书局改为书院。福州将军英桂照办，遂利用正谊书局藏书培养林纾、陈衍等学界精英。

蓝鼎元，字玉霖，号鹿洲，人称“筹台宗匠”。17 岁时游学到定海，拜访堂叔公蓝理、堂兄蓝廷珍，后入鳌峰书院深造。蓝鼎元在鳌峰书院担任讲学，与同乡蔡世远共事。康熙六十年（1721）以幕僚身份随南澳总兵蓝廷珍入台，平定朱一贵起义。上《治台十策》，建议恢复“官庄”，招佃拓荒，以益国赋、足民食；并建议朝廷解除入台垦民的携眷之禁，以安定民心。其建议均为清廷采纳。上《论镇守南澳事宜》，为平台、治台、兴台建言献策。他和蓝廷珍一起，带领垦民，开垦台湾中部山区，建成“蓝兴堡”。后渐繁荣，开台中先河。所著《东征集》《平台纪略》，连横《台湾通史》赞曰：“其言多有可采。”雍正帝誉其为“筹台宗匠”。蓝鼎元之成就，显然得益于早年在鳌峰书院接受的系统训练。

刘家镇，字奂为，家住光禄坊，宅曰“掫均居”。清嘉庆二十三年（1818）举人，大挑补南安县学训导，称病未视职。致力于音韵训诂之学，精于鉴赏字画，藏书万卷；捐修西湖宛在堂，增广凤池书院学舍。抚养刘齐衢、刘齐衔两侄长成。

陈衍，清光绪八年（1882）举人，鳌峰书院生员，正谊书院山长。同光派著名诗人，《福建通志》总纂。陈衍首倡“三元”说：“诗莫盛于三元，上元开元，中元元和，下元元祐也。”他还主张：“诗也者，有别才而又关学也。”光绪二十四年（1898），应湖广总督之聘，任官报局总纂，协助办理洋务。光绪三十三年（1907），张之洞任军机大臣，他随同入京，为学部审定科主事兼京师大学堂经学教习。辛亥革命后，严复任北京大学校长，聘陈衍为北京大学教授。1916 年，陈衍返闽，任《福建通志》总纂。1922 年 1 月新通志编成。旋至厦门大学任教。1931 年转赴无锡国学专科学校任教。

因篇幅关系，其余学者生平恕不赘述。

四　闽人入台弘扬书院文化

台湾早期民间私学多受福建影响。施琅等人创办的西定坊等为台湾早期书院。严格来说，康熙四十三年（1704）台湾知府卫台揆始建之崇文书院才名副其实。根据连横《台湾通史·教育志》所介绍的书院管理、考试、生童与山长生活待遇等内容，这一时期台湾书院的情况均与大陆各地的书院十分类似。卫台揆曾任福建漳州知府等要职。康熙四十年（1701）任台湾知府，其时台湾仍属福建。从施琅等人创办西定坊等早期书院，到卫台揆始建功能齐全的书院——崇文书院，福建地方官员对台湾书院的开拓与发展贡献颇多。有清一代，从福建派往台湾任职的地方官员不论是否属于闽籍，基本上均热心于创办书院，努力发展教育事业。其中不乏刘良璧、胡建伟、徐宗幹等外省籍的福建官员。总之，台湾书院的发展离不开福建学者（包括众多三坊七巷学人）的功劳。

台湾回归之后，不少有功名的福建士绅纷纷东渡，参与台湾书院的筹建与讲学。福州闽县人薛士中是著名理学家张伯行的弟子，鳌峰书院生员，雍正二年（1724）甲辰科进士。雍正十年（1732）九月，由漳州府学教授调任台湾府儒学教授。雍正十二年（1734），因丁忧去职。乾隆五年（1740）返任。这一年，督学杨二酉奏请海东书院仿照直省书院事例，选拔诸生入院学习，并以府学教授为师。知府钱洙遴选数十人，以薛士中为师。薛士中亲自制订院规，严格管理，促进了海东书院的发展。[①] 海东书院创建于康熙五十九年（1720），创建者是台厦道梁文煊。乾隆五年（1740），时任巡台御史兼督学杨二酉撰有《海东书院记》，文中说，“郡学西侧，旧有海东书院，为校士之所”，后来闲置，“诸生一仰止鳌峰，且不免望洋而叹也”。乾隆五年（1740），杨二酉到台湾巡视书院旧址，见“中多轩楹，可读可栖；明堂列前，可以讲；矮屋通，可以爨。意选内郡通经宿儒充教授、为良师，允堪作育多士，与鳌峰并峙”，但囿于经费无所出。时有贡生施士安捐稻谷千斤和水田千亩作为书院的膏火。经过数月重修，书院“轩窗爽洁，什器周备，焕如也”，又“选诸生中文艺有可观者，得数十人，以实其中。延教授薛仲寅为师”。[②] 乾隆二十六年（1761），觉罗四明任台湾道兼提督学政时，不仅为海东书院编规约数条，而且还撰写了《改建海东书院记》，称“海东书院，尤全台文教领袖”。海东书院创建后，薛士中、俞荔、董文驹、施士洁、施琼芳、杨希闵、吴文溥、谢颖苏等先后担任山长，培养出魏宏、丘逢甲、汪春源、许南英、郑鹏云等知名人士。董文驹，字道实，号罗峰，福州闽县人，乾隆二十八年（1763）进士，三十六年（1771）调任台湾府学教授。志载其“有学行。月课生童，衡文慎甲乙，有所改窜，字画必端正；若得佳文，则优赏以鼓舞之。而训迪诸生，常本忠孝节义诸大节。虽切磋严惮，而和气仍与人可亲，望之严然，即之也温。尝兼监海东书院，督课綦严，而生童膏火，皆如数按给，毋许丁胥朘削，寒士赖之”[③]。

① 参见林文龙《清代台湾书院讲席汇录》，《台湾文献》1991年第2期。

② 谢金銮、郑兼才：《续修台湾县志》卷7《艺文二》，台湾省文献委员会，1993，第469页。

③ 谢金銮、郑兼才：《续修台湾县志》卷3《学志》，台湾省文献委员会，1993，第262页；连横：《台湾通志》，商务印书馆，1983；邱正略等编纂《重修台湾省通志》卷9《人物志》，台湾省文献委员会，1998，第140页。

闽人杨芳系举人出身，乾隆年间主讲台湾海东书院。他一改以往“视课期为具文”的现象，严立学规，对听讲者诲之谆谆不倦，对学生作业认真批阅，一时“士咸自励，文风大振”。闽人石福祚，于嘉庆五年（1800）以优贡捷北闱，其后多次应试，却与进士无缘，遂绝意功名，前往澎湖主讲文石书院。课余笔耕不辍，著有《湖心亭新裁》《稻香村杂著》等。福州府长乐人林谦光，字道牧，号芝楣，坑田村人。康熙十一年（1672）副贡生。十九年（1680）选授政和县儒学教谕，擢延平府学教授。二十二年（1683）台湾郑克塽回归，翌年林谦光首任台湾府学教授。他笃志敦学，诲人不倦，士子咸称得师。课余关心地方文献，访问地方土著。查询山川形胜，习俗民情，收集历史资料，编写志书。康熙二十四年（1685）编成《台湾纪略》一卷。全书约6000字，分十五目，是台湾最早的一部地方志。《四库全书总目》称“开辟之初，规模草创，故其文皆略存梗概云”。

道光至光绪年间，台湾书院进入了稳定发展时期，除原有的书院规制日臻完善外，还涌现出了一批颇具影响力的书院。书院教育之发展，亟需德高望重之山长与主讲，众多闽籍士绅前往台湾各书院任职。当时台湾各著名书院，如仰山书院、海东书院等均由福建学者主持或主讲，教职亦多由闽人承担。如前所述，林谦光是福州长乐人，诸罗县儒学教谕陈志文也是长乐人。台湾县儒学教谕傅廷璋是南安人，凤山县儒学教谕黄赐英是晋江人。《钦定大清会典事例》载：“台湾府学训导及台湾、凤山、诸罗、彰化等四县各教谕、训导，遇有缺出，先尽漳、泉七学调缺教职内拣调；倘或不敷或人地未宜，仍于通省教职内一体拣选调补。”从闽地选调教职，显然可以事半功倍，相得益彰。再如陈维英（1811～1869），字实之、硕之，号迂谷，台湾省淡水人。其父陈逊言于乾隆五十三年（1788）由福建渡海抵台，捐资兴建学海书院，教育乡里子弟。陈维英扩充学海书院。咸丰九年（1859），他49岁时考中举人，任福建闽县教谕。任期满后，纳捐为内阁中书。后退隐淡水，全力助学，将闽省教育经验带到台湾，兴办乡学。曾掌教于仰山、学海两大书院，发扬鳌峰书院求实精神。著有《乡党质疑》《偷闲集》《太古巢联集》。

五　三坊七巷学者风范对台湾书院的影响

台湾书院绝大多数建立于康乾之后，受鳌峰书院陈寿祺影响至深。海东书院的学规即直接仿效鳌峰书院。台湾大学教授张正藩在《中国书院制度考略》中提出："台湾书院所定规制，大体与闽省同。盖台湾居民泰半为闽籍，其所建书院亦多取则于八闽，尤以受福州鳌峰书院之影响特大。"

陈寿祺与鳌峰书院对台湾书院教育的影响，绝非仅限于书院管理，更在于该书院所传承之经世致用学风。乾隆以后，受理学衰落以及乾嘉汉学兴盛风气影响，学风渐变。尤其是道光年间，陈寿祺受其师阮元创办的浙江诂经精舍和广东学海堂培养经世实学之风的启发，有心以鳌峰书院为基地，在闽培植朴学经世学风。其不拘一格之施教特点，使得经世之学、经史考证之学以及诗赋古文之学等在书院蔚然成风。一时间，鳌峰书院成为当时闽省及台湾学风转变之重心。乾嘉汉学的影响由此开始凸显。乾隆时，纪昀与朱珪兄弟先后视学福建，注意培养通经崇古之士，由此，闽省开始出现研习考证之学的学者。谢章铤曾说："吾闽自龟山得道南之统，而集大成于考亭，数百年来一以朱学为职志，读四子书内外注，不敢磋跌一字……延至乾隆中叶，纪文达、朱文正相继视闽学，以淹洽倡庠序。于是高才辈出，星联霞蔚。"嘉庆初年，陈寿祺等人在京城师从汉学大师钱大昕、段玉裁等人，与各地汉学后进相互问学，确立研治汉学的志向，并有所作为。"最后陈恭甫侍御出，以沉博绝丽之才，专精许、郑，建汉学之赤帜。先导者为林畅园、郑西霞诸公，羽翼者为万虞臣、萨檀河、谢甸男诸公……嗟乎！千里同声，一何盛也。"①

陈寿祺在鳌峰书院采取了五项改革措施。其一，变革招生方法。改变以往单据考课文艺决定优劣之法，加强对考生品行的甄别。在全省树立勤心向学向行的榜样，使"负笈者观感而奋兴，挟荚者闻风而

① 谢章铤：《西云记序》，《赌棋山庄全集·文续集》卷1，（台北）文海出版社，1974，第485~486页。

交劝”，振奋全省之士，以挽士风。其二，严格规章。要求“严设规条，豫张告诫，约束坚明，使士皆范围于矩镬之中，优游于逊悌之路”。其三，崇经学，厉行义。改革书院旧有考课章程，“以师课之一兼课经史、古文词”，以此“宜可兴倡实学，搜获异才”，改变书院生员专习八股的情况。其四，崇礼貌，厚赏优异。建议“拔萃出群、好学不怠者，倍其廪饩，优其奖赏”。其五，严格监院人选。建议仿照以往做法，“常设两学掌择试用，令学问优者为之”①。鉴于以往设斋长一职容易在院生中引发纠纷，建议取消斋长之名。改革举措卓有成效，书院得以再展雄风。陈寿祺在鳌峰书院掌教直到去世，共 12 载。林春溥继任掌教。他延续陈寿祺的做法，“教人务敦本，重立品，衡文亦必以法度……在鳌峰最久，匠成者盖不下数百辈焉”②。

鳌峰书院之严谨求实学风影响了台湾数代学子。该书院成为台湾学人心目中的求学圣地。《鳌峰书院志》载，书院建立后“十郡士踯膝踠足而至”，“十郡”，即闽省原有九府加上台湾府。该志书详载了许多台湾学子到鳌峰书院求学的情况。鳌峰书院生员学成后到台湾任职者亦不在少数。截至嘉庆九年（1804），仅取得举人资格、有确切姓名记载、担任过台湾教谕或训导者就有 8 人，未获功名之鳌峰生员至台湾任教谋生者更是不计其数。他们将鳌峰书院的学风传承到台湾，筚路蓝缕，功不可没。福建学政叶绍本坦承：“海峤之称文薮者，莫如鳌峰。”鳌峰书院与台湾之关系亦因之而日益密切。康熙五十四年（1715），重修诸罗县学，亦延请鳌峰书院山长蔡世远撰写碑记。

台湾学子入闽任职者不乏其人。《台湾通志》记载，在清领台湾期间，全台共有 80 名科举人物被派往福建任职。其中进士 1 名、举人 18 名、贡生 61 名。有的在福建还连任数职。如进士庄文进，凤山县人，历任泉州、福宁教授。举人李维梓，台湾县人，历任闽县、安溪教谕。岁贡生林萃冈，台湾府人，历任兴化、清流训导。蔡复旦，台湾府人，历任闽清训导、漳平、永安教谕等。并有福建学子入台求学，后又返回内地参加乡试

① 陈寿祺：《左海文集》卷 5《与叶健庵巡抚书》，《续修四库全书》第 1496 册，上海古籍出版社，2002，第 209~212 页。

② 林春溥：《墓志铭》，《竹柏山房十五种》，道光十五年竹柏山房刻本，第 2 页。

以谋取功名。

综上所述，自明清尤其是清中晚叶以来，以弘扬书院文化著称于世之三坊七巷学人即对台湾文化，尤其是书院文化产生了深刻影响。陈寿祺重建鳌峰书院，“专精许、郑，建汉学之赤帜”。晚清汉学对海峡两岸书院教育改革更是产生了难以估量的影响。总之，博大精深的福建书院文化成为中国传统文化的一朵奇葩，绵延传承的台湾书院更令其多姿多彩。

原载《闽江学院学报》2012年第3期

抗争编

17世纪福建郑氏海商崛起及其“海上商业王国”

郑广南

海商，这个名词可用公式表述：航海+通商贸易=海商。从历史上看，海商是唐、宋、元、明、清时期从事航海和海上通商贸易的特殊人群。我国历史上的海商，首推福建南安石井郑氏海商集团。这个海商集团的创始人为郑芝龙，继承人为其子郑成功及其孙郑经。郑氏祖孙三代在17世纪20至80年代期间，建立了一个“海上商业王国”，拥有一支强大的舰队和庞大的商船队，纵横海上，从事大规模海上通商贸易，其“文明之迹”显著，影响巨大、深远。

谈论福建郑氏海商的崛起，必须先弄清楚其崛起的历史原因与社会背景。

历史上，福建人是航海的先锋，而打头阵者则为海商。早在宋代，“福建一路，多以海商为业”[①]。闽南泉州人，“每岁造舟通夷域”[②]。闽粤之贾，“乘风航海，不以为险”[③]，“航海贩物”[④]。至元代，泉州成为对外交往和通商贸易的港口和大都市，繁盛一时。明初，郑和出使西洋，促进了中国的海上对外交流。福建人在航海期间大显身手，积极参加航海活

---

① 苏轼：《苏东坡全集》第14卷《论高丽进奉状》，邓立勋编校，黄山书社，1997，第354页。

② 王象之编著《舆地纪胜》卷130《福建路·泉州》引谢履《泉南歌》，赵一生点校，浙江古籍出版社，2012，第2960页。

③ 朱长文：《吴郡图经续记》卷上《海道》，金菊林点校，江苏古籍出版社，1999，第17页。

④ 《宋史》卷186《食货志》，中华书局，1980，第4561页。

动，漳、泉“海民通番舶”者甚众。嘉靖年间，随着国内工商业的发展，海商活动活跃。他们反对明王朝的海禁政策，要求民间自由贸易，出洋兴贩，先后出现金纸老、李光头、许二、王直、毛烈、谢和、林国显、洪迪珍、张琏、吴平、林道乾、林凤、曾一本等多股亦商亦盗的海上武装集团。至明末，福建郑氏海商崛起，海上形势为之大变。

福建郑氏海商集团的创始人郑芝龙是个传奇人物，著名的“海上大王”（海盗）兼大海商。他成为大海商，与其所处的时代、生活环境以及接触对象有关。郑芝龙出生于福建南安县石井乡的一个普通家庭。石井为闽南海滨渔村，地处金门、围头海湾腹地，安平（安海）港海门南岸，依山傍海，村民倚海为生，以采捞和捕鱼为业，或驾船兴贩贸易。郑芝龙从小习海事，知海情，海洋是他与家庭成员的活动舞台。据郑氏《石井本宗族谱》记载，郑氏九世西庭公有子二：长士俦，次士表。

> 十世象庭公，讳士表，字毓程。妣徐氏、黄氏。
>
> 子五：芝龙、芝虎、芝麟（殇）、芝凤（官名鸿逵）（俱徐出）；芝豹（黄出）。

郑士表有五子，郑芝龙居长。其昆仲后为南明隆武政权的军政重臣及福建郑氏“海上商业王国”的重要成员。

有些史籍将郑芝龙描述为放浪不羁的人，给他涂上了一层浪漫而荒唐的色彩。其实，真实的郑芝龙是另一个样子。据江日升《台湾外纪》、吴伟业《鹿樵纪闻》、彭孙贻《靖海志》、凌雪《南天痕》及日本川口长孺《台湾郑氏纪事》等史书记载，郑芝龙生而姿容秀丽，少时进私塾，认真学古文，习唐诗，练武术，到大海中游泳；长而状貌奇伟，器宇轩昂，强臂力，好拳棒，胆智材略绝伦；又颇有文才，音律歌舞，无所不解，是个有为青年。当时，郑芝龙眼见“双亲贫困潦倒”，即决心“离乡背井，希望到外地试试运气，而且认定必须去海外见世面，找职业”①。于是偕弟弟

① C. R. 博克塞：《郑芝龙（尼古拉·一官）兴衰记》，松仪摘译，《中国史研究动态》1984年第3期。

郑芝虎、郑芝豹前往广东香山县投依母舅黄程。黄程当时在澳门经商，兼营海外贸易，见外甥到来，便留他做帮手。当时，澳门为中外贸易中心，商贾云集，郑芝龙在这里学会了经商。他同葡萄牙人接触，受其影响，接受天主教洗礼，取教名 Jaspar，另名 Nicolas，外国人称他为 Nicolas Iquan。他还懂葡萄牙文，能讲 Lusitania 语，后来为荷兰人当了几年翻译。黄程有批货物附泉州人李旦的船载去日本，令郑芝龙随往。李旦、荷兰人和英国人称郑芝龙为 Andxea Dieis。郑芝龙“以商船为事”，经营海外贸易，侨居日本长崎平户，开设商行，拥有多艘商船，往来台湾、厦门和澳门，兴贩柬埔寨、交趾等国。郑芝龙随同李旦东渡扶桑，“以父事之”。李旦死后，郑芝龙继承其事业，为郑氏海商的兴起奠定了基础。

郑芝龙的另一位支持者为颜思齐。颜思齐，海澄人，因拳毙宦家仆人，逃往日本，在平户“以裁缝为生”，积蓄颇裕，疏财仗义，远迩知名。华人青年杨天生、陈衷纪、陈德等人推举颜思齐为首领，组成社团。郑芝龙入伙，受器重。颜思齐决定回国干一番事业，于是带杨天生、郑芝龙等二十八人，驾船驶往台湾，据北港，分汛耕猎。海盗杨禄、杨策与刘香等皆归颜思齐所部。此时，“海中有十寨（舶）”，寨各有主，颜思齐为“主中主”。郑芝龙恳求诸主让他“放一洋”。获准，即驾船出海，截获来自暹罗的四艘货船（每艘几廿万），使郑芝龙“富逾十主”①。明天启五年（1625），颜思齐病逝，众推郑芝龙为新首领。郑芝龙继承颜思齐的地位和事业，分设先锋、左军、右军、冲锋、监督；派人造战船，招募部众，驾船兴贩东西两洋，成为大海商。

海商，是我国封建社会晚期新兴市民阶层的“经济新人”，富有活力。郑芝龙身为海商，其商业思想、买卖意识甚浓，奉行“世上无君子，天下皆可货取”与“黄金胜百战”的信条。他为“货取天下”与追求“黄金”（商业利润）而奋斗，经营海外通商贸易，富有冒险、进取与开拓精神。

此后，郑芝龙从事海商活动的范围日益广泛，从海上到陆地，从国内到国外，同海盗、商、农、工、士、官各阶层及诸色人都有联系，同葡萄牙人、西班牙人和荷兰人有过接触，与日本朝野人士关系尤为密切。在海

① 花村看行侍者：《花村谈往》，《丛书集成续编》第26册，上海书店，1994，第304页。

外商业竞争中，郑芝龙善于经商，大获商利，有充裕的资本。他为从事东西两洋通商贸易，组建了一支庞大的武装商船队，所拥有、号集和控制的海船达成千上万艘，被称为“世界史上第一个船王”①。郑芝龙不但在初起时为“海洋事业”而努力奋斗，后来入仕明王朝，任海疆将官，仍保持原有事业和遗风。继郑芝龙之后，其子郑成功与其孙郑经接继“海上商业王国”事业，促使海外通商贸易大发展。下面将郑氏祖孙三代致力于兴贩东西两洋通商贸易的情况，列一简表，加以介绍和说明。

表 1 概括介绍了 17 世纪福建郑氏海商集团的崛起和活动情况。这个海商集团的创始人郑芝龙父子祖孙三代从事兴贩东西两洋的活动，在国际海洋舞台上扮演了重要角色。

福建郑氏“海上商业王国”的规模与运作，可与荷兰东印度公司相匹敌。从双方船舶数量看：欧洲的海船共有约 20000 艘，1 万数千艘船挂荷兰国旗，东印度公司的船约有 3000 艘。在中国，福建郑氏海商也拥有众多船舶：郑芝龙有大海船 1000 多艘，能号集船只 3000 艘，控制各种船舶近 10000 艘；郑成功在厦门海域的水师船多达 13000 艘，沿海各地的海船也由其调遣、使用；郑经继承郑家船舶，还在台湾大造洋艘、乌船，扩大船队。一位西班牙传教士看到这种情况，惊叹“在中国从未有如此众多和庞大的船队”。

表 1　17 世纪福建郑氏海商兴贩东西两洋情况

时间	船舶	载运货物
明天启五年（1625）	郑芝龙多艘商船驶往琉球、真腊、日本、朝鲜、占城、三佛齐等地	交易各种货物
明崇祯四年（1631）	郑芝龙两艘商船从日本长崎载货物返航泉州安平	
明崇祯六年至十一年（1633~1638）	郑芝龙及其部属每年用船载运货物从安平和厦门港口驶往台湾，少者几十艘，多者 200~300 艘	载运往台湾的货物为生丝、绸缎、砂糖、铁锅、瓷器、金、水银、米麦、食品、盐等，甚至连木材、石头也运去台湾

① 郑广南：《世界史上第一个船王郑芝龙的奋斗史》，《福建史志》增刊《郑成功诞辰 370 周年纪念特刊》，1994 年 7 月。

续表

时间	船舶	载运货物
明崇祯十二年（1639）	郑芝龙商船数十艘从安平港驶往日本长崎	
明崇祯十三年（1640）	郑芝龙两艘商船从安平驶往日本	满载黄白生丝及纱绫、绸缎等货物
明崇祯十四年至十六年（1641~1643）	对日贸易量大增，商船往来频繁	郑芝龙商船满载大量生丝、各类纺织品、黑白砂糖及麝香、土茯苓等药材，运往日本，颇受东洋人欢迎
明永历四年/清顺治七年（1650）	郑成功所属戎克船自漳州驶进日本长崎港，另有四艘货船亦入港。是年驶进长崎港的中国船有70艘，安平船、漳州船与福州船占59艘	装载120100多斤生丝，1800匹纶子，1800匹纱绫，以及相当数量的缩缅、药材
明永历七年/清顺治十年（1653）	何廷斌与郑成功船只从交趾东京驶抵日本长崎。翌年11月18日，郑成功与东京国王签订协议，约定每年派四艘大帆船到东京贸易	帆船到东京，买卖当地生丝等大宗货物，载往日本交易
明永历九年/清顺治十二年（1655）	郑成功船24艘从中国驶往各地：往巴达维亚7艘，往暹罗10艘，往东京2艘，往广南4艘，往马尼拉1艘	
明永历八至九年/清顺治十一至十二年（1654~1655）	中国各地驶进日本长崎戎克船57艘，其中安平船41艘（郑成功所属），泉州船4艘，大泥船2艘，福州船5艘，南京船1艘，漳州船1艘，广南船2艘	各戎克船共载140100斤生丝，以及大量纺织品和其他各种货物。这些货物全部记在郑成功账上
明永历十至十一年/清顺治十三至十四年（1656~1657）	47艘中国商船（全部为郑成功及其部属所有）。其中安平船28艘直驶日本长崎，其余柬埔寨船11艘，暹罗船3艘，广南船2艘，北大年船2艘，东京船1艘，皆从南洋各地转往日本长崎	47艘船共装载112000斤各种生丝，630064斤黑白砂糖，以及大量各种丝织品、皮革、药材和杂货等
明永历十二年/清顺治十五年（1958）	郑成功派6艘船往柬埔寨	收购大量鹿皮及其他货物，运往日本
明永历十五年/清顺治十八年（1661）	郑成功下令所有在交趾、柬埔寨、暹罗等地贸易的中国商船返航	返航的中国商船都要装载大米、硝石、硫黄、铅、锡等货物，不去日本，直接回厦门
明永历十五至十六年/清顺治十八年至康熙元年（1661~1662）	郑成功收复台湾，即动员工匠“制器造舰”。“制器”供军民生产与生活所需；“造舰”以增强军力和扩大商船队	时造巨舰，贩运东西两洋而揽其利

续表

时间	船舶	载运货物
明永历十七年/清康熙二年（1663）	郑经主政台湾时，“大兴贩洋之利，加强同日本通商贸易，锦舍船、东宁船，往返日本，不绝于海”	
清康熙五年（1666）	郑经命洪旭造船贩洋，造洋艘、乌船，兴贩东西两洋	郑经商船满载白糖、鹿皮等货物，上通日本，制造铜贡、倭刀、盔甲、铸永历钱；下贩暹罗、交趾、东京各处，“以资富国”
清康熙十年（1671）	郑经差兵都事李德驾船往日本，又令户都事杨贤督造洋船	铸永历钱并铜贡、腰刀、器械，“以资兵用”。兴贩暹罗、咬留巴、吕宋等国，“以资民食”

资料来源：荷兰东印度公司：《巴达维亚城日志》，载厦门大学郑成功历史调查研究组编《郑成功收复台湾史料选编》（增订本），福建人民出版社，1982，第228~304页；江树生译注《热兰遮城日志》（第1~4册），台南市政府，2002~2011；村上直次郎译《长崎荷兰商馆日记》，岩波书店，1965；永积泽子译《平户荷兰商馆日记》，岩波书店，1969；花村看行侍者：《花村谈往》，《丛书集成续编》第26册，上海书店，1994，第304~305页；郑广南：《中国海盗史》，华东理工大学出版社，1998；聂德宁：《郑成功与郑氏集团的海外贸易》，《南洋问题研究》1993年第2期

从郑荷双方的船舶质量看，郑氏舰船的运作技能与运输能力，以及作战威力，胜于荷方。福建郑氏海商集团的船舶为战舰与商船两用的大海船，这种大海船是先进造船技术的产品。郑芝龙是造船专家，他采用西方的造船技术，对船式结构、炮架、底层、甲板进行改造，造出许多海船和巨舰。尤其重要的是郑氏有支“造船大军”，在福建、台湾、广东和浙江等地都有造船基地，每年打造许多海船，扩充船队。郑氏船舶最令世人瞩目的是装备精良的巨舰，兵部及海疆将吏说郑氏的“艨艟高大、坚致，入水不没，遇礁不破。器械犀利，铳炮一发，数十里当之立碎”①。郑芝龙舰船装备这种火力强大的铳炮，“其中装备十六至三十六门大炮的大型舰船就有几十艘之多”②。他还拥有一支骁勇善战的队伍，麾下部将个个胆略沉雄，善海战，部众多会泅海。郑芝龙依靠舰船和将士，抗击侵扰福建沿海的

① 《兵部题行兵科抄出两广总督李题稿》，《明清史料》乙编第七本，商务印书馆，1935，第615页。

② C. R. 博克塞：《郑芝龙（尼古拉·一官）兴衰记》，松仪摘译，《中国史研究动态》1984年第3期。

荷兰殖民者，捍卫闽海安全，维护国家的海洋利益。

福建郑氏舰队的强大战斗力是在海上活动与战斗中锻炼出来的。郑氏崛起之初，郑芝龙曾在海上进行“亦商亦盗”的活动。这种活动，清人张麟白有过解说。他说：“闽俗耻贫而轻生，富者以通番为生，贫者以劫夺为事。芝龙既盛，二者兼行。”①日本人浦廉一也有类似的说法。他说，郑芝龙“从事半商半寇行动”②。从郑芝龙从事“亦商亦盗”活动的实际情况来看，其中“商”的色彩超过“盗”。郑芝龙作为郑氏海商集团的首领，他所看重和关注的是海外通商贸易（即跨越国家边界的海外贸易）。这是有经济远见的商务选择与活动。还应说明的是，郑芝龙将海上活动的侧重点放在“商”方面，这使他后来能够发挥经营商业的专长，为社会、为国家、为商民、为穷苦人做更多、更有经济效益的事。对历史上海盗的“亦商亦盗”（或称半商半盗）活动，笔者的看法和解释是，所谓“盗”，指以暴力手段抢劫他人的财货；“商”，属于经济范畴，指从事商业活动，经商牟利。当海盗将暴力抢劫与商业活动相结合的时候，人，既是海盗，又是海商；船，既是盗艘，又是商舡；海，既是战场，又是市场。这样的海洋任由郑芝龙驶船纵横。

郑芝龙从事海上通商贸易活动，商船往来南海北洋，进出于北自吴淞、南到广东沿海各港口，购运各地货物，兴贩海外各国。从郑氏的海上通商贸易活动可以看出，福建有一种特殊的“海陆共生”现象③。福建郑氏海商集团的海上通商贸易活动，同东南地区人民建立了经济联系。海上活动需要陆地居民源源不断地接济各种货物和生活用品。“接济”，在中国海盗史上，是一种特殊的贸易形式。明末闽人董应举说：“接济之利最厚，故有造一船送贼，得银三、四百两者，制一篷与贼，得银三十两者。一刀价至五两，火药诸物价亦称是。利厚，故人冒死以往，不能禁也。”④这种

① 张麟白：《浮海记》，沈云龙主编《近代中国史料丛刊续编》第51辑《台湾关系文献集零》，文海出版社，1988，第14页。

② 〔日〕林春胜、林信笃编《华夷变态》上册《浦廉一题解》，东洋文库，1982，第18页。

③ 〔荷〕包乐史：《论郑芝龙的崛起》，《福建史志》1994年7月增刊《郑成功诞辰370周年纪念特刊》。

④ 董应举：《崇相集选录》，台湾银行经济研究室编《台湾文献丛刊》第237种，台湾银行，1967，第92页。

接济活动的范围极为广泛，形成了“村村以接济为利”的局势，官府无法禁绝。福建长乐庆石、闽县琅琦、省城南台，“线索相通、铳械、火药、米谷、绸缎，或托兵船，或托粪船，或托荡船，使人不疑，虽关津不得而稽”①。从福州载运杉木的船，常是外载杉木，内装丝绵，驶出海洋。在浙江，因接济盛行，“穷洋竟成闹市，牢不可破”②。郑芝龙从事的海上贸易活动确实给沿海人民带来了巨大的经济利益，同时也推动了东南沿海地区农业和手工业的发展，促进了商业经济的繁荣。

明王朝实行海禁，将海洋列为禁区，不准商民出海贸易；而郑芝龙则反其道而行之，开辟海洋市场。郑芝龙的行动符合沿海人民的经济利益和要求。情况如福建巡抚所说：“今日贼之所以号召徒党，而沿海之民从贼若鹜者，以洋船之为饵也。”这是因为“漳、泉之民以海为生，缘闽地甚窄，觅利于陆地者无门，而洋利甚大。”洋利大，故颇能吸引人。闽、浙商民为了确保出海人、船、货、财的安全，向郑芝龙请求保护。为此，郑芝龙在澎湖外设“市”，管理海上商务，“税诸洋之货”，保护船只航海安全，“诸洋惊服”。

明崇祯元年（1628）七月，郑芝龙“归款”明王朝，海上活动方式从亦商亦盗转变为亦商亦官。当时，郑芝龙表示要为国效力，“芟除夷寇”，“剿军诸盗”，抗击“红毛”（荷兰殖民者）。他先后剿灭李魁奇、杨禄与杨策、褚彩老、钟斌、刘香等股海盗，肃清东南海洋。在剿灭各股海盗期间，郑芝龙还在闽海抗击荷兰殖民者的侵扰。明天启七年（1627）、崇祯三年（1630）、崇祯六年（1633）、崇祯十二年（1639），郑芝龙统领舟师击败侵扰福建沿海的荷兰舰队，荷兰舰船“自是不敢入闽境”。从此，台湾海峡成为福建郑氏的势力范围。

郑芝龙因靖海之功，官秩爵禄频迁，由游击升参将，晋协守潮漳副总兵事、前军都督府带俸右都督。他因此而“坐论海王，奄有数郡”③，仗其

---

① 董应举：《崇相集选录》，台湾银行经济研究室编《台湾文献丛刊》第237种，台湾银行，1967，第92页。

② 《兵科抄出浙江巡抚张延登题本》，《明清史料》乙编第七本，商务印书馆，1935，第618页。

③ 谷应泰：《明史纪事本末》第20册，商务印书馆，1933，第42页。

雄厚的海商资本与政治权势，控制海洋，垄断交通和贸易。"芝龙幼习海，群盗皆故盟或门下。就抚后，海舶不得郑氏令旗不能来往。每舶例入三千金，岁入千万计，以此富敌国"①。从此海岛宁靖，"通洋贩货，内客、夷商皆用飞黄旗号，联帆望影，无儆无虞，如行徐、淮、苏、常之运河，半年往返，商贾有廿倍之获"②。在郑芝龙的保护下，福建海商每年可以避免数百万商货银钱的损失；同时，他促成开放海禁，使海滨贫民参与海上贸易，"谋生有路，可以赡家"③。此时，海氛宁靖，抢劫鲜闻，海商、贫民的海上经济活动有安全保障，"八闽以郑氏为长城"。

"每舶例入三千金"，此项银钱收入每年达千万计，使郑芝龙海商资本更加雄厚，并"以此居奇为大贾"④，"鲸波万里入侯封，绝域奇珍大舶供"⑤。他进行大规模海外贸易，同日本和南洋各国贸易，赚取商业利润，积累资本，发展海商事业。

郑芝龙筑城于晋江县安平镇，主要是为了经营与发展海上贸易。安平镇位于泉州郡城南三十里海陬，人户十余万，从事航海与经商行贾者甚众，"多服贾两京都、齐、汴、吴、越、岭以外，航海贸诸夷，致其财力，相生一郡人"⑥。明嘉靖年间，安平镇海门的白沙头、石井澳曾经一度是中国与日本民间自由贸易的场所。因此，安平多海商，他们富有航海和经商经验，是郑芝龙从事海上贸易的基本队伍。郑芝龙筑城，以调动与发挥这支基本队伍的积极性，推动海上通商贸易事业的发展。从社会经济条件来看，安平镇地处闽南滨海经济富裕地区，盛产荔枝、桃、李、杨梅、柑等水果，丝棉纺织、金属冶炼、陶瓷、造船、蔗糖、粮食和水

① 郑亦邹：《郑成功传记》，台湾银行经济研究室编印《台湾文献丛刊》第67种，1960，第3页。

② 花村看行侍者：《花村谈往》卷1，《丛书集成续编》第26册，上海书店，1994，第305页。

③ 乾隆《泉州府志》卷30《名宦》记曾樱事云：郑芝龙受抚，他"以全家保之"，"遂开洋禁，与贫民贸易"。此事应由郑芝龙促成。

④ 林时对：《荷牐丛谈》卷4《郑芝龙父子祖孙三代据海岛》，《台湾文献丛刊》第153种，台湾银行，1962，第156页。

⑤ 钱澄之：《藏山阁集·藏山阁诗存》卷3《侯家行乐词》，汤华泉校点，黄山书社，2004，第100页。

⑥ 何乔远：《镜山全集》卷52《杨郡丞镇海汛碑》，陈节、张家壮点校，福建人民出版社，2015，第1370页。

果加工等产业发达。这些物产为东西洋各国所需，海外人“皆好中国绫缎、杂缯，其土不蚕，惟借中国之丝，到彼能织精好缎匹，服之以为华好。是以中国湖丝百斤值银百两，若至彼，得价二倍。而江西磁器，福建糖品、果品诸物，皆所嗜好”①。安平镇是这些货物的集散港口。为适应海外贸易发展的需要，郑芝龙大兴土石筑城、建府第、造码头、建设港口，“芝龙置第安平，开通海道，直至其内，可通洋船。亭榭楼台，工巧雕琢，以至石洞花木，甲于泉郡。城外市镇繁华，贸易丛集，不亚于省城。”② 所建镇港日益繁荣，商舡货船进出港澳，港口帆樯如林，商旅云集，货物山积。荷兰人称安海（安平）为“著名的商业城市”③，成为郑芝龙海上贸易的大本营。

郑芝龙开展海外贸易的范围很广，他的商船经常满载丝绸、瓷器、铁器等“唐货”，驶往柬埔寨、占城、三佛齐、菲律宾等地贸易，运回苏木、胡椒、象牙、犀角等货物。由于当时葡萄牙人、西班牙人和荷兰人侵占了南洋一些国家和中国澳门、台湾，郑芝龙在进行海外贸易活动时，不可避免地要与他们打交道，以至建立商业关系。据荷兰东印度公司《巴达维亚城日志》与《大员商馆日志》记录的有关资料，可以看出郑芝龙与荷兰人通商贸易的情况。崇祯六年（1633）至崇祯十一年（1638），从大陆载货驶往台湾贸易的帆船（商船）少者有几十艘，多者达100~200艘。贸易最盛时，驶抵台湾的帆船一个月就有20~30艘，一天数艘。这些帆船大多数属于郑芝龙及其部属，从福建厦门、安平等港口载货，驶往台湾。所载货物主要是生丝、绸缎、布、砂糖、铁锅、瓷器、金、水银、矾、米、麦、食品、盐等，甚至连木材、石头也运往台湾。荷兰人向郑芝龙和其他中国商人购买大量生丝、丝织品、瓷器、砂糖，再转运往欧洲各国贩卖，获取巨额利润。

在这里，必须说明的一点是，郑芝龙从事海上贸易活动，不像奸商潘

---

① 孙承泽：《春明梦余录》卷42《闽省海贼》，王剑英点校，北京古籍出版社，1992，第825页。

② 江日升：《台湾外记》卷4，福建人民出版社，1983，第122~123页。

③ 〔日〕C. E. S.：《被忽视的福摩萨》，厦门大学郑成功历史调查研究组编《郑成功收复台湾史料选编》（增订本），福建人民出版社，1982，第189页。

秀和李旦之子奥古斯丁·一官等人那样投靠荷兰人，受其左右，甚至出力助虐；也不像明朝海疆大吏那样顽固执行海禁，不许“通番”，拒绝通商；而是采取既交易又斗争的方式。他的通商原则是：商业利润铢锱必争，决不放弃权益。当荷兰人出动军舰胁迫开市时，他立即以武力抗击；荷兰人在海上抢夺中国商船、强征船税事发，他立即勒令他们赔偿损失，放还船货，退税金，否则不准通商；荷兰人要到漳州等地贸易[①]，必须得到他的特准，方可驶船进港。这样强硬的态度确实起了作用。荷兰人知道要同中国通商贸易，唯有遵循郑芝龙的要求，才能购买到中国货物。在这种情况下，他们不得不将部分商业利润转让给郑芝龙。

不过，郑芝龙最重要的海外贸易活动，主要是同日本之间的贸易。他早年东渡，正值德川家康统一日本，殷切期望恢复中日交通贸易的时节。自从明嘉靖年间倭乱之后，中日商船往来为数不多，尤其是自丰臣秀吉侵略朝鲜以后，通商几乎中断。有鉴于此，德川家康积极促进中日两国早日恢复通商，为此而发朱印状给驾船到日本的中国商人，准许自由贸易，并致书福建总督陈子贞和琉球王尚宁，求他们转请明朝皇帝恢复勘合贸易。郑芝龙在这样的时刻到日本，故能诣骏府，受礼遇。由此，郑芝龙“始得自通于长崎王”，“王复爱之”[②]，并“使芝龙主舶……来闽、浙互市易”[③]。日本人川口长孺在《台湾郑氏纪事》中也说：“初，郑芝龙之往来日本也，长崎伊未次政直与芝龙亲。”[④] 在商业上建立良好关系，为以后双方的贸易奠定了基础。

当时，长崎是日本对外通商的港口，外国商船年年进泊，商港繁荣。长崎侨居着许多中国人（多数是福建人），他们与当地日本人相处和睦。日本《华夷变态》中有“答长崎王谈”：“虽唐船来到长崎，唯是密通之

① 当时的漳州，泛指今漳州、厦门地区。

② 梅村野史：《鹿樵纪闻》卷中《郑成功之乱》，《台湾文献丛刊》第127种，台湾银行，1961，第59页。所谓“长崎王”，是明人对日本长崎奉行的称呼。

③ 郑达：《野史无文》卷12《郑氏东海事》，《台湾文献丛刊》第209种，台湾银行，1961，第159页。

④ 〔日〕川口长孺：《台湾郑氏纪事》卷上，《台湾文献丛刊》第5种，台湾银行，1958，第7页。

说……而大明之人来到长崎者，本国亦不禁止，容其商贾。”① 郑芝龙利用这种有利条件从事贸易。据日本《长崎夜话草》云，郑芝龙去台湾后，“乘商舶数来本邦”②，进行贸易。由于同日本通商利薄，郑芝龙决定加强同日本的通商贸易，并特地开辟从福建泉州、安平通往日本长崎的海上通商航线，增加商船，载运货物往还中国泉州、安平与日本长崎。据荷兰东印度公司《巴达维亚城日志》《平户荷兰商馆日志》记录：明崇祯四年（1631）12月11日，郑芝龙两艘商船从日本长崎返航安平。崇祯十二年（1639）郑芝龙派往长崎的商船多达数十艘。崇祯十三年（1640），郑芝龙的两艘商船满载黄、白生丝、纱绫、绸缎等货物，驶往日本。另据《长崎荷兰商馆日志》记录，从1641年至1643年（崇祯十四年至十六年），郑芝龙与日本贸易量增加，商船往返频繁，载运大量生丝、各类纺织品、黑白砂糖和麝香、土茯苓等药品，前往日本，颇受日本各界人士的欢迎。这在当时是西方商人无法做到的。

据日本《华夷变态》，郑芝龙“商船岁诣本邦，至郑成功时以为常”③。此时，郑日双方特别看重“渭阳谊相亲”的特殊关系。鲁监国三年（1649），郑氏族人建国公郑彩致书日本，要求通商。他在信中说：“我国与贵国唇齿相依，况本藩与贵国相亲。”④ 郑成功在致日本幕府上将军书中也谈到自己“生于日出”，爱慕出生之国，愿修旧好。⑤ 在日本，无论是官方还是民间，都认为郑成功“乃我国平户之产也”。郑日双方通过这样的理由加深了联系。南明永历五年（1651），郑成功召集诸将会议，讨论“遣使通好日本”。

> 成功见士卒繁多，地方窄狭，器械未备，粮饷不足为忧，遂与诸参军潘庚钟、冯澄世、蔡鸣雷、林俞卿等会议。澄世曰：“方今粮饷充足，铅铜广多，莫如日本……前者翁太夫人，国王既认为女，则其

---

① 〔日〕林春胜、林信笃编《华夷变态》卷1，东洋文库，1982。

② 〔日〕川口长孺：《台湾郑氏纪事》卷上，《台湾文献丛刊》第5种，台湾银行，1958，第3页。

③ 〔日〕林春胜、林信笃编《华夷变态》卷1，东洋文库，1982。

④ 〔日〕林春胜、林信笃编《华夷变态》卷1，东洋文库，1982。

⑤ 〔日〕林春胜、林信笃编《华夷变态》卷1，东洋文库，1982。

> 意厚，与之通好，彼必从。藩主何不修书竟以甥礼自待，国王必大喜。且借彼地彼粮，以济吾用，然后下贩吕宋、暹罗、交趾等国，源源不绝，则粮饷足而进取易矣。”成功是之。令兄泰造大船，洪旭佐之。以甥礼遣使通好日本。国王果大悦，相助铅铜，令官办理，铸铜贡、永历钱、盔甲、器械等物。①

至郑经时，郑日之间仍然保持着“弈世通好”关系。留守官杨英曾代表郑经致书日本“长崎王”云：“日本与本国通好，彼此如同一家。”② 日本幕府亦“称经厚谊”。双方这种“情谊孚契”的关系持续了很长时间。郑日的友好情谊为双方开展贸易创造了良好条件，贸易发展，收益大增，“故郑氏府藏日盈”③。

清顺治三年（1646），郑芝龙降附清王朝。福建郑氏海商第二代人物郑成功接继郑家海商事业，并且扩而充之。郑成功了解商业在社会经济生活中的重要性，知晓“通洋”可以“裕国”，因而致力于兴贩东西两洋，“以独揽通洋之利也”；同时还开设商行，以支持“通洋”。美国学者卫思韩（John E. Will, Jr）提出，郑成功为什么没有像荷兰和英国那样建立“东印度公司”之类的机构?④ 关于这个问题，郑成功经营商业的做法和行动早已进行了解答。郑成功经营东西两洋商业，并开设十家商行，这就是福建郑氏的“公司”。它有自己的组织机构和强力功能，在同荷兰东印度公司进行的商业竞争与武力较量中，荷兰人屡遭惨败，最后被驱逐出台湾，从远东退却，郑成功获大胜。这是郑成功战胜荷兰东印度公司的历史记录!

对郑成功重视“通洋”的特点，朱希祖在《延平王户官杨英从征实录序》中进行了解说：“郑氏养兵数十万，固全恃沿海之征取粮饷，然非经营东西洋商业及商行，亦不能措置裕如，盖成功借芝龙余业，经商亦其家

---

① 〔日〕林春胜、林信笃编《华夷变态》卷1，东洋文库，1982。

② 〔日〕林春胜、林信笃编《华夷变态》卷1，东洋文库，1982。

③ 郁永河：《郑氏逸事》，《台湾文献丛刊》第44种，台湾银行，1959，第48页。

④ 〔美〕卫思韩（John E. Wills, Jr）：《从外国来看郑成功——西方资料与世界历史观法》，福建省郑成功研究学术讨论会学术组编《郑成功研究论丛》，福建教育出版社，1989。

传。”为了坚持抗清战争，“以足其饱”，“通商之事，亦成功事业中最重大者”。因此，郑成功非常重视经营东西两洋商业及办好商行，他亲自过问，审查账目。他行令对居守户官郑宫傅察算，裕国库张恢、利民库林义等稽算东西两洋船本息，并仁、义、礼、智、信、金、木、水、火、土各行出入银两。黄梧条陈《平海策》说：“郑氏有五大商，在京师、苏、杭、山东等处，经营财货，以济其用。”① 郑成功所开设的十个商行，分山路五商和海路五商。商行建立后，召集伙商，发本经营。行中资金充裕，同内地商贾、船户和渔民“贸易往来”，经营木材、药材、瓷器、油粮和纱缎、丝、棉等货物，供应海外贸易之需。郑成功为了进行大规模的东西两洋通商贸易，建立了庞大的商业贸易网络：在国内，以福建为中心，联结京师、山东、苏州、杭州、广东；在国外，同日本、交趾、广南、东京、柬埔寨、暹罗、大泥、马尼拉和巴达维亚等地进行通商贸易。表 1 中有与郑成功有关的资料 8 项，其中最主要的事项是他兴贩海外多年〔从南明永历四年（1650）至永历十六年（1662）〕，当时国内海洋市场旺盛，“内洋竟成闹市”，市场繁荣。福建郑氏海商集团积极投身海外商业活动，商船队往还东西两洋，不绝于海。

郑成功从事海外通商贸易有两种方式：一是从本国各地收购海外各国所喜爱和需要的各类货物，贩运供应；二是收购、贩运中国“唐货”和其他国家的货物，以满足国际市场的需要。郑氏商船直接从中国各地（主要是福建安平、泉州、漳州和福州）港口，载运货物驶往海外各国；有的商船则从西洋（南洋）的交趾、东京、广南、暹罗、柬埔寨、马尼拉、大泥、北大年等国收购各种货物，运往日本。为了收购货物和提供商品，郑成功还与东京国王签订商务协议，双方按协议贸易。由于东洋日本所需货物量大，郑成功乐意充当“代运商”角色。从表 1 可以看出，郑成功的商船队载运货物数量确实巨大。以生丝交易为例，郑成功从中国各地和南洋等地，贩运生丝共 51 万 5 千斤（日本生产的丝织品，生丝原料都来自中国）。黑白砂糖为当时的重要商品。郑成功一次贩运砂糖往日本，其数量多达 64 万 6 千斤。其他货物如各种纺织品、缩缅、药材、皮革、杂货等，

① 刘献廷：《广阳杂记》卷 3，汪北平、夏志和点校，中华书局，1957，第 159 页。

贩卖数量也相当可观。当时，郑成功贩运的货物，广受海外各国的喜爱和欢迎，交易都是在友好的气氛中进行的，能够做到“互通有无”，商利共享。

海洋既是市场，也是战场。郑成功的商船往来于日本和南洋各国之间，进行友好贸易活动。西方学者称他有精明的理财手段，能够大规模经营国际商业，建立一个没有边界的“海上王国”。其时，葡萄牙、西班牙、荷兰和英国殖民者在东方的侵略活动很猖獗，致力于建立殖民地，进行掠夺性的商业活动，史学家称他们为“海盗商人”。当时，荷兰与西班牙殖民者经常在海上抢劫中国商船，残害中国商人，破坏中国同日本及南洋各国的传统贸易关系。为了捍卫中国商人的利益，维护同各国的友好贸易关系，郑成功与荷兰、西班牙殖民者进行了针锋相对的斗争。

这场贸易斗争从清顺治九年（1652）开始。郑成功的商船驶往台湾，“红夷每多留难”，他开始考虑采取措施，予以反击。就在此时，发生了荷兰殖民当局镇压郭怀一起义，屠杀台湾人民的事件。郑成功闻讯大为震怒，“遂刻示传令各港澳并与东西夷国州府，不准到台湾通商”①。这次对荷兰东印度公司进行经济制裁的行动，不但禁止沿海各港口商船往台湾贸易，而且照会“东西夷国州府”勿与荷兰人通商。这个行动使荷兰东印度公司当局惊慌失措，叫喊“大大妨碍了公司在北方的商业活动”，台湾“陷于萧条”②，“船只不通，货物涌贵，夷多病疫”③。这是荷兰东印度公司成立半个世纪以来，首次遭到严重打击。

接着，为打破荷兰人独霸远东海权与垄断贸易的局面，郑成功照会荷兰当局，他将派遣商船前往巴达维亚、暹罗、日本、东京、大员等地贸易，不许妨碍商业活动。荷兰东印度公司蛮横无理，下令严禁中国船开往马六甲、洛坑、彭享及许多其他地方贸易，还抢劫中国商船。中国商民向郑成功申诉。郑成功即向荷兰东印度公司发出警告，“本人将发布一道命令，即无论在何种情况下，无论大小船只皆不准开往巴达维亚、大员及其

① 杨英：《先王实录校注》，陈碧笙校注，福建人民出版社，1981，第153页。

② 〔荷〕C. E. S.：《被忽视的福摩萨》，厦门大学郑成功历史调查研究组编《郑成功收复台湾史料选编》（增订本），福建人民出版社，1982，第230页。

③ 杨英：《先王实录校注》，陈碧笙校注，福建人民出版社，1981，第153页。

附近地方交易任何货物”①。这道命令的意思是，要把对荷兰殖民者的经济制裁范围扩大到东印度公司的大本营巴达维亚。同时，郑成功就荷兰殖民者屡次抢劫中国商船的暴行，向东印度公司提出严重抗议，并要求赔偿。在当时，有如此胆略和勇气者，唯有中国的郑成功！

清顺治十三年（1656）闰五月初六日，郑成功发布命令，谴责台湾荷兰当局与在菲律宾的西班牙人狼狈为奸，不张贴和执行他所颁布的“断绝与马尼拉贸易往来”命令。郑成功说，荷兰人与西班牙人“系一丘之貉，既丑恶又傲慢”，视中国“商民为要供人食之鱼肉。本藩闻知此情，心血翻腾，极为愤怒”。为此，他决定与台湾荷兰当局“断绝贸易往来，任何船只，甚至连片板皆不准赴大员”，以示惩罚。②

西班牙殖民者于明隆庆五年（1571）侵占吕宋，在菲律宾群岛进行殖民统治，迫害华侨和中国商民，万历间曾两次屠杀华人，遇害者有45000余人。郑成功时，侨居菲律宾的华人逾10万，中国每年有近百艘商船开往菲律宾贸易。菲律宾的西班牙当局残酷压迫当地居民和华侨，抢劫中国商民财物。华侨和商民向郑成功申诉惨遭西班牙殖民者虐待的情况。郑成功谴责西班牙人的暴行，并下令断绝通商。

郑成功收复台湾时，菲律宾华侨和商民“冀其能救”。为此，郑成功决定先礼后兵。清康熙元年（1662）三月，郑成功派多明我会罗马教士李科罗（Vittorio Ricdo）致函西班牙吕宋总督，文曰：

> 尔以弹丸小邦，竟敢欺压吾民，又对我方贾舶肆行刁难……兹先遣神父前来，冀其友善之言，能使尔服从天意，承认尔之过失，并逐年来朝，向余致敬。尔若不体吾意，又不顾及本身之利害，则余之舟师迅即前来攻击。

这是措辞强硬的信函。菲律宾华侨与商民闻讯大为振奋，但却遭西班

① 〔荷〕胡月涵：《十七世纪五十年代郑成功与荷兰东印度公司之间来往的函件》，厦门大学台湾研究所历史研究室编《郑成功国际学术会议论文集》，江西人民出版社，1989，第297页。

② 清顺治十年（1654），郑成功发布总禁令，不准船只与菲律宾通航，禁止台湾荷兰当局与西班牙人通商贸易。

牙当局镇压，死数万人，许多人乘船逃到台湾，“成功抚之”。李科罗返回后，郑成功谢世，出兵征讨西班牙殖民者之举因而未行。

以上所讲郑成功与荷兰、西班牙的商业斗争，就其性质而言，是维护中国与东西洋各国的友好贸易关系，反对西方殖民者掠夺性商业活动的斗争。其时，海外贸易商船以郑氏最多，但也有不少商民商船。对商民商船，郑成功竭力加以保护，以免遭受西方海盗商人的抢劫；而商民亦倚郑成功为靠山，彼此关系密切。郑成功的这种行动，明清王朝的统治者根本不会考虑。①

福建郑氏海商集团传到第三代郑经时，郑氏的海商事业继续发展。清康熙十七年（1662）五月初，郑成功谢世。郑经为嗣王，入台主政。他传承重商家风，重视通商贸易，大兴“贩洋之利”。按旧例，郑经亦以厦门与达濠等地与内地商民通贩贸易，凡沿海内地穷民，乘夜窃负货物入界（厦门），虽儿童无欺。达濠货物，聚而流通台湾。因此而物价平，洋贩愈兴。为兴贩海外，郑经命洪旭造船贩洋，又别遣商船前往各港，多价购船料，载到台湾，兴建洋艘、乌船，载白糖、鹿皮等物，上通日本，制造倭刀、盔甲，并铸永历钱，下贩暹罗、交趾、东京各处，“以资富国”。过后，郑经差兵都事李德驾船往日本，铸永历钱、腰刀、器械，“以资兵用”。又令户都事杨贤督造洋船，兴贩暹罗、咬留吧、吕宋等地，“以资民食”。当时郑日贸易关系最为密切，锦舍船、东宁船载货往还台湾、日本，不绝于海。郑经为了发展对外贸易，招徕外国商人，开辟鸡笼（基隆）为商埠，城中有福州街，是同日本商人交易的场所。日本商人在鸡笼受礼待，许其侨居。与此同时，英国两艘商船驶抵安平。英国人求通商，郑经命礼官接待，许开放安平与厦门为通商港口。通过这种方式，将鸡笼（基隆）、安平和厦门开辟为对外开放的商业“特区”，是具有开创性和历史意义的举措。

当时，到东方来的葡萄牙人、荷兰人与西班牙人“皆与台湾贸易，岁率数十万金”。欧洲商人在台湾购买大宗“中国各货”，用船载运回欧洲本国发卖以牟利。台湾因此成为远东的贸易中心。

① 清王朝厉行海禁与迁界，不准商民出海兴贩、通番。海外华侨与商民屡遭西方殖民者杀虐，破家荡产，莫可吁诉，官府不予以保护，且视他们为“叛民”，任人屠杀。唯有郑成功关心海外华侨和商民的处境，倾听其申诉，并采取行动以保护之。

历史事实证明，郑成功与郑经父子在台湾从事海外通商贸易，“裨益国计民生者甚大”。当时台湾“万庶俱来”，军费与行政、社会建设等项支出巨大，因兴“通洋之利，故财用不匮”。由于通洋之利厚，可大增财政收入，有条件实行“轻徭薄赋”之政，使民安居乐业，“故漳、泉人争附之”①，“从此台湾日盛，田畴市肆，不让内地”②。

上述情况说明，福建郑氏海商集团崛起后，即走向海洋，登上历史舞台，其所肩负的历史使命是反对明王朝实行的海禁政策，要求对外开放、自由贸易。这是关系到国家兴衰与国计民生的大事。英国古典经济学家亚当·斯密（Adam Smith）在其名著《原富》中说，中国封建王朝不重视海外贸易，闭关锁国，“有海禁”，招致“古盛今衰”。严复翻译《原富》，书中有则案语云，中国物产富庶，但不重视海外贸易，以致“彼有来舟，我无去筏，即至丝茶大利，亦听他人夺其市，未尝一考其由然。官不为民谋，民不为己谋”，因此使国家“其贫且弱”。当年福建郑氏海商集团经营海外贸易，既为己谋，也为民谋，为国谋。他们泛筏兴贩东西两洋，争贸易大利，利民裕国。郑氏海商集团经营海外贸易，促进了中外经济交流，推动了社会进步。恩格斯说过，商人，对停滞不变的封建社会来说，是“革命要素”，他们的经商活动，“是这个世界发生变革的起点”③。可是，在福建郑氏海商集团正要显现出这个“起点”时，就被清王朝扼杀了。郑芝龙死后，清政府又以重兵对付郑成功与郑经。清康熙二十二年（1683），清朝统一台湾，郑克塽归降，台湾郑氏政权至此结束，郑芝龙、郑成功与郑经那种商人的“革命要素”也随之消失。福建郑氏海商集团虽退出历史舞台，但他们不怕艰险、勇于进取和友好经商的精神，影响深远。几百年来，闽、台商民继承和发扬郑氏海商集团经商的传统，从事商业活动，特别重视海外通商贸易，有利于繁荣发展地方经济，造福乡土人民。

未刊

① 连横：《台湾通史》卷25《商务志》，九州出版社，2008，第385页。

② 郁永河：《郑氏逸事》，《台湾文献丛刊》第44种，台湾银行，1959，第48页。

③ 中共中央马克思恩格斯列宁斯大林著作编译局编译《马克思恩格斯文集》第7卷《资本论》，人民出版社，2009，第1019页。

清代爱国将领林兴珠

张桂林

林兴珠，字而樑，福建永春人。生于明崇祯元年（1628），卒于清康熙三十二年（1693），享年65岁。顺治时任福宁总兵、辰州副将。康熙时优封为侯爵，授建义将军、銮仪卫銮仪使，著籍镶黄旗。他一生戎马，为清代统一的多民族国家做出了重要贡献，是一位爱国将领，值得研究。

一

顺治元年（1644）五月，清军进入北京后，由于清朝统治者实行民族压迫政策，激起了各地人民的反清斗争，其中有郑成功领导的东南沿海人民的抗清斗争。顺治三年（1646）十一月，郑芝龙降清后，郑成功先后在广东南澳组织抗清力量，随后接连攻占福建的同安、海澄、漳浦、泉州等地，在厦门、金门地区建立抗清基地。顺治六年（1649），林兴珠与叔父林日胜一起在家乡响应郑成功的抗清号召，“聚众数千，据马跳、帽顶诸砦”，以抗击清兵。郑成功表授林日胜为伯爵，“令统率永（春）德（化）间诸砦，以牵缀清人内地之兵”。从此，林日胜、林兴珠就成为郑成功部属，坚持抗清斗争七年，队伍由数千人扩大到一万多人。顺治十三年（1656）夏，林日胜、林兴珠等与安溪李日爆部队展开一场激战，经70多天的战斗，因孤军深入，战术失误，最后为李日爆所败，乃率其众投降清朝。林兴珠的抗清活动虽然失败，但在一定程度上保护了闽南地区社会经济和人民群众的利益。当时全国抗清斗争接近尾声，民族矛盾逐渐缓和，清朝统一全国已成定局。因而他投降清朝，符合全国统一的要求。

林兴珠归降后，清朝授予他福建“福宁总兵，寻左迁副将，调辰州”。清军于顺治十三年九月占领湖南辰州（沅陵）。该地与贵州毗连，交通不便，社会秩序尚未稳定，需要武装力量维持。他是降将，被降职调到辰州，不但没有怨言，反而“屡立奇功”①，为清朝巩固在辰州地区的统治做出了贡献。

二

康熙十二年（1673）十一月，吴三桂在云南发动叛乱。他自称“天下都招讨兵马大元帅”，打出“复明”的幌子，以蒙蔽军民。当时福建靖南王耿精忠、广东平南王尚可喜之子尚之信、广西将军孙延龄、四川巡抚罗森、陕西提督王辅臣等相继起兵响应。战争一开始，清政府在军事上并无充分准备，数月之内，叛乱迅速波及云南、贵州、湖南、广西、广东、福建、四川等七省，以及陕西、江西、甘肃、湖北的部分地区。正如康熙帝所说：“吴三桂初叛时，散布伪札煽惑人心，各省兵民，相率背叛。”② 长江以南大部分地区被其占领。

康熙十三年（1674）二月，吴三桂兵至湖南，辰州守将林兴珠“降于周”。③ 当时吴军“突逼城下，士卒解体，孤城无援”，林兴珠“思徒死无益，不如忍辱以图后举”④，因而投降了吴三桂。“吴三桂闻其名”，深知林兴珠的才能，以他“生长海滨，遣将水师扼岳州洞庭诸要塞，以御安亲王岳乐及诸将韩如（世）琦等”⑤。岳州为湖南北部咽喉，是历代兵家必争的军事要地。吴三桂委林兴珠以重任。吴三桂占领岳州以后，得意忘形，按兵不动，既没有“疾行渡江，全师北向”，也未能“直下金陵，扼长、淮，

---

① 民国《永春县志》卷十八《列传》，见“中国方志丛书”，成文出版社，1930。

② 《清圣祖实录》卷99，中华书局，1985，第1247页。

③ 刘献廷：《广阳杂记》卷2，中华书局，1957，第84页。

④ 中国第一历史档案馆藏《清三藩史料》，清1801号。

⑤ 韩如琦，见民国《永春县志》卷十八《列传》。据《清圣祖实录》记载，当时参加平定吴三桂叛乱的是偏沅巡抚韩世琦，非韩如琦。

绝南北运道"[1]，只知株守湖南，保全眼前既得的利益。

清政府面对吴三桂叛乱的严峻形势，在政治上采用招抚政策，对吴军及其响应者进行分化瓦解，逐渐扭转战场上的被动局面。康熙十五年（1676）六月，陕西提督王辅臣率众归降；十月，耿精忠被迫投降；随后尚之信、孙延龄等出降，致使吴三桂力量大为削弱。于是清朝得以集中兵力于湖南战场，打击吴三桂。康熙十七年（1678）闰三月，为了鼓舞士气，吴三桂在衡州称帝，国号为周，年号昭武。

当吴三桂称帝做垂死挣扎之时，清将韩世琦乘机劝降林兴珠，派说客蔡鹏"贻书为言逆顺祸福，更身入其营说之，兴珠大悦"[2]。同时，林兴珠遣人与和硕安亲王岳乐联系约降，请"大兵方渡江驻湘潭，以图进取"[3]。康熙十七年闰三月，林兴珠毅然以"国尔忘家""摒弃妻子"的实际行动[4]，实现"不如忍辱以图后举"的诺言，在湘潭率众归降清朝。这为清军收复岳州提供了有利条件。康熙帝获悉后说："林兴珠不忘国恩，率其所属人员，倾心归正，深为可嘉。"[5] 因此优封林兴珠为"侯爵，兼授建义将军"，并赐给"建义将军银印一颗"，"随同定远平寇大将军和硕安亲王征剿逆贼"[6]。林兴珠投诚后，清军不费力气便占领湘潭，但副都统"甘渡海、阿进泰不守湘潭，将现获之船，尽行焚毁"。康熙帝认为他们二人"贻误军机，情罪可恶"[7]，将其革职。

林兴珠归顺清朝的行动，在他一生中是个转折点。他并非因在战场上被清军打败而投降，而是判断形势，主动抉择。当时，吴军据岳州，与清军处于对峙阶段，虽正处在风雨飘摇之中，但仍然占据湖南。清军与吴军之胜负尚无定论。在这种情况下，林兴珠毅然决定弃吴归清，把自己的命运同这个王朝紧密联系在一起，表现了他在政治上的远见。从此，他始终不渝地为统一的多民族国家贡献力量。

---

① 魏源：《圣武记》卷2《康熙戡定三藩记·上》，中华书局，1984，第68页。

② 民国《永春县志》卷十八《列传》，见"中国方志丛书"，成文出版社，1930。

③ 《清圣祖实录》卷72，中华书局，1985，第928页。

④ 中国第一历史档案馆藏《清三藩史料》，清1801号。

⑤ 《清圣祖实录》卷72，中华书局，1985，第932页。

⑥ 中国第一历史档案馆藏《清三藩史料》，清2167号。

⑦ 《清圣祖实录》卷72，中华书局，1985，第932页。

三

林兴珠得到康熙帝重用后，为清朝的平叛战争立了不少功劳，其具体表现如下。

第一，林兴珠为配合清朝对吴军的政治攻势，声讨吴三桂的叛乱罪行，号召叛军向清朝投诚，立功自效，于康熙十七年（1678）八月十一日，颁布“建义林布告文”，文中指出：“今春三月之闰，三桂僭号于衡州，罪恶贯盈”①。布告以自己弃暗投明的行动以及受康熙帝奖赏的体会，向被吴三桂胁从的将士申明理由，指出只有归顺清朝才是唯一的出路。在布告的感召下，同年十二月，“伪总兵陈华、李超率文武官弁兵丁等投诚”。康熙帝称赞：“陈华、李超等，感戴国恩，与伪将军杜辉共约归正，事泄，杜辉被杀，陈华、李超仍来投诚，殊属可嘉，俱授为都督同知总兵官，支全俸。留大将军贝勒军前，俾招徕贼党。”② 林兴珠的布告，对动摇吴三桂叛军的军心起了积极作用。

第二，岳州是湖广门户。由于种种原因，清军未能及时收复岳州。这一直是康熙帝十分关心的问题。林兴珠于康熙十七年五月向清廷建议：进泊洞庭湖，收复岳州。他说：“今我船甚多，宜分其半泊君山，以断常德之道；余船泊香炉峡、扁山、布袋口诸处，沿九贵山陆路立营，以断长沙、衡州之道。则岳州贼路阻塞，纵有粮米，而薪刍器用，必致乏绝，贼可不战而毙矣。”③ 七月，他又向清廷陈述洞庭湖水位涨落情况及军事方略④，仍然建议水陆联合，收复岳州。康熙帝认为“将军林兴珠，献策甚明”⑤，决定采纳，并指出：“击破逆贼，规定湖南，在此一举”⑥。八月十七日，吴三桂在衡州忧忿而死。其孙吴世璠奔逃，道中嗣位于贵阳，改年号为洪化。九月，林兴珠不失时机地向清廷陈述，“目今小丑久困，破在

① 中国第一历史档案馆藏《清三藩史料》，清 1801 号。

② 《清圣祖实录》卷 78，中华书局，1985，第 1000 页。

③ 《清圣祖实录》卷 73，中华书局，1985，第 940 页。

④ 中国第一历史档案馆藏《清三藩史料》，清 1238 号。

⑤ 《清圣祖实录》卷 77，中华书局，1985，第 980 页。

⑥ 《清圣祖实录》卷 75，中华书局，1985，第 961 页。

旦夕"，建议"长驱迅扫"。[①]吴三桂死后，虽部下涣散，军心动摇，但清军与"世璠军战，犹迭有进退，其强悍固结不易解散可知"[②]。面对吴军的力量，清朝需要做好充分的备战工作。

康熙帝得到吴三桂已死的报告后，并没有被冲昏头脑，而是抓住这一有利条件，命"大将军贝勒察尼等，务水陆夹击，速取岳州"[③]。康熙十八年（1679）正月，清朝政府所需水师鸟船百艘，沙船438艘，共配三万军队到齐。[④] 在察尼等的指挥下，清军在军事上首先断绝了岳州通道，使吴军"援兵不敢进"；其次，施行反间计，加剧了敌人内部的矛盾，"吴应麒以疑杀数将"[⑤]，于是"伪总兵王度冲、伪将军陈珀等，于本月十八日，各以其舟师来降，吴应麒等弃城遁，遂复岳州"[⑥]。随后，清军分兵攻取长沙、常德、衡州等地。

岳州之战的胜利，不但打败了吴世璠的精锐部队，而且提高了清军将士必胜的信心。这次战役对平定吴三桂叛乱取得全面胜利起了重要作用。林兴珠在其中也立了汗马功劳。

第三，克复武冈枫木岭，转战云南。湖南武冈枫木岭和辰龙关，是进入贵州的两条要道，皆为天险。康熙十八年八月，岳乐奉命进剿武冈。当时"贼首吴国贵盘踞武冈，率伪将军胡国柱等，以余贼二万逆战隘口"。岳乐派"将军侯林兴珠、提督赵国祚等率兵"，与吴军展开激战。吴军大败后，"吴国贵中炮死，余贼弃武冈而遁"[⑦]，岳乐军队克复武冈枫木岭。在这次战役中，林兴珠又立了新功。随后，察尼军队又攻取辰龙关。从此，清朝进兵四川、贵州、云南的条件已经具备。

康熙十八年十二月，岳乐奉命率领林兴珠赴京。次年三月，他们到京，康熙帝"出郊迎劳"[⑧]，赏赐林兴珠"朝帽朝衣鞍马弓箭等项"。随

① 中国第一历史档案馆藏《清三藩史料》，清1330号。
② 孟森：《明清史讲义》，中华书局，1981，第417页。
③ 《清圣祖实录》卷76，中华书局，1985，第977页。
④ 魏源：《圣武记》卷2《康熙戡定三藩记・上》，中华书局，1984，第69页。
⑤ 魏源：《圣武记》卷2《康熙戡定三藩记・上》，中华书局，1984，第69页。
⑥ 《清圣祖实录》卷79，中华书局，1985，第1006页。
⑦ 《清圣祖实录》卷83，中华书局，1985，第1060页。
⑧ 《清圣祖实录》卷89，中华书局，1985，第1122页。

后，林兴珠“奉旨速回征剿”[①]，继续参加平叛战争。

康熙二十年（1681）二月，清军分路进攻云南。同年十月，围攻昆明城，“赵良栋攻得胜桥，蔡毓荣攻大东门，林兴珠攻草海，赖塔等分兵攻华浦，四面逼城”[②]。吴世璠兵败自杀，其党羽以城降，持续八年的三藩之乱至此结束。康熙帝授林兴珠“銮仪卫銮仪使，著籍镶黄旗”[③]。林兴珠得到康熙帝的信任和重用。

四

康熙帝于1667年亲政之后，就意识到沙俄侵占黑龙江流域的严峻形势，因此，把驱逐俄军列为国家大事。他在平定三藩叛乱和统一台湾以后，把抗俄斗争提到议事日程上来。他吸取顺治朝抗俄斗争失利的教训，认真做好备战工作。同时，多次对沙俄政府提出交涉、劝说、警告，甚至抗议，要求他们撤离中国领土，归还逃人根特木儿，停止侵犯黑龙江地区的行动，希望和平解决两国边界问题，但沙俄政府对此拒不答复，反而“在在侵犯，肆行扰害”[④]，加剧了边界的紧张局势。于是清政府决定派兵，驱逐沙俄侵略者，收复失地。

康熙二十四年（1685）正月，康熙帝命令都统彭春、副都统郎坦和黑龙江将军萨布素率水陆军队开往雅克萨。这支军队包括乌喇、宁古塔官兵2000人（其中包括达斡尔官兵）[⑤]，从北京调来的上三旗170人[⑥]，又调福建藤牌兵500人，组成抗俄劲旅，实际参战部队共有3600人[⑦]。其中乌喇、宁古塔官兵是保卫边境、抵抗俄国侵略的主力部队，而福建藤牌兵则是对付俄国火器的特种部队。这支部队之所以能够参加雅克萨之战，与林兴珠的推荐分不开。

---

① 中国第一历史档案馆藏《清三藩史料》，清2191号。

② 刘健：《庭闻录》卷五，清康熙刻本。

③ 民国《永春县志》卷十八《列传》，见“中国方志丛书”，成文出版社，1930，第654页。

④ 何秋涛：《朔方备乘》卷首七《平定罗刹方略·三》，清光绪年畿辅通志局石印本。

⑤ 戴逸主编《简明清史》第2册，中国人民大学出版社，2006，第94页。

⑥ 何秋涛：《朔方备乘》卷首六《平定罗刹方略·二》，清光绪年畿辅通志局石印本。

⑦ 刘献廷：《广阳杂记》卷2，中华书局，1957，第84页。

在雅克萨战役之前，康熙帝虽做了充分的战备工作，但对于要如何打败俄国先进的火器，仍心中无数。为此，康熙帝于北京召见建义侯林兴珠。当康熙帝“论及火器之利，因问所以御之者”，林兴珠曰：“惟滚被为第一。”康熙帝又问：“滚被为何物?”林兴珠曰：“即人家所用之棉被也。”康熙笑曰：“是何能为?”林兴珠曰：“柔能制刚耳!”因详言其进退滚闪之法，上颔之。又问曰：“滚被之外，更有何法?”侯曰：“有滚牌，臣家有其器。”[①] 上立命取至，曰：“汝家能用此牌之人否?”侯曰：“有数人耳。”遂召六人来，于上前舞跳。上命善射者数人，以雹头射之，数发皆不能中，矢未发已滚至面前，疾于飞鸟。上大喜。问能用滚牌之人，何方可以召募?得人几何，可以成一旅?侯曰：“多则一千，少或五百，可以用矣。惟臣乡漳、泉之人，多善此者，须于闽募之。”上曰：“此去闽远，往返非数月不可。今直隶、山东、河南多台湾投诚垦种者，皆闽人，召用之，五百可得也。侯曰：“诚如上谕。”遂召募教演，未几而成。亦未知上之将何用也。至乙丑（1685）春夏间，上命往征罗刹国阿克萨城。[②]

康熙帝听了林兴珠的详细介绍，并亲眼见到藤牌兵演习的效果，决定组建一支福建藤牌兵，由建义侯林兴珠和台湾投诚左都督何祐带领，前往雅克萨参战。[③]

何祐，诨号钻子，平和人，原是郑成功部下的勇将。1661 年二月，参加驱逐荷兰侵略者、收复台湾的斗争。[④] 1682 年，任郑氏政权台湾北路总督，驻守鸡笼。[⑤] 康熙二十二年（1683）六月，施琅率军到达澎湖，击败刘国轩部队，占据澎湖。何祐在淡水得到澎湖失守的消息，“密遣其子何士隆从淡水港往澎湖军前，纳款献台，不俟克塽令，悉撤所统师回”[⑥]。当年八月，施琅水师到达台湾，何祐与郑克塽、刘国轩、冯锡范等文武官员

---

① 清代藤牌又称滚牌、团牌、被牌等。

② 刘献廷：《广阳杂记》卷 2，中华书局，1957，第 85 页。

③ 何秋涛：《朔方备乘》卷首六《平定罗刹方略·二》，清光绪年畿辅通志局石印本。

④ 江日昇：《台湾外纪》卷 5，福建人民出版社，1983，第 158 页。

⑤ 江日昇：《台湾外纪》卷 9，福建人民出版社，1983，第 321 页。

⑥ 江日昇：《台湾外纪》卷 10，福建人民出版社，1983，第 348 页。

到鹿耳门迎接。随后刘国轩等人先后渡海经福建到北京。[①] 清政府“授克塽汉军公、锡范汉军伯、国轩天津总兵、何祐梧州副将”[②]。

如前所述，林兴珠曾响应郑成功号召而参加抗清斗争。从这种隶属关系来看，他也是郑成功部下。因此，《清史稿》记载：“祐、兴珠皆郑氏将来降者也。”[③] 林兴珠、何祐具有丰富的水上作战经验，康熙帝派他们带领由原属郑氏政权的投诚者组成的藤牌兵参加驱俄斗争，是很有见地的。随后，康熙帝对福建藤牌兵的组织及武器装备，做了具体部署。

康熙二十三年（1684）十二月，上谕兵部：

> 征剿罗刹所需藤牌官兵，应分遣司员至山东、河南、山西三省，于安插垦荒福建投诚官兵内选择五百人[④]，令地方大臣给银赡其妻子，兼为整装遣行。又传令八旗汉军，察明福建等处投诚官兵内善用藤牌及滚被、片刀者，勿论主仆，开列名数，并器具送部。其在天津郑克塽、冯锡范诸处，亦遣人察取前项人员器具。闻福建有双层坚好藤牌，移文提督施琅，选取四百，并所用片刀，速送至京。[⑤]

兵部遵照康熙帝的谕旨，逐条落实。至康熙二十四年（1685）正月，福建藤牌兵的组织及武器装备大致就绪。康熙帝根据黑龙江地区的水师力量，特地指示：“发往黑龙江管辖藤牌兵之官过多，官量行派遣，兵用四百名足矣。”[⑥] 这些士兵由林兴珠及何祐带领。康熙帝当时对林兴珠关怀备至，谕示：“大学士觉罗勒德洪等，林兴珠曾效力行间，且系侯爵，其令参赞军务，朋春等善视之。”[⑦] 还对彭春（朋春）说：“林兴珠老将知兵，宜听其方略，以时进取。边地早寒，不宜久驻。林侯南人，且老，不能

---

① 江日昇：《台湾外纪》卷 10，福建人民出版社，1983，第 363 页。

② 徐鼒：《小腆纪年》（附考）卷 20，《台湾文献丛刊》第 134 种，台湾银行，1962，第 986 页。

③ 《清史稿》卷 280《朋春传》，中华书局，1977，第 10136 页。

④ 参加第一次雅克萨之战的福建藤牌兵，实际人数是四百人，与下文“兵用四百足矣”相符合。

⑤ 《清圣祖实录》卷 118，中华书局，1985，第 240 页。

⑥ 何秋涛：《朔方备乘》卷首六《平定罗刹方略·二》，清光绪年畿辅通志局石印本。

⑦ 何秋涛：《朔方备乘》卷首六《平定罗刹方略·二》，清光绪年畿辅通志局石印本。

寒，城克令其先归。”[①]

为保证这支藤牌兵不误军机，按时到达，康熙帝命令兵部派遣马队把他们送到前线。“藤牌兵给马二千匹，带往盛京。盛京各佐领亦派马二千匹，照旧制严督饲秣，俟京城马到更代，北行至乌喇（吉林）等，所养马皆豫备于齐齐哈尔。”当时，还指示：“藤牌兵各带炮弹或十圆、或二十圆以行，其饷银兵月给二两，官月给三两。”[②] 此外，在何祐临行时，还“命内府给祐白金及坚厚绵甲”[③]，以示关怀。当年二月，康熙帝审阅福建送到“双层藤牌三十，单层藤牌三百七十”，发布上谕：“藤牌稍薄，双层者加旧绵一层，单层者加旧绵二层，庶坚固可用。官兵即于诘朝就道，侯林兴珠与营造司郎中佛堡监修进式后速发。”寻藤牌修毕，兵部奏并福建送至片刀四百，递解至乌喇，公彭春等同侯林兴珠酌量赍行。同时发布上谕：“递解藤牌关系紧要，尔部（工部）派贤能官一员送至盛京，盛京工部派贤能官送至乌喇。”[④]

当年五月，彭春为陆路将军，率领铁骑三千，由齐齐哈尔出发；林兴珠为水路将军，带领藤牌兵四百，从松花江溯黑龙江而上。两军水陆并进，抵雅克萨城。其城内“设立重木，中实以土”，相当坚固。守城俄军“不满千人”[⑤]，主要是以悍猛著称的哥萨克军队，且装备火枪，出战时来势凶猛。在双方交战的枪林弹雨中，林兴珠在陆军有力的掩护下，“令挽牌者入水而伏，声止，乘流复进，敌弹不能中，皆惊曰：‘此大帽军也’，遂溃。兴珠乘胜攻克之，虏其将额里克舍（托尔布津）等”[⑥]。这次江上战役，清代著名学者刘献廷亦有记述。“林侯曰：‘是兵自水来，若使登岸，则不可当；吾以水军往迎之，皆毙之于江中，大军之围不可撤也。’则皆令众裸而入水，冒藤于顶，持牑刀以进。罗刹众见之，惊所未见，呼曰：‘大帽鞑子’。众皆在水，火器无所施，而藤牌蔽其首，枪矢不能入。以长刃掠牌上，折其胫，皆踣江中，杀伤大半，余众溃而逸。兴珠不丧一人。”

---

① 刘献廷：《广阳杂记》卷 2，中华书局，1957，第 85 页。

② 何秋涛：《朔方备乘》卷首一《圣训·一》，清光绪年畿辅通志局石印本。

③ 何秋涛：《朔方备乘》卷首六《平定罗刹方略·二》，清光绪年畿辅通志局石印本。

④ 《清圣祖实录》卷 119，中华书局，1985，第 253 页。

⑤ 《清圣祖实录》卷 120，中华书局，1985，第 266 页。

⑥ 民国《永春县志》卷 18《列传》，“中国方志丛书”，成文出版社，1930，第 655 页。

清军打败了俄国军队后，立即围攻雅克萨城。林兴珠不失时机，“令三千五百人，人取草一束，堆城下。不下，即火之”。俄军负隅顽抗，不肯投降。清军燃起熊熊烈火，敌军伤亡惨重，走投无路，“城中呼号，请降而出”[①]。清军受降后，决定拆毁雅克萨城防工事，回军瑷珲。

林兴珠带领的福建藤牌兵在著名的雅克萨之战中不辜负康熙帝的期望，与彭春等率领的部队一起，善于作战，勇于拼杀，没有一人阵亡。林兴珠“之众在沈阳坠骑而死者一人，病死于途者三五人耳，未尝亡一夫于敌也”。当年八月，林兴珠等得胜回京，康熙帝在召见他们时高兴地说：“林侯之功，史册所未有也。”[②] 于是发布上谕：“藤牌官兵，勤劳茂著，官员俟后议叙，兵丁令户部以白金赏赉之。”[③] 随后，康熙帝还指出，在雅克萨之战中，彭春等“著为头等第一军功”[④]。后来，俄国侵略者背信弃义，再次侵占雅克萨城。康熙帝认为彭春未能彻底摧毁雅克萨城，“怒彭春公践踏其地之不力也，以前功折其罪，并侯之功亦不叙焉”[⑤]。因此，赏赐林兴珠一事没有兑现。但林兴珠在雅克萨战场上立下的功勋，康熙帝是难以忘却的。

当俄军卷土重来侵占雅克萨城时，清朝政府被迫再次出兵。康熙二十五年（1685）二月，康熙帝命令：“今罗刹复回雅克萨筑城盘踞，若不速行扑剿，势必积粮坚守，图之不易，其令将军萨布素等……止率所部二千人攻取雅克萨城，并量选候补官员及见在八旗汉军内福建藤牌兵四百人，令建义侯林兴珠率往。”[⑥] 为了加强水师力量，“再选藤牌兵百人，付班达尔沙、郎谈（坦）率往”[⑦]。同年七月，萨布素等率军到达雅克萨城下，水陆两军经过长期的激烈战斗和包围，使俄军遭到致命打击，侵略军头子托尔布津也中炮而死。这时，俄国政府因各种原因不得不接受清朝政府的建议，举行中俄东段边界谈判。同时九月，康熙帝命令清军解除对雅克萨的包围。

在第二次雅克萨之战中，福建藤牌兵再立功勋。据记载，在一次战役

① 刘献廷：《广阳杂记》卷 2，中华书局，1957，第 86 页。
② 刘献廷：《广阳杂记》卷 2，中华书局，1957，第 86 页。
③ 《清圣祖实录》卷 121，中华书局，1985，第 284 页。
④ 《清圣祖实录》卷 132，中华书局，1985，第 297 页。
⑤ 刘献廷：《广阳杂记》卷 2，中华书局，1957，第 87 页。
⑥ 《清圣祖实录》卷 124，中华书局，1985，第 319 页。
⑦ 《清圣祖实录》卷 124，中华书局，1985，第 317 页。

中，郎谈“领藤牌军绿旗官杨士茂等，往取其城南土阜，遇敌伏兵，又大败之”①。

在雅克萨之战中，林兴珠率领的福建藤牌兵，为维护国家领土主权和民族独立做出了重要贡献，得到了清代史学家全祖望（1705～1755）的赞美：“敌援自水来，乘筏沿流速。五百犏刀飞入江，滚牌所至指可掬。不降且燎原，编菅秉杆各一束！贼乃鼠窜，输其城郭。‘大帽’凯归不遗镞。”② 从此以后，福建藤牌兵声名鹊起，在历史上产生了相当大的影响。直到宣统年间，林传甲撰写《黑龙江乡土志》一书时，还特地写了《林兴珠之藤牌兵》③，歌颂林兴珠的爱国精神。

五

在雅克萨之战后五年，林兴珠已过花甲之年，以“老骥伏枥，志在千里”的雄心，继续参加平定准噶尔部噶尔丹的叛乱。

康熙二十九年（1690）六月，噶尔丹在沙俄支持下，率兵两万多人，发动叛乱，其兵锋直至内蒙古“乌兰布通，距京师七百里”④。时京师戒严，形势紧迫。康熙帝为了维护国家的统一，反对沙俄侵略，对噶尔丹叛乱采取了果断的措施。他三次亲自带兵，转战大漠南北。康熙二十九年七月，康熙帝从北京出发，进驻博洛河屯（河北隆化县），指挥诸军，统筹全局，开始首次亲征。据记载，林兴珠也随从康熙帝亲征，“圣祖自将讨之，兴珠复以藤牌兵扈驾从征”。林兴珠带领的福建藤牌兵，在乌兰布通突破噶尔丹的“骆驼阵”，使其军队遭到沉重打击，实力削弱。林兴珠因年老体弱，“于乌兰布通还”⑤。林兴珠为保卫祖国北部边疆又立了功勋。至康熙三十二年（1693）二月，林兴珠去世，清朝为他祭葬。

林兴珠成长于明末清初。这个历史时期，正是明朝由衰败走向灭亡，

---

① 鄂尔泰等：《八旗通志初集》卷135《名臣列传》，东北师范大学出版社，1985，第3886页。
② 全祖望：《鲒埼亭集》卷1《书雅库志讨俄罗斯也》，商务印书馆，1938，第7页。
③ 林传甲：《黑龙江乡土志》，商务印书馆，1913，第12页。
④ 魏源：《圣武记》卷3《康熙亲征准噶尔记》，中华书局，1984，第116页。
⑤ 民国《永春县志》卷18《列传》，见“中国方志丛书”，成文出版社，1930，第655页。

清朝由兴起到入主中原的时代。应该怎样选择，对林兴珠来说无疑是严峻的考验。他能顺应历史发展的趋势，以民族利益为重，在不同的时期做出自己应有的选择。当然，他在选择中偶尔也出现过失误，这并不影响他是清代一位爱国将领这一事实。

原载《福建师范大学学报》（哲学社会科学版）1997 年第 3 期

日据时期“六三法”撤废运动与台湾知识分子民族联合阵线的形成

叶 青

在中日甲午战争中，清政府惨败，被迫将台湾割让给日本。不甘做亡国奴的台湾人民奋起反抗，“愿人人战死而失台，决不愿拱手而让台”①。然而，轰轰烈烈的武装反割台斗争在殖民者的血腥镇压下失败。严重的民族危机促使一批思想敏锐、阶级属性和世界观迥异的新旧知识分子凝聚在一起，结成日据时期台湾知识分子民族运动联合阵线。

一 六三法撤废运动的缘起与台湾知识分子民族运动团体的建立

日本占领台湾后，借口“新领土的殖民地，政治的及社会的条件与本国不同，因此，没有可以适用同一法制的社会根据”，② 表示应颁行另外的特别法律，即“六三法”。“六三法”是日本殖民当局在1896年3月31日颁行于台湾的《关于应在台湾施行的法令之法律》，由日本帝国议会以法律第63号颁布，是日据时期日本在台湾统治的基本法。其最大的特点是委任立法，即赋予台湾总督在其管辖区域内，有权制定与帝国议会之“法律”具有同等效力之“命令”，此项命令被特别称呼为“律令”。虽规定

① 连横：《台湾通史》卷4《独立纪》，广西人民出版社，2005，第48页。

② 矢内原忠雄：《日本帝国主义下之台湾》，周宪文译，海峡学术出版社，2002，第189页。

台湾总督制定的律令“要送日本中央政府法制局审核，其实，这不过是形式而已”,[①] 台湾立法、司法权都由台湾总督一手包办。“六三法”最初规定以三年为期，却一再延期。直至1906年10月，以法律第31号（称“三一法”）对其进行修改，但“六三法”所颁布的律令仍然有效。该法最初规定有效期为5年，又一再延期，直到1921年以“法三号”代替之。“法三号”规定将“法律之全部或部分要施行于台湾者以敕令定之”[②]，将“委任立法”以“律令”形式立之，修改为以“敕令”定之。由此可见，“六三法”虽一再变更其名称，但“本质上一点也没有改变”[③]，“三一法”和“法三号”不过是“六三法”所规定的治台方针下日本殖民政策的赓续。

“六三法”成为一切施行于台湾人民身上的种种苛刻法令的依据。台湾人民尤其是台湾知识分子开展了种种试图取消这种赋予台湾总督立法、司法大权的法律体制运动，即“六三法撤废运动”。六三法撤废运动成为台湾民族运动的近期目标。但由于自同化会解散与西来庵事件之后，台湾岛内政治局势紧张，台湾民族运动重要领导人物林献堂也因受同化会事件影响而无法活动。1918年以后，林献堂决定将活动的重心转向海外，着手建立团体，为日后的联合行动提供了可能。日本东京帝国大学教授矢内原忠雄认为，在专制条件下，反抗运动通常都先在国外组织起来。台湾亦然，台湾民族运动的先驱者是一群东京留学生。[④] 当时，东京台湾留学生建立的团体主要有以下几种。

1. 声应会。“到了大正八年（1919年）末，支那方面的中华青年会干事马伯援、吴有容、刘木琳和台湾方面的林呈禄、蔡培火、彭华英、蔡惠如等人，协议成立以亲睦为号召的团体——名称为‘声应会’的结社组织。”[⑤] 但是，由于经验不足，组织涣散，声应会创立后不久便解散。

---

① 黄富三、陈俐甫：《近现代台湾口述历史·陈逢源先生访问录》，台湾林本源中华文化教育基金会，1991，第42页。

② 李理：《“六三法”的存废与台湾殖民地问题》，《抗日战争研究》2006年第4期。

③ 黄昭堂：《台湾总督府》，黄英哲译，自由时代出版社，1989，第136页。

④ 参见矢内原忠雄《日本帝国主义下之台湾》，周宪文译，海峡学术出版社，2002，第214页。

⑤ 台湾总督府警务局编《台湾社会运动史（1913年~1936年）》第一册《文化运动》，《台湾总督府警察沿革志》第2篇，王乃信等译，海峡学术出版社，2006，第19页。

2. 启发会与新民会。1918 年 8 月，林献堂在日宴请台湾留学生，商讨“台湾当如何努力”[①] 的议题。与会学生思想杂陈，同化论者、祖国论者、自治论者各执一说。最后，施家本所提的“六三法撤废案”获得通过，成立了启发会，以林献堂为会长，林呈禄为干事，并设立“六三法撤废期同盟”。启发会以“研究台湾人当依何种政治形式求得解放而从现在的桎梏中得救为会旨”[②]。随着留学生的加入，启发会的规模不断壮大，后因经费不继而解散，但为 1920 年成立的新民会奠定了基础。

启发会解散后，旧会员多认为有组织新团体的必要。1920 年 1 月 11 日，新团体在东京蔡惠如寓所召开创立大会，取《礼记 · 大学篇》中“作新民”之意而定名为“新民会”。会长林献堂，副会长蔡惠如。[③] 同时，以学生会员为主另组“东京台湾青年会”，作为活动组织，新民会则作为指导团体。同年 9 月，仿《新青年》创办了机关刊物《台湾青年》（月刊）。这是台湾人自办的第一本以政治为目的的定期刊物，成为日据时期台湾人所办的新闻媒体，被誉为日据时期台湾民族运动的喉舌。

3. 东京台湾青年会。1920 年 7 月成立，发行《台湾青年》创刊号。1922 年 5 月，《台湾青年》杂志改名为《台湾》杂志，继续发行。1923 年又创刊《台湾民报》，至 1926 年，《台湾民报》的发行量已超过两万份，发展成为台湾全社会运动的指导机关。

台湾青年会开展了支持“六三法”撤废运动、台湾议会设置请愿运动、高砂寮学生运动，反对总督府的言论压迫，与岛内文化协会一起举办文化演讲会等活动。

除此之外，当时在东京成立的台湾学生团体还有思想较为激进的“文运革新会”“南盟会”及“留东同乡会”等。

除东京台湾留学生团体外，赴大陆学习的台湾学生也相继成立了各种团体。20 世纪 20 年代，不少台湾学生赴大陆求学，主要集中在厦门、广州、上海、北京等城市。蔡惠如、林呈禄、彭华英等人，频繁往来于东京、上海之间，并常前往北京、天津、广东等地，向留学生们介绍台湾反

---

① 黄富三：《林献堂传》，国史馆台湾文献馆，2006，第 31 页。

② 周婉窈：《日据时代的台湾议会设置请愿运动》，自立报系文化出版部，1989，第 30 页。

③ 周伲、魏大业：《台湾大事纪要》，时事出版社，1982，第 44 页。

日运动的情况，分发《台湾青年》杂志，鼓励他们奋起响应。在他们的影响下，留居大陆的台湾籍青年学生成立了许多爱国进步组织：上海台湾青年会、台湾青年自治会、上海平社、上海台湾学生联合会、北平台湾青年会、厦门中国台湾同志会、闽台台湾学生联合会（尚志社）、闽南学生联合会、南京中台同志会、广东台湾学生联合会、广东台湾青年革命团等。

综上所述，留日台湾青年学生与在祖国大陆学习的台湾学生，在接受近代先进知识的同时，也较早感受到国际民主、自由的气息，思想较为活跃。在部分日本开明学者及林献堂、蔡惠如、林呈禄等岛内人士的支持下，组建了各种团体，积极开展反日活动，声援岛内人民斗争。在成立团体与开展活动的过程中，力量逐渐壮大，主要领导者也逐渐成熟，而且他们与林献堂等旧式知识分子的接触与合作，为日后联合阵线的形成创造了良好的条件。

二 “六三法”撤废运动的发展与台湾知识分子民族运动团体的联合

六三法撤废运动以废弃六三法为目标，建立在承认日本统治的既成事实上，“它在理念上是属于同化主义，在统治措施上属于内地延长主义”。[①] 因此，关于是否应当采取撤废六三法为斗争方式，相关人士存有不同看法。明治大学毕业后留在东京从事研究工作的台湾留学生林呈禄表示不赞成撤废六三法，认为：“这就是在否认殖民地的特殊性，无异将我中华民族悠久的历史，高度的固有文化摧毁，赞成与异族同化的主张。”[②] 他认为应中止六三法撤废运动。1920 年 12 月 15 日，林呈禄在《台湾青年》第五号上以日文发表题为《六三法问题之归着点》，陈述自己的主张，得到了永井柳太郎、山本美越乃、泉哲等日本学者、政治家和东京台湾留学生的广泛认同。因此，在同年年底，新民会会员集中讨论路线问题时，林呈禄的自治主义路线得到多数赞成。蔡培火认为要求完全自治与实际不符，不如先致力于设置民选议会，再徐图渐进。林献堂在经过审慎考虑后，决定

① 周婉窈：《日据时代的台湾议会设置请愿运动》，自立报系文化出版部，1989，第 30 页。

② 黄富三、陈俐甫：《近现代台湾口述历史·林呈禄先生访问录》，林本源中华文化教育基金会，1991，第 38~39 页。

暂停六三法撤废运动。停止六三法撤废运动后应采取怎样的运动形式，众人各执己见。当时有两种观点争论较为激烈：一派是受新思潮影响的“自治论”主张，以林呈禄为代表，是当时留学生思想的主流。另一派较为温和，以蔡培火、蔡式谷、郑松筠等为代表，认为在日本的殖民统治下，台湾根本不可能实现完全自治，主张设置台湾议会，替代台湾总督根据六三法所获得的委任立法权，即把日本帝国议会授予台湾总督的律令制定权，改为台湾议会的立法权，这样既可以剥夺总督的特别立法权，又可避免和日人正面冲突，成功的可能性比较大。

1920 年底，林献堂抵达东京，在听取两派的分析后提出，虽然在理论上应主张完全自治，但政治改革需要实力。因此，他认为当时台湾民族运动要以设置台湾议会为共同奋斗目标，并决定采取请愿的方式展开行动，众人皆表赞同。至此，以台湾议会设置请愿运动代替六三法撤废运动遂成定论。

六三法撤废运动，开始了台湾知识分子在民族运动中的联合，改变了前一时期“各自为政”的格局。先前的台湾民族运动，岛内的主力是旧式知识分子或资本家，岛外为青年学生团体，彼此之间有一定的联系，但总体上还是各自活动。此次运动的主体则是以林献堂为核心的台湾知识分子和受西方民主思想教育的在日台湾留学生。随着运动的深入，赴大陆求学并深忧家乡境况的台湾知识分子也加入其中，形成了日据时期台湾知识分子民族运动联合阵线。

关于这次运动，亲历者蔡培火等给予了极高的评价，认为：“六三法案废止运动是台人自主的，根据近代政治思想所发动的有意识、有条理的政治运动，它也是台湾父老开始和东京台湾留学生结合的机缘。”①

三　台湾知识分子联合之原因分析

那么，是什么促使这些经历不同、思想迥异的知识分子走向联合呢？台湾知识分子民族运动联合阵线形成的原因是什么？笔者认为主要有以下几点。

---

① 叶荣钟：《台湾近代民族运动史》，学海出版社，1979，第 121 页。

第一，强烈的救亡意识是其共同的思想基础。

中国古代知识分子一向以儒家思想为知识的核心。由于儒家思想的核心是“明道救世”，在这种传统熏陶下，中国古代知识分子不但讲究个人才德的修养与培育，更强调如何将一已既成之才德具体实施于现实社会之中。日据时期台湾知识分子虽然大多接受的是近代教育，但毕竟是中国的知识分子，受过传统知识的滋养与熏陶，而且经过累代师承，自然塑造出了中国知识分子独特的精神面貌，形成了稳定的性格与风范，即它是入世的、面对现实的，而不是出世的、逃避现实的，具有很强的忧患意识，尤其是在社会动荡、民族危机的年代表现得更加明显。正如丘逢甲的诗中所言“世间倘有虬髯客，未必扶余属别人”。

当在北京参加会试的台湾举人得知《马关条约》割台消息时，立刻联名上书都察院，极力劝说清政府不要割让台湾。以丘逢甲为首的台北士绅急电清廷各衙门，呼吁政府：“割地议和，全台震骇。自闻警以来，台民慨输饷械，固亦无负列圣深仁厚泽……何忍一朝弃之？全岛非澎湖之比，何至不能一战？臣桑梓之地，义与存亡，愿与抚臣拒死守御。若战而不胜，待臣等死后，再言割地。”①

在清政府软弱无能的情况下，台湾人民在巡抚唐景崧的带领下成立了“台湾民主国”。唐景崧就任后即致电清廷，表明民主国的成立是为抗击日人侵略，并无独立之意。台湾人民始终将自己视为中华民族的一员。

日本殖民者占据台湾后，以征服者自居，在台湾实行极其残酷的统治。林献堂对台湾人民的处境忧心如焚，曾赴日本拜访梁启超，请教台湾民族运动的道路与方法。在祖国五四运动所掀起的民族革命思潮的影响和推动下，台湾留日学生爱国情绪高涨，学汉语、用中国年号、称中国为“祖国”蔚然成风。

东京“南盟会”会员在发往岛内的贺年卡上写道：“现在观察我们美丽宝岛的现状，上受横暴官宪的压迫与奴役，形同奴隶，下受银行、会社、大资本家的剜肉削骨，甚至连骨髓都要吸尽。我们的生命时刻濒于危殆，我祖先用骨肉所堆成的台湾，我祖先用泪所结晶的美丽宝岛，沦为如

① 连横：《台湾通史》卷4《独立纪》，广西人民出版社，2005，第47页。

此状况，岂非我们不肖所使然的！我们当此危机，一刻也不能迟缓，应以决死的努力，非挽回势力不可。”① 这体现了青年知识分子强烈的爱国主义和救亡意识。

第二，中华民族认同感是台湾知识分子联合的牢固纽带。

民族是以血缘、语言、生活方式和宗教信仰等来区分的。“民族认同”是个人对自己的民族归属和在与他民族互动的过程中，区别于他民族的一个动态认知过程。“文化”与“血统渊源”是民族认同中最基本的要素。台湾与大陆有相同的文化背景。台湾人民与大陆人民同根同祖，血脉相连。以血缘而言，台湾同胞的祖先多数来自福建、广东，远的来自黄河流域的中原地区。台湾同胞强烈的中华民族认同感是日本人永远都无法抹掉的。

在台湾总督府警务局编的《警察沿革志》中，这样描述台湾人民的民族性：“关于本岛人的民族意识问题，关键在其属汉民族系统。汉民族向来以五千年的传统民族文化为荣，民族意识牢不可破。属于此一汉民族系统的本岛人，虽已改隶四十余年，至今风俗、习惯、语言、信仰等各方面却仍沿袭旧貌，由此可见其不轻易抛除汉民族意识。且其故乡福建广东二省又和本岛只有一衣带水之隔，双方交通频繁，且本岛人又视之为父祖茔坟所在，深具思念之情，故其以支那为祖国的情感难于拂拭乃是不争之事实……此实为本岛社会运动勃兴之原因。”② 台湾知识分子组织的各种团体，常常“表面上以学生联谊、互助及砥砺学问为目的，但事实系致力台湾民族运动，或企图台湾光复为支那领土”。③

在“六三法撤废运动”中，在讨论停止该运动后台湾民族运动的方向问题时，自治论主张者的态度自不待言，主张请愿运动的蔡培火等人只是因为自治成功的可能较小，决定采取委婉的方式，其根本目标还是使台湾脱离日本的殖民统治，回到祖国的怀抱。

日据时期台湾诗人巫永福这样表达当时台湾知识分子的心态：“不被

---

① 黄大受：《台湾史纲》，三民书局股份有限公司，1982，第293页。

② 台湾总督府警务局编《台湾社会运动史（1913年~1936年）》第一册《文化运动》，王乃信等译，海峡学术出版社，2006，第2页。

③ 叶荣钟：《台湾近代民族运动史》，学海出版社，1979，第96页。

日本人同化为皇民，乃是我们不可否认的原则。这原则犹如大汉苏武被放逐到冰天雪地的北海，孤零零地牧羊，仍不屈于淫威而守节一样。我们在台湾，在日本人的淫威下总能像苏武在北海，一定能够克服多种艰难而勇敢地苦守中华儿女的气节。这样终究也会有回大汉的一天的。”[①]

蒋渭水在“治警事件”审判法庭上的答辩中表示，“台湾人明白地是中华民族即汉民族的事，不论什么人都不能否认的事实”。[②] 林献堂把台湾人民英勇反抗日本侵略者的举动概括成“民族主义”，台胞“不断向日本帝国主义斗争，壮烈牺牲，前仆后继，所为何来，简言之民族主义也，明于此一切可不辨自明矣”。[③]

第三，壮大的台湾本土学生、在祖国大陆求学的学生以及留日台湾学生团体力量是民族运动的现实需求。

囿于岛上严重的教育歧视，台湾学生多往日本或大陆求学。台湾学生在初等教育阶段的公办学校中，所能选择的公立学校与在台日本人有着巨大的差别。学校教师素质低下，教学内容单调，且“经费的大部分都被用在‘宏壮完全的校舍及其他设备’”。[④] 中学以上的教育，对台湾学生有诸多限制，大大减少了台湾学生获得高等教育的机会。“名为教育制度的同化，实则近乎使台湾人被剥夺了高等专门教育”。[⑤] 同时，日本殖民者也极力阻止台湾人创办自己的学校。

教育资源严重不公导致台湾学生无法在台湾获得良好的教育，台湾学生只能将眼光转向日本和大陆。日本学校众多，求学环境较好，台湾较为富裕的家庭大都倾向于送子女赴日留学。1901 年，台湾始有学生赴东京留学，以后逐年增加，“至 1908 年，在东京府管辖内有台湾留学生六十人”[⑥]。初期的留学生以中小学生为主，年龄很小，思想尚不成熟，谈不上

---

① 戴知贤、李良：《抗战时期的文化教育》，北京出版社，1995，第 425 页。

② 王晓波：《中国人民对日抗战的“原史”》，见《台湾史与台湾人》，东大图书股份有限公司，1988，第 7 页。

③ 王晓波：《中国人民对日抗战的“原史”》，见《台湾史与台湾人》，东大图书股份有限公司，1988，第 10 页。

④ 矢内原忠雄：《日本帝国主义下之台湾》，周宪文译，海峡学术出版社，2002，第 174 页。

⑤ 矢内原忠雄：《日本帝国主义下之台湾》，周宪文译，海峡学术出版社，2002，第 176 页。

⑥ 叶荣钟：《台湾近代民族运动史》，学海出版社，1979，第 75 页。

民族意识的觉醒。辛亥革命以后，台湾学生留学东京之风更盛。1915 年有 300 多人，1922 年达 2400 人。同时，20 世纪 20 年代，由于民族意识高涨，且费用较低，不少台湾学生开始到祖国大陆求学。除学生外，许多离校的台湾知识分子也奔向大陆。台湾学生在日本或大陆求学时，组建了各种团体，客观上促进了各个学生群体的融合。

东京留学生成为 20 世纪 20 年代引燃台湾民族运动的火种，留学海外的青年逐渐成为台湾民族运动的主力军。但是，由于赴东京留学的费用较高，普通家庭无力承担，到大陆求学又受到殖民者的多方阻挠，20 世纪 20 年代前后，尽管岛外的台湾青年学生人数有所上升，但总体上力量还是显得单薄，且发展也不成熟。学生团体的联合、壮大力量是出于领导大规模民族运动的现实需求。

第四，林献堂的家族、个人影响是促成知识分子联合的重要因素。

林献堂是台湾地主资产阶级改良派的代表人物。林献堂从小就饱尝了国破家亡、颠沛流离之苦，植下了深厚的民族意识，及至成人，游历四方，志图恢复。同时，林献堂幼年接受传统的中国儒家教育，讲求温文尔雅，其家风亦重中庸谦让。在长期熏陶下，他形成了温和、稳健的性格，终生难以改变。[①] 同时，他早年与梁启超频繁接触，深受梁氏改良主义思想的影响[②]，也间接决定了他在政治运动中会采取温和路线。林献堂以其崇高的威望与稳健的性格，成为台湾民族运动的领袖。林献堂强大的经济支持也是台湾民族运动以及知识分子联合不可缺少的条件。

资金问题是知识分子在领导台湾民族运动时所面临的一个重要问题。许多青年学生并非出生于富裕的家庭，而领导民族运动、成立运动团体、开展宣传活动等都需要大量的资金。正如蒋渭水所说：“要做团体活动，需要经济背景，必须找一位有钱又热心的人来共事才好。”[③] 必须得到有力人士的经济支持，才能保证台湾民族运动的持续开展。林献堂家族是清末台湾的富豪与政治世家，其雄厚的经济实力为林献堂领导台湾民族运动提供了强大的支撑。

---

① 黄富三：《林献堂传》，国史馆台湾文献馆，2006，第 31 页。

② 陈碧笙：《台湾地方史》，中国社会科学出版社，1982，第 249 页。

③ 叶荣钟：《台湾近代民族运动史》，学海出版社，1979，第 284 页。

同时，由于林献堂的个人魅力以及他对台湾民族运动的热心参与，林献堂在台湾民众心目中享有极高的威望，时人尊之为“台湾甘地”。林献堂每次归台后的演讲，常是万人空巷。其中一些民众，“不在乎于听讲，他们唯一的目的，是能够瞻仰林献堂的丰采，亲聆他的声音，便感到心满意足了”①。林献堂离开时，送别的民众常常挤满车站，口中喊道：“献堂先生啊！你要再来啊！你要再来看我们啊！”② 林献堂在台湾民众中的影响力，使总督府也对他敬畏三分。林献堂因此成为台湾民族运动的领导核心，众人集结于林献堂周围，形成台湾知识分子民族运动统一阵线。

第五，国内外民族、民主等思潮的影响。

首先，欧美民族自决主义思潮的蔓延，为台湾知识分子联合阵线的形成提供了良好的外部环境。列宁在第一次世界大战前后，针对陷入被殖民命运的亚、非、拉国家，提出：“一、每个民族有权选择生活于其中的国家；二、世界上的小国同样有权享有大国所期望并坚持的对其主权和领土完整的尊重；三、世界有权免遭源于侵略和对国家与民族权利的蔑视而导致的任何对和平的破坏。”③ 1918 年 1 月 8 日，威尔逊在国会演说中提出“十四点原则”，强调应该尊重殖民地人民，并对民族自治和民族自决做出种种承诺，给世界被压迫民族带来了鼓舞和希望。第一次世界大战后，国际民族自决思潮得到了不同程度的传播与公认，也成为 20 世纪 20 年代日本在台政策转变的催化剂。日本殖民者意识到“进入大正七、八年间（1918~1919）时，亦即大战的末期以后，欧洲的思想界显然地为高扬的民主主义或自由思想所风靡。随而在所谓民族复合国家或殖民地民族之间，骤见民族自决主义思想的抬头。在战后的和平会议中，这一主张甚至被采纳于和平条约内。这些风潮对远东的台湾人、朝鲜人及其他各殖民地民族亦有极大影响，而成为促使其民族觉醒的动机。”④ 同时，日本国内的一些

① 叶荣钟：《台湾近代民族运动史》，学海出版社，1979，第 136 页。

② 叶荣钟：《台湾近代民族运动史》，学海出版社，1979，第 136 页。

③ 储昭根、于英红：《一战后民族自决原则的公认与效应》，《世界民族》2007 年第 4 期。

④ 台湾总督府警务局编《台湾社会运动史（1913 年~1936 年）》第一册《文化运动》，王乃信等译，海峡学术出版社，2006，第 18 页。

知识分子受到民主主义或者自由思潮的影响，对台湾知识分子的联合运动也表现出了一定程度的肯定和支持。

其次，亚洲风起云涌的民族民主运动是联合阵线形成的外部动力。20世纪初，亚洲各国爆发了一系列民族民主革命，菲律宾建立了亚洲第一个共和国，颁布了亚洲第一部共和政体的宪法——《马洛洛斯宪法》，是“亚洲觉醒的先声”。伊朗、印度、土耳其等“亚洲的觉醒”脚步，刺激并鼓舞了台湾知识分子开展民族运动的决心。甘地领导的“非暴力不合作运动”，表现出锲而不舍地争取合法权利的精神，为台湾知识分子所景仰。当时台湾知识分子对各国民族民主运动的形势异常关注，在《台湾民报》《台湾新民报》上不断刊登相关消息。[①]

最后，祖国大陆五四运动所带来的民族、民主思潮的高涨，直接影响了台湾知识分子阶层。五四运动前后，台湾知识分子组织“启众会”和“应声会”，于1920年成立了“台湾新民会”，并仿照《新青年》刊物，发行《台湾青年》，寄送至台湾各地，介绍和宣传祖国大陆革命斗争情形。1920年《台湾青年》创刊号提出：“由这个绝对的大不幸（指第一次世界大战），死不完全的全人类，已从既往的惰眠中醒了。厌恶黑暗而仰慕光明——这样的醒了。反抗横暴而从正义——这样的醒来了。”“瞧，国际联盟的成立、民族自决的尊重，男女同权的实现、劳资协调的运动等，无一不是这个大觉醒的赏赐”。[②] 在五四运动精神的鼓舞下，岛内民族运动及启蒙运动的核心组织——“台湾文化协会”，于1921年10月在台北成立。其所开展的一系列活动，在台湾民众间产生了重要的影响。

在六三法撤废运动结束后，台湾知识分子出于对中华民族的认同感以及对台湾生存的危机感，不放弃斗争，继续开展台湾议会设置请愿运动。六三法撤废运动的兴起，促进了台湾知识分子民族运动团体的建立，为日后的联合行动提供了可能。随着运动的深入，岛内知识分子和受西方民主思想影响的岛外青年学生团体，以及赴大陆求学的台湾知识分子，凝聚在一起，结成日据时期台湾知识分子民族运动联合阵线。台湾知识分子领导

① 《甘地被捕前对全印度民众之训词》，《台湾新民报》1930年5月31日。

② 黄树仁：《日据时期台湾知识分子的意识形态与角色之研究（1920~1927）》，硕士学位论文，台湾政治大学，1980，第33页。

的民族运动，具备了近代民族运动的雏形，也表明了台湾的知识分子在政治上初步觉醒与日趋成熟。

我们追寻日据时期台湾知识分子勇于反抗侵略的奋斗足迹，有助于全面认识台湾知识分子的历史贡献，真切感受台湾人民强烈的民族认同感和归属感，深刻体会中华民族精神是包括台湾人民在内的全体中国人民的精神财富，民族精神是我们中华民族赖以生存和发展的灵魂。

原载《东南学术》2017 年第 4 期，《新华文摘》2018 年第 5 期转载

日据时期台湾文化协会的文化启蒙运动

叶 青

在中日甲午战争中，清政府惨败，被迫将台湾割让给日本。不甘做亡国奴的台湾人民奋起反抗，“愿人人战死而失台，决不愿拱手而让台”①。轰轰烈烈的反割台武力斗争在殖民者的血腥镇压下归于沉寂。在第一次世界大战后世界“民主”“自由”思潮及殖民地独立运动的影响下，台湾知识分子开始领导台湾人民展开一系列的民族运动。台湾文化协会是日据时期一批思想敏锐、阶级属性和世界观各异的新旧知识分子，凝聚在一起，结成的知识分子抗日民族运动联合团体。

当1921年第一次台湾议会设置请愿运动在东京开始时，蒋渭水等岛内进步学生无不欢欣鼓舞。通过举办“请愿代表欢迎会”，蒋渭水结识了岛内和岛外的许多有志青年，众人一致认为岛内应组织相应的团体，启发民智，以配合议会设置请愿运动。此构想得到了台湾民族运动重要领导人物林献堂的支持，于是岛内开始酝酿成立组织。7月，蒋渭水访问林献堂，商量有关成立台湾文化协会的具体事宜。得到林献堂认同后，蒋渭水以自己的医院为筹备处，与医专学生吴海水及台北医师林丽明等一同起草该会主旨书、大会宣言及会则。

10月17日，台湾文化协会成立大会在台北静修女校举行，台湾医学专门学校、师范学校、商工学校、工业学校的学生及各界知识分子300多人出席。众人推举林献堂为总理，杨吉臣为协理，蒋渭水为专务理事，并

① 连横：《台湾通史》卷4《独立纪》，广西人民出版社，2005，第48页。

将本部设于台北。

文协创立之初，有会员 1032 人，成分较复杂，包括农民、劳动者、学生、职员、医师、律师、地主、资产家，甚至御用绅士，“基本上是由一批不同阶级、不同思想信仰的人们所组成的松散的、不稳固的反日民族统一战线”①。学生是文协的重要人物，在协会中起骨干作用。其中“医专学生 49 人，中央研究所农业部学生（后来的高等农林学生）30 人，台北师范学生 136 人，台北工业学生 3 人，台中商业学生 66 人”②。台中是日据时期台湾民族运动最活跃的地区，该地的先进分子在民族运动中居于领导地位。中部出身者达 22 人，占总数的 52.38%。台湾民族运动的核心人物林献堂即为台中雾峰人。总督府在论及台湾同化会时曾提及：“中部本岛人的上流社会，传统上其思想的进步远较南北两地为优，这是一般所公认的，他们的思想，可视为一般本岛人知识阶级的代表。”③ 文协的中坚力量基本上是日据后成长起来的新知识分子。从其主要人物的年龄结构上看，平均年龄为 30.47 岁，其中，40 岁以上者仅 6 人，29~39 岁者有 19 人，即日据后出生的有 17 人。从受教育的角度来看，接受新式教育的人数有 33 人，比例高达 85.71%。这表明殖民地时代成长起来的新一代青年知识分子已经成为台湾民族运动的核心力量。

文协成立以后，会员不断增加，最多时增至 1314 人，各地支部也陆续设立。1923 年，蒋渭水辞去专务理事一职，由蔡培火继任，文协本部迁往台南，改台北组织为支部。

文协虽然在其主旨书中表明：“台湾海峡实在不但为东西南北船舶往来的关口，而同时又是世界思潮迟早将会合之处也。反过来看，现今岛内的新道德尚未建设好，旧道德却已经逐渐地衰退下去，人心侥薄，人人唯利是图……我们于此大有所感，因此纠合同志，组织台湾文化协会，以谋求台湾文化之提高……”④ 但其真实目的是唤醒台湾同胞的民族意识，促

---

① 陈小冲：《日本殖民统治台湾五十年史》，社会科学文献出版社，2005，第 160 页。

② 史明：《台湾人四百年史》汉文版，自由时代周刊出版社，1988，第 502 页。

③ 台湾总督府警务局编《台湾社会运动史（1913 年~1936 年）》第一册《文化运动》，王乃信等译，海峡学术出版社，2006，第 3 页。

④ 台湾总督府警务局编《台湾社会运动史（1913 年~1936 年）》第一册《文化运动》，王乃信等译，海峡学术出版社，2006，第 189 页。

进台湾的民族运动，最后实现脱离日本殖民统治的目标。这也是众人团结于文协旗帜下的目标基础，只是迫于总督府严厉的压制政策，才不得不以“助长台湾文化发展”为掩饰。

文协既以民族自决及台湾民众的解放为目标，而“殖民地民众的民族解放运动本身既属政治运动”，[①] 因此，文协的政治倾向自成立起便十分明显。自成立后至1927年左右两派分裂为止，文协除积极支持台湾议会设置请愿运动之外，还开展了一系列文化启蒙运动。运动地点以城市为中心，并逐渐向农村蔓延，目的是唤起台湾民众的民族民主意识，帮助民众认识自身的地位与任务，带领民众走向民族解放的道路。这一时期，文协的主要活动有以下几个方面。

（一）发行《会报》

1921年11月28日，文协开始发行其机关报纸《会报》的第一期。由于其中的一篇《临床讲义》将台湾比作“原籍中华民国福建省台湾道，现住所大日本帝国台湾总督府”[②] 的患者，以及另一篇《苦闷之魂》用资本家剥削工农阶级来影射日本殖民者压迫台湾人民，触怒了日本殖民当局。同时，该报上还出现了“劳动者拼命流汗劳动，但其利益总是喂肥资本家的肚子，而且劳动者本人却连当日的生活也不能得到保障……那是因为社会组织不对之故呀……”[③] 等含有社会主义倾向的言论，因此，遭到总督府禁止发售的处分，12月10日才发行改订版。从第二期开始，原稿必须经过审查才能出版。第三期改称《文化丛书》，以单行本发行。第四期又改为《台湾之文化》。总督府借口其内容抵触《新闻条令》而禁止刊登。自第五期起恢复《会报》名称，继续刊行，但因被禁止登载时事问题，无法达到预期目的，到第八期便决定停刊。此后委托《台湾民报》刊载该会会报。

① 台湾总督府警务局编《台湾社会运动史（1913年~1936年）》第一册《文化运动》，王乃信等译，海峡学术出版社，2006，第198页。

② 叶荣钟：《台湾近代民族运动史》，学海出版社，1979，第295页。

③ 台湾总督府警务局编《台湾社会运动史（1913年~1936年）》第一册《文化运动》，王乃信等译，海峡学术出版社，2006，第199页。

（二）设立读报社

为启发民智，并方便一些无力购买书报的民众接受新思想，文协自1922年1月起开始，在台北、新竹、台中、台南、高雄等地设读报社。读报社除购置台湾及日本的新闻杂志外，还订购了数十种大陆报纸，遇到有关反帝反殖民或民族自决运动的消息，则划上红线，以引起读者的注意。读报社的广泛设置，给民众带来极大的方便，颇受欢迎。然而，由于受到总督府的多方阻挠，读报社的读者逐渐减少，加上经费问题的困扰，部分地区的读报社不得不停办，剩余的少数也逐渐缩小规模。

（三）举办讲习会与开办夏季学校

1922年2月，文协计划以蒋渭水的名义，在台北市开设文化义塾，以教育贫民儿童，但未被当局批准，此计划遂告失败。

1923年，为向台湾民众（特别是青年知识分子）宣传基本的近代科学知识，文协采取了举办各类讲习会的方式。这一年，文协举办的讲习会主要有：台湾通史讲习会（讲师连雅堂）、通俗法律讲习会（讲师蔡式谷，因批评总督府非法压迫台湾人，中途被迫解散）、通俗卫生讲习会（讲师蒋渭水、石焕长、林糊）、西洋史及经济学讲习会（讲师林茂生、陈逢源）等。由于该年12月总督府检举台湾议会期成同盟会会员，讲习会的讲师多被逮捕，讲习活动被迫停止。

自1924年7月起，文协开始利用暑假在林献堂家开办为期两周的夏季学校，男女兼收，提供食宿。1924年有64人参加，1925年有107人，1926年有79人。每期除讲述上述讲习会的主题之外，还由林茂生讲授哲学、陈炘讲授经济学、蔡式谷讲授宪法大意、蔡培火讲授科学概论、林幼春讲授中国学术概论、王受禄讲授外国事情、林履信讲授社会学、谢春木讲授新闻学、郑松筠讲授法之精神等。一些友好的日本律师、牧师也前来讲授知识。

由于学生人数少，知识水平参差不齐，加上授课时间短暂，事实上，夏季学校的讲学效果并不明显，但它的政治意义却十分重大。台湾人长期以来对日本殖民者的差别教育与奴化政策极其痛恨。1901年后，同为日本殖民地的朝鲜已有相当数量的私立学校及教会学校，而台湾除两三所教会学校外，没有一所当地人办的私立学校。因此，文化协会举办夏季学校是用行动表示对总督府教育政策的抗议。

（四）演讲会

演讲会是文化协会最重要的活动，“是推行启蒙运动的中心工作，意义重大，影响深远，其效果比任何活动都更为有力”①。当时的台湾，一般民众文化素质较低，文字宣传缺乏大众性。1923 年 5 月，文协理事黄呈聪、王敏川以《台湾民报》记者的身份从东京返台，在全岛各地举办巡回演讲会，宣传《台湾民报》，受到民众的热烈响应。蒋渭水等文协主要成员决定扩大此种宣传方式，利用周末在城市定期举办演讲会，同时派演讲队前往各乡村进行宣传。东京台湾青年会的留学生也利用假期回台组织文化演讲团，参加文协在各地举办的演讲会。演讲会致力于对当时风靡全球的自由民主、民族自决及社会主义等革命思潮的宣传，斥责总督府的专制统治，呼吁大家支援请愿运动。民众对演讲会也十分支持，精彩之处常常掌声不断，甚至燃放鞭炮助势。文协的演讲队逐渐成为请愿运动的宣讲团及台湾工农运动的先驱。

文化协会的演讲会自 1923 年开始，1924 年演讲次数、演讲人数以及听众人数均有所增加，1925 年取得突破性进展，1926 年演讲规模更大。例如，1923 年，台湾文化协会在台北演讲 4 次，演讲者 17 人，听众 4000 人；在台中演讲 25 次，演讲者 146 人，听众 14230 人；在台南演讲 6 次，演讲者 45 人，听众 2773 人；在高雄演讲 1 次，演讲者 6 人，听众 200 人。1925 年，在台北演讲 99 次，演讲者 180 人，听众 27920 人；在新竹演讲 22 次，演讲者 132 人，听众 18410 人；在台中演讲 103 次，演讲者 451 人，听众 36440 人；在台南演讲 67 次，演讲者 283 人，听众 32840 人；在高雄演讲 24 次，演讲者 119 人，听众 2270 人。②

总督府看到文协举办的演讲会影响迅速扩展至全岛，便怂恿辜显荣等

① 叶荣钟：《台湾近代民族运动史》，学海出版社，1979，第 303 页。

② 参见台湾总督府警务局编《台湾社会运动史（1913 年 ~ 1936 年）》第一册《文化运动》，王乃信等译，海峡学术出版社，2006，第 206 ~ 207 页。

御用绅士举办“公益会”来破坏文协的活动。公益会召开所谓“有力者大会”，对台湾议会设置请愿运动表示反对。文协随即举办“无力者大会”予以反击。总督府进一步采取取缔方针，用《治安警察法》来压制演讲活动，并再三逼迫林献堂、蒋渭水声明“文化协会不再从事政治活动”，甚至以检举台湾议会期成同盟为借口，逮捕文协干部及活跃分子，意图以此压制文协的发展。

文协开展的上述一系列文化启蒙运动，在台湾民众中产生了重要的影响，在启迪民智、协助台湾民族运动等方面做出了宝贵贡献。主要体现在以下几个方面。

首先，文协的广泛宣传带给了台湾人民新思想与新文化，推动了台湾民众民族意识的高涨。当时新竹中学的一个台湾学生就在日记中写道：“本日打开报纸，首先见到的是一幅很多人的照片，仔细一看，原来是图谋抗日的台湾的恩人蒋渭水先生、蔡培火先生及其他先辈十五六人的照片，啊！我真高兴，我台湾能够有这样的人物！真高兴！真高兴！吾台湾的解救已在眼前了，呜呼！台湾的救星出现了。”[①] 另外一个典型的事例，是关于所谓“始政纪念日”的。在台湾议会设置请愿运动开始及文化协会成立之后，在“始政纪念日”这一天有意不悬挂日本国旗的台湾人逐渐增多，参加庆祝会的台湾人则逐渐减少。1925 年 6 月 17 日，台北街头甚至张贴着“国耻纪念独占三十余年，台湾始政耻念日”[②] 的字样。

其次，文协成立后，成为请愿运动的幕后机关。在文协的支持之下，请愿运动的签名人数逐年增多。1925～1927 年请愿运动出现的发展高峰期，应归功于文协的宣传。第一次请愿是在日本帝国议会即将召开的背景下，没有充足的时间筹备而匆忙进行，在台湾未募集签名。第二次请愿运动，由于林献堂等归台后的大力宣传和文化协会的配合与推进，请愿书在台湾岛内得到了 350 多人的签名，加上留学生共计 512 名。第三次请愿运动至第七次请愿运动均是在文化协会的带领下推进的。到第八次请愿运动时，虽然文化协会已经走向了分裂，但是第八次请愿运动的所有工作在文

---

① 叶荣钟：《台湾近代民族运动史》，学海出版社，1979，第 320 页。

② 叶荣钟：《台湾近代民族运动史》，学海出版社，1979，第 321 页。

化协会正式分裂前已准备就绪，所以第八次请愿运动仍可以说是在文化协会的领导下进行的。

再次，文协的活动获得了民众的广泛响应，各种团体渐次成立。台湾成立了台北青年会、通霄青年会、炎峰青年会等青年团体，以及彰化妇女共励会与诸罗妇女协进会等妇女团体，学生运动与妇女运动蓬勃发展。文协还促进了农工阶级的觉醒，蔗农对制糖会社的不满日渐演化为纠纷，农工团体逐渐形成。台湾社会出现了新的分化，为之后台湾的社会主义运动提供了阶级力量。

最后，文协还成立了各种剧团与“美台团”，到台湾各地，尤其是广大农村，开展文化话剧运动及播放进步电影，生动而通俗地宣传请愿运动与民族民主思想。中央书局、文化书局的成立，不但有助于台湾中文书籍的普及、中国文化的保存，还把五四运动后祖国大陆关于新思想的书刊引进到台湾，在宣传新思想的同时，加强了台湾与祖国大陆的联系。

今天，当我们回首日据时期台湾知识分子在日本殖民者的淫威下，为争取台湾光复所走过的艰难历程以及所做出的宝贵贡献时，能够真切地感受到台湾人民强烈的中华民族认同感。因此，当下我们两岸同胞更应格外珍惜并共同维护目前这一来之不易的良好局面，秉承先人的遗愿，维护祖国的统一。

未刊

解放战争时期国共两党的福州攻守战略与闽台关系

叶　青

1946年6月，蒋介石悍然发动反共反人民的全面内战。但是，随着人民解放战争的胜利发展，国民党不仅在军事上节节败退，而且政治、经济危机不断加深。在国民党政权趋于崩溃的形势下，蒋介石加紧经营台湾，妄图以台湾为反攻基地，并尽力保持福建、广东和西南各省，控制东南沿海岛屿，以屏卫台湾。人民解放军在渡江战役胜利后，迅速向全国进军，准备攻打福建，解放台湾。因此，国共双方都把对福州之攻守与对台的攻守战略联系在一起。本文通过解放战争时期国共双方对福州攻守战略的分析，力图进一步解读闽台关系演变的缘由，深刻认识闽台之间存在的不可分割的密切关系。

一

辽沈、淮海、平津三大战役后，中国共产党在军事上取得了决定性的胜利。然而，蒋介石当局是不甘心退出历史舞台的。1949年初，蒋介石为求“和”而第三次被迫下野。与此同时，他幻想依靠长江天堑，形成南北对峙局面，并为此而调兵遣将，巩固江防。另一方面，蒋介石在这一时期把主要精力放在重点防御东南沿海地区以及大力经营台湾上，选择台湾作为最后落脚点，并以台湾作为反攻大陆的基地。1948年11月，蒋介石命令中央银行总裁俞鸿钧将中央银行、中国银行存在美国的外汇，化整为零，存入私人户头，将上海国库价值3.7亿美元的黄金、白银和外汇转存台湾；在人事安排上，蒋介石委任陈诚为台湾政府主席兼警备司令；任命蒋经国为台湾党部主任委员；派嫡系朱绍良主闽，任福州绥靖公署主任；调亲信施觉民等人掌握福州各要害部门；李延年等嫡系部队也相继入闽，力图固守福州；蒋介石还派蒋经国飞赴福建，与朱绍良商谈构筑防御工事等问题。1949年6月25日，蒋介石成立了东南军政长官公署，统一指挥浙江、福建、广东、台湾四省军政事宜。东南军政长官为蒋氏心腹爱将陈诚，王东原、罗卓英辅之。[①] 蒋介石要求“美国把预定运往中国的军事装备改运福摩萨（台湾）”[②]。

既然蒋介石选择台湾作为最后落脚点，并以台湾作为反攻大陆的基地，因此，固守福建对于蒋介石当局而言至关重要。其一，从政治因素考虑，随着解放战争形势的急速发展，武汉、南京、上海、杭州、南昌等城市和广大地区的解放，解放军的前锋直指福建、广东和湖南，国民党政权摇摇欲坠。此时若能固守福建，可缓冲国民党军队兵败如山倒的局面，争取时间调整国民党军队内部长期士气不旺等现状；并等待形势的变化，和台湾相配合反攻大陆。“最迟到明年春，世界反共联军就会和我们一道驱逐赤俄势力。清除赤色恐怖。”[③] 其二，从军事目标考虑，蒋介石认为，福建地处山地，凭借仙霞岭等有利地形，将阻止共产党的进一步进攻，福建和台湾以台湾海峡相隔，台湾海峡对当时没有海空军的中共来说无疑是一条不易克服的天堑，福建无疑是保卫台湾的最有力屏障。蒋介石曾对到福建上任的独立师师长李以劻说：“福建非常重要，没有福建就没有台湾。你到福建协助李良荣主席注意闽浙边区、闽粤边区和闽台之间的联系。”[④] 1949年6月21日，蒋介石在福州义序飞机场办公大楼召开的临时军事会议上，特别强调固守福建决策的重要性。他说：“台湾将是党国的复兴地，

① 李勇、张仲田编著《蒋介石年谱》，中央党史出版社，1995，第384页。

② 艾奇逊：《艾奇逊回忆录》，上海《国际问题资料》编辑组、伍协力合译，上海译文出版社，1978，第186页。

③ 李以劻：《蒋介石下野后在福州召开军事会议前后》，中国人民政治协商会议全国委员会文史资料研究委员会编《文史资料选辑》第32辑，文史资料出版社，1962，第138页。

④ 李以劻：《蒋介石下野后在福州召开军事会议前后》，中国人民政治协商会议全国委员会文史资料研究委员会编《文史资料选辑》第32辑，文史资料出版社，1962，第128页。

它的地位的重要性异于寻常。比方台湾是头颅，福建就是手足，没有福建即无以确保台湾。”① 1949 年 7 月 23 日，蒋介石在厦门再次召开军事会议，提出“当前我们要固守福建，作长期保卫东南沿海之计，并借此以巩固台湾”。②

固守福州是固守福建的关键一着。福州是福建省的省会，是福建的政治、经济中心，影响重大。福州失守，将意味着国民党政权在福建的瓦解。福州位于闽江下游，周围环山，中央低平，闽江横贯其间，地势险要，战略位置尤为重要。蒋介石认为：“福州、厦门系台湾之门户，不独系中国战略要地，而且为世界战略要地；不独近日为前进基地，将来并作为反共基地。”③ 此外，福州台胞、侨胞众多。如果福州失守，“他们会认为国民党完了”。这种心理上的变化，就会使国民党失去海外侨胞的同情与支持。蒋介石曾深有感触地对李以劻说道：“保全军力是重要的，但福州过早落在‘共匪’手里，其政治影响甚大。台湾人半数以上原籍福建，对故乡十分关怀；南洋一带侨胞，也是福建籍占多数。如果他们知道福州失守，就认为福建也失了，就更误解为我们国民党彻底失败了。这种心理上的变化，就会使我们失去海外侨胞的同情和支持。所以为了大局，福州是必须死守的。希望你体会我的心事放胆去做，只要将领们有信心，处绝地也可以生。”④

为了实现固守福州的方针，蒋介石当局认为，必须调和入闽各部队指挥官之间的矛盾，调整装备，整肃败坏的军纪，重振涣散的士气，消除失败主义情绪，并笼络部将，收拢人心等。为此，蒋介石于 6 月 21 日上午从台北乘“美龄号”飞抵福州，在义序飞机场办公大楼召开临时军事会议，具体部署固守福州的应变计划。参加会议的有驻福州地区的国民党正规军、宪兵、警察、水警、特务等系统的独立团长以上军官 80 余人。蒋介石在福州临时军事会议上就固守福州的防务做出了以下六条决策。

① 李以劻：《蒋介石下野后在福州召开军事会议前后》，中国人民政治协商会议全国委员会文史资料研究委员会编《文史资料选辑》第 32 辑，文史资料出版社，1962，第 137～138 页。

② 李勇、张仲田编著《蒋介石年谱》，中共党史出版社，1995，第 387 页。

③ 李以劻：《蒋介石下野后在福州召开军事会议前后》，中国人民政治协商会议全国委员会文史资料研究委员会编《文史资料选辑》第 32 辑，文史资料出版社，1962，第 137～138 页。

④ 李以劻：《蒋介石下野后在福州召开军事会议前后》，中国人民政治协商会议全国委员会文史资料研究委员会编《文史资料选辑》第 32 辑，文史资料出版社，1962，第 146 页。

第一，要求守卫闽江北地区的 74 军、106 军、96 军、25 军及独立 50 师、独立 37 师仍然坚守罗源、连江到福州西北之大潮、雪峰和古田附近一线。

第二，要求 96 军和独立 50 师积极准备收复古田；古田收复后应严加固守，以利于巩固福州外围各个据点。

第三，要求 73 军仍坚守平潭岛，加强据点，实行清乡，严格检查，封锁福清海口与平潭之间的交通。

第四，从台湾抽调部队增防闽江以北，以弥补其兵力之不足，并加强重火力配置。

第五，暂缓执行独立 50 师还 22 兵团建制的原决定，待古田收复后再视实际情况而定。

第六，要求守卫福州的 25 军、106 军及 74 军的 23 师迅速加强工事，在福州近郊各要点应立即构筑半永久性工事，并由福州绥署统一计划、征工征料。①

会议决定，由福州绥署主任朱绍良将以上六条固守福州的决策迅速部署实施。

福州临时军事会议还就机构调整、部队整编、后勤补给等问题做出了相应的决策。会后，蒋介石单独接见朱绍良、汤恩伯、李延年、王修身、陈士章、劳冠英、于兆龙、吉星文、李以矿等九位独立师师长以上将领，对他们多方慰勉，并面授应变机宜。他要求朱绍良明确福建在战略上的重要地位，从而在战前多加计划、部署，并亲自督战，以稳定局势；要求汤恩伯全面计划福建防务，制定出大陆要点守备和沿海岛屿守备两个方案，并亲自布防和督练；要求李延年死守福州，以巩固台湾外围。对各独立师师长以上干部，主要询问他们部队在人马、装备、训练、防务等方面的情况，听取他们对这次会议决定事项的感想和意见。

蒋介石回台后，即成立以陈诚为首的东南军政长官公署，并于 7 月 1 日开始行使职权。同时，成立国防部东南区点编委员会，以蒋鼎文为主任委员，以彻底核实东南各省兵员与装备，制定确保东南半壁江山的方案。福建分闽北和闽南两个点编组，由蒋鼎文亲率来闽，从 7 月 4 日至 15 日点

---

① 李以劻：《蒋介石下野后在福州召开军事会议前后》，中国人民政治协商会议全国委员会文史资料研究委员会编《文史资料选辑》第 32 辑，文史资料出版社，1962，第 138~139 页。

验完毕。这次点编，核实了一些部队的兵力，撤销和合并了一些部队番号，但总的效果不大。在整个点验过程中，各级官兵怨声载道。

为了执行蒋介石固守福州的主观幻想，96 军和独立 50 师各一部兵力，于 7 月 25 日向古田搜索前进。其先头部队遭到解放军阻击，颇有伤亡，被迫撤回，收复古田的幻想成为泡影。至于从台湾调兵入闽增援，更是艰难。台湾兵力已是捉襟见肘，到 7 月底才调来一个加强团和一个连的山炮兵，驻守马尾地区，真是杯水车薪，无济于事。

二

根据解放战争急速发展的新形势，鉴于渡江战役后蒋介石当局退守台湾，并以台湾作为反攻大陆基地的企图更加明显，中共中央军委开始研究渡海作战、解放台湾的问题。笔者认为，中共中央的决策和十兵团党委的坚决实施，对完成进军福建的任务，彻底粉碎蒋介石固守福州、把福建作为台湾屏障的企图起了决定性的作用。

其一，中共中央提早入闽、消除屏护台湾外围的决策，为粉碎蒋介石固守台湾的方针创造了先决条件。

中共中央认为，解放台湾必须要解决两个问题：一是迅速建立起一支近期可以使用的空军；二是清除屏护台湾的福建、浙江等地的国民党军队，占领攻台出发阵地。而在短期内不可能建立现代化空军、海军的情况下，占领攻台出发阵地显得尤其重要。为此，人民解放军需要首先解放浙江、福建两省以及沿海岛屿。对于毛主席和中央军委的这一战略决策，叶飞在几十年后写的回忆录中仍感慨地说："提前一年解放全中国的战略决策，这是毛主席伟大的气魄和胆略，贯彻将革命进行到底而不要半途而废的思想……一九四九年四月，胜利渡江解放南京后发表的、脍炙人口的诗句：'宜将剩勇追穷寇，不可沽名学霸王'，这个思想就表达得很清楚了。当我在写作叙述当年这一重大历史事件时，重读毛泽东同志这一著作及诗词，感到更为深刻和亲切。"①

---

① 叶飞：《叶飞回忆录》，解放军出版社，1988，第 572 页。

上海战役即将结束时，毛主席以中央军委的名义指示第三野战军："应当迅速准备提早入闽，争取于六、七两月内占领福州、泉州、漳州及其他要点，并准备相机夺取厦门。入闽部队只待上海解决，即可出动。"①5月7日上海解放。三野首长根据中央的部署，当即做出如下决定：第一，十兵团担任解放福建的任务，同时在入闽前增派张鼎丞任福建省委书记兼兵团政委。中共中央之所以确定这样的人选，主要是考虑到第十兵团司令员叶飞以前就是闽东苏区的负责人，张鼎丞是闽西苏区的创始人，他们长期生活在福建，可谓人地两熟。第二，中共中央在6月19日决定成立新的福建省委，以便迅速开展福建地区工作。中共中央华东局调集了一批干部南下，准备组建省各级党政机关。其中有从太行、太岳解放区抽调的原计划分配到苏南的干部，从山东、江苏、上海抽调的干部，还有从上海招收的两千余名受过教育的青年。第三，第九兵团担任上海市的警备及淞沪地区的海防，做好解放台湾的准备。

因此，中共中央提早入闽、消除屏护台湾外围力量的决策，以及迅速开展福建的各项工作，为粉碎蒋介石固守台湾的方针，创造了先决条件。

其二，闽浙赣省委积极支前，以及十兵团内部各兵种的协同作战，为福州战役的胜利打下了坚实的基础。

首先，十兵团党委派遣了一支精干的先遣队，很好地完成了支前任务。先遣队由较熟悉福建情况的29军参谋长、永春人梁灵光率领入闽。"先遣队下设政治、军事、后勤三个组，由兵团政治部敌工科长李甲、司令部侦察科长茅琛、后勤部粮秣科长夏勋成具体负责三个组工作"。② 任务是：一，侦察敌情，"了解敌人番号、兵力，防御部署和工事构筑情况"；二，为大军南下"筹集粮草、油、盐、蔬菜，并调运到部队各开进线上和集结点"；三，选择南下大军"开进道路，派遣工兵进行修桥补路"；四，"设法动员部分民工以备作战时使用"③。

其次，闽浙赣省委积极支援，配合做好支前工作。6月7日，先遣队

---

① 毛泽东：《向全国进军的部署》，1949年5月23日，中国人民解放军军事科学院编《毛泽东军事文选》，中国人民解放军战士出版社，1981，第337页。

② 梁灵光：《梁灵光回忆录》，中共党史出版社，1996，第228页。

③ 梁灵光：《梁灵光回忆录》，中共党史出版社，1996，第229页。

从苏州出发，12日进入福建浦城，经水吉、建阳，于14日到达建瓯闽浙赣省委所在地，受到省委书记曾镜冰等领导的热烈欢迎。随后，省委召开常委扩大会议，专门研究支前工作，决定由黄扆禹同志负责配合十兵团先遣队后勤组，筹集大军过境与集结所需的粮秣及做好其他有关事项；由粘文华同志抓支前民工、交通运输等工作；王一平同志配合十兵团先遣队政工组，搞好支前中的政治工作；由苏华同志带三个人和一部电台，秘密潜入福州城内，收集国民党军事部署的情况，并代表闽浙赣省委要求福州地区的地下党组织，闽中及其他地区的游击队，为迎接解放军，搞好护厂、护校等项工作，由曾镜冰、梁灵光同志负责抓总的工作。[①] 6月30日，省委发出《关于大军供应工作指示》，要求“福建党及福建人民都应认识解放大军入闽，是自己解放的事情，应以最大的努力，最吃苦的精神来支援大军”，做到“既能保障军需，又能不致造成混乱，影响民生”。指示还要求各县武装“应大部下乡掩护筹粮”，并“特别警惕地、富、特破坏，煽动群众骚动”。“运粮采取包运制”，并发给运粮费。[②] 为了认真贯彻在新区的筹粮政策，后勤组筹粮队在省委的支持下，还办了筹粮集训班。由于措施得力，政策到位，“截至7月中旬，共筹集大米710余万斤，柴草900余万斤，马料130多万斤，食油10万多斤，盐10万多斤”[③]。一个多月来，入闽先遣队克服了各种困难，顺利完成各项预定任务。

最后，三野后勤部对十兵团进军福建也很支持，提供了有力的后勤保障：发足兵团各部队3个月的经费及粮草票和药品；拨给黄金1000两；兵团及各军渡江前配备的民工、担架及子弟兵团、支前干部、粮站、供应站，仍全部随军南下；弹药的配给和运输，也给予很大支持。[④] 因此，十兵团10余万大军于7月上旬在叶飞、韦国清的率领下，从苏州地区出发，向福建进军，7月中旬到达建瓯、南平等地，随军南下的干部团15000人，民工3000人也先后到达福建。

---

① 梁灵光：《梁灵光回忆录》，中共党史出版社，1996，第234页。

② 《中共闽浙赣省委关于大军供应工作指示》（1949年6月30日），福建省档案馆、中共福建省委党史征委会闽浙赣办公室编《闽浙赣党史文件资料选编》，福建人民出版社，1987，第833~835页。

③ 夏勋成：《后勤纪事》，福建人民出版社，1988，第110页。

④ 夏勋成：《后勤纪事》，福建人民出版社，1988，第111页。

其三，叶飞和十兵团党委做出的解放福州的部署和最后选择的方案，对粉碎蒋介石固守福州的方针至关重要。

根据福建的敌情、地形，十兵团领导决定分两个阶段完成解放福建的任务。第一阶段：集中全力围歼福州地区的守军第六兵团，控制闽中，打开局面。第二阶段：乘胜南下，攻占泉州、漳州以及平潭、厦门等岛屿，歼国民党军第八、第二十二兵团，解放福建全省。

为了完成进军福建第一阶段的作战计划，十兵团多次召开作战会议，研究进攻福州的作战方案。当时曾设想了两种作战方案。第一方案是实行钳形大迂回，即逐地歼灭国民党军，切断其在陆上、海上的退路，向南迂回，占领福州以南的福清、永泰，从而分割福州朱绍良兵团和厦门方向汤恩伯兵团的联系，截断福州之敌从福厦公路南逃的退路。第二方案是向东迂回，攻占马尾，断敌海上退路。

两个方案相比较，执行第一方案难度较大：因为向南迂回的部队要从尤溪出发，翻越百余公里的崇山峻岭，然后从永泰出来攻占东张，才能夺取福清、宏路。一路全程 200 多公里，山多，山高，没有公路，只有山地小径，无法携带大炮，只能轻装。而且担任攻占马尾任务的部队只有两天的行程；而攻占福清、宏路的部队却要走五天，武器辎重不算，每人每天还要自带五天的干粮，天气酷热，翻山越岭，长途跋涉，确实辛苦。但是，司令员叶飞、政委韦国清和福建省委书记张鼎丞三人权衡再三，最后决心采用这一方案，在福州外围撒下一张大网，以求全歼敌人。

根据部署，十兵团三个军分左、中、右三路向福州进军，“以 31 军为左路军，由古田出发迅速攻歼连江、闽安、马尾守敌，断敌海上退路，尔后协同 28 军围歼福州守敌；以 28 军为中路军，沿闽江两岸正面推进，攻取福州城；以 29 军为右路军，从西向东，远程迂回，插入福州、泉州之间，攻占福清、宏路，阻止泉州、莆田方向的北援之敌，切断福州败军南逃之路。如敌集中全力向我左翼反击，28 军则积极攻击福州，策应 31 军作战；如敌南逃，29 军坚决阻击，其他两军自行跟踪追歼。兵团要求各部队独立自主机动作战，完成歼敌任务。”①

① 梁灵光：《梁灵光回忆录》，中共党史出版社，1996，第 240~241 页。

按照兵团的作战部署，各路军都制定了各自的具体作战方案。29 军每人携带 5 天干粮，从右路向东远程迂回，以每天百余里的急行军，迅速穿插敌后，其中 85 师奔袭福清渔溪，在那里构筑工事，控制福厦公路，阻击莆田可能来犯的援敌；86 师轻装袭永泰，于 11 日攻占永泰县城；87 师作为军预备队，随军部跟进，于 14 日进抵福清蓝色岭，建立军指挥部。正当 29 军准备向福清守敌发动进攻时，兵团部发现福州守敌有弃城逃窜迹象，急电 29 军迅速攻占福清、长乐、尚干，断敌退路。85 师随即于 15 日攻占宏路、福清，阻敌北援；17 日，86 师攻占长乐、营前；87 师攻占闽侯、青圃、尚干，协同 31 军封锁闽江口。29 军参谋长梁灵光说："我 29 军担负迂回敌后断敌退路的任务，在 5 天中长驱 200 多公里，克服了种种意想不到的困难，解放了永泰、福清、长乐三个县城，切断福厦公路，有效阻击了南逃之敌。"①

31 军作为左路军，按兵团部署，在军长周志坚、政委陈华堂率领下，于 8 月 6 日从古田出发，向福州进军，13 日攻占连江丹阳，接着向连江县城攻击前进，16 日占领连江县城，敌 74 军一部和 25 军大部被歼。随后又攻占闽安、马尾等要地，完全控制了闽江北岸，用炮火封锁了闽江航道，断敌海上退路。同时，从马尾向福州方向攻击前进，协助 28 军攻打福州城。

在左右两翼胜利进军的同时，8 月 7 日，28 军作为中路军，在军长朱绍清、政委陈美藻率领下，从建瓯出发，于 10 日翻越大夫岭，12 日进入古田县城。驻守雪峰、大湖之敌 96 军惊恐万状，弃阵撤逃。14 日，占领雪峰的我 82 师和 83 师尾追歼敌，占领大湖，紧接着又攻下江洋店，并于 16 日攻下小北岭、白沙、甘蔗、徐家村和闽清、溪口等地。于是，福州北大门被打开。至此，福州外围之敌基本被消灭，形成对福州的合围之势，守敌 106 军仓皇南逃。17 日拂晓，攻占小北岭的 82 师 245 团 3 营，在团政委孙乐洵的指挥下，首先从新店攻入福州市区，占领屏山后，迅速奔袭南台。在万寿桥的中洲岛，守敌构筑了阵地工事，掩护南逃之敌。我军迅即开展夺桥之战，经过激烈的争夺，保护了大桥。我 84 师一

① 梁灵光：《梁灵光回忆录》，中共党史出版社，1996，第 245 页。

部于 14 日“攻占溪口，截歼逃敌 120 余人；同时另一部南渡闽江，攻占白云渡，15 日攻占闽清、大小箬，守敌东逃。16 日 84 师沿闽江南岸追歼逃敌于溪口，17 日在 82 师和 83 师攻入福州城的同时，84 师经石门街进至南屿。敌千余人全部缴械投降。”[①] 敌 25 军和 96 军沿闽江溃退，这时见大势已去，遂折转向永泰方向逃窜。我 84 师歼灭南屿之敌后，翻越双峰山追歼逃敌 1200 余人，然后继续折向永泰追歼逃敌。从福州弃城南逃之敌万余人，从 16 日下午陆续渡过乌龙江向南溃退。“于 17 日至 18 日，被我 29 军截歼于尚干、青圃、官口、福清、长乐地区。”[②] 连蒋介石认为最忠诚的亲信、独立 50 师师长李以劻也于 19 日率残部向我 29 军投降。至 8 月 23 日，福州守敌除 73 军和 74 军各一部逃到平潭岛外，其余 5 万余人均被歼灭，这是十兵团以伤亡不足 500 人的代价取得的战绩。至此，蒋介石固守福州的幻想彻底破灭。

福州战役是解放军入闽后国共双方第一次大规模的会战，它为闽东南和福建全省的迅速解放奠定了坚实基础。福州解放后，国民党在福建南部的防御已无法抵挡人民解放军的攻势。1949 年 10 月 17 日，解放军顺利解放厦门，宣告了中共中央攻闽战略的成功，使企图凭借福建沿海岛屿建立防线的国民党军队受到更为沉重的打击。一周以后，爆发了金门战役。但是，由于存在轻敌情绪，解放军遭受到解放战争以来最大的一次重创。由于金门战役的失利，解放台湾的任务也不得不搁置下来。不言而喻，从屏障台湾的角度分析，解放金门行动的失败，的确为蒋介石当局提供了一个喘息的机会。因此，它的结局，从某种意义上可以说是一种标志，即标志着国共双方以攻守台湾为战略目标而在福建进行的攻守作战的结束，而开始了迄今为止的闽台军事对峙。新中国建立初期，中国共产党将解放台湾作为重要任务，并积极备战。但是，由于后来国际形势的风云变幻，特别是 1950 年 6 月 25 日朝鲜战争的爆发，美国的对台政策由对蒋撒手不管改为积极扶蒋反共。在朝鲜战争中，人民志愿军赴朝作战，使解放台湾的任务再次搁置。从此，海峡两岸长期分隔。但解决台湾问题，实现祖国统

---

① 陈景三：《战场纪事》，未出版。

② 陈景三：《战场纪事》，未出版。

一，是华夏儿女的共同心愿，是大势所趋！地处海峡西岸的福建仍是解决台湾问题的前沿阵地。由于地缘、人缘等诸多因素，闽台关系密不可分，这正是解放战争时期国共两党福州攻守战略的深刻启示。

原载《台湾研究》2005 年第 1 期

信仰文化编

去巫化与正统化：民间信仰的生存和发展之路

——以福建民间信仰为例

林国平

民间信仰的产生和发展，与巫觋文化密不可分。一方面，在民间信仰的神明体系中，有相当一部分就是从巫觋演化而来的，或者带有巫术的成分。另一方面，当这一类神明的影响扩大到一定程度时，其原有的巫觋身世或巫术成分便成为其继续扩大影响的障碍，信徒中的有识之士便开始重新编造神明的身世，改变其原有的巫觋身世，去除其巫术成分，即所谓“去巫化”。与此同时，面对历代王朝对民间信仰的压制和打击，为了求得生存和更大的发展空间，民间信仰主动依附统治者，争取合法地位，即所谓“正统化”。“去巫化”和“正统化”对于民间信仰的生存和发展至关重要。本文以福建民间信仰为例，就此问题进行初步探讨。

一　“好巫尚鬼”的传统与福建民间信仰

秦汉之前，中国大陆东南为百越的聚居地。《汉书·地理志》载：“自交趾至会稽七八千里，百越杂处，各有种姓。”① 居住在福建境内的人被称为“闽越”。闽越在文化上的重要特征之一是“信巫鬼，重淫祀”②。巫术

① 《汉书·地理志》，中华书局，1962，第1669页。

② 《汉书·地理志》，中华书局，1962，第1666页。

在闽越中十分流行，闽越人断发文身的习俗实际上就是原始巫术的“模仿术”。汉代刘向的《说苑·奉使》载：“（越人）剪发纹身，灿烂成章，以像龙子者，将避水神也。”原始巫术的另一种重要形式是以歌舞来媚神和娱神。福建华安县汰内村附近的九龙江支流汰溪边的仙字潭岩画，记录着闽越载歌载舞祭祀神明的场面。[①] 福建境内还有数十处无法辨认的所谓“仙篆”，其中有些可能也是记录闽人宗教祭祀歌舞的岩画。[②] 至今在福建还流行着闽越宗教祭祀歌舞的遗存鸟步求雨舞。[③] 秦汉以前，百越的巫术名扬天下，连汉武帝也十分推崇越巫。《史记》记载：“是时，（汉武帝）既灭两越（闽越和南越），越人勇之乃言‘越人俗鬼，而其祠皆见鬼，数有效。昔东瓯王敬鬼，寿百六十岁。后世怠慢，故衰耗’。乃令越巫立越祝祠，安台无坛，亦祠天神上帝百鬼，而以鸡卜。上信之，越祠鸡卜始用。”[④]

汉武帝元封元年（前 110），汉朝派大军入闽，灭亡了闽越，并将闽越的官吏、贵族、军队及部分百姓迁徙到江淮一带，以绝后患。福建人口由是锐减。但闽越族群并没有灭亡，一部分闽越人躲入深山老林，逃避汉军的追捕，后来有的与汉族融合。闽越人“好巫尚鬼”的传统也与陆续从中原传来的汉族巫术相结合，相沿成习。《后汉书》载：“会稽俗多淫祀，好筮卜。”[⑤]《隋书》说：“江南之俗……信鬼神，好淫祀。”[⑥] 宋代福州“每一乡率巫妪十数家。”[⑦] 泉州也是“华刹淫祠，山僧野觋，无处无之”[⑧]。直至明清时期，好巫尚鬼之风在福建等地区犹盛，有关文献记载颇多。

好巫尚鬼的传统在信巫不信医方面表现得最为突出。福建沿海地区气

① 盖山林：《福建华安仙字潭石刻性质考辨》，《美术史论》1988 年第 3 期。该文中提到的杀死“舞者”来祭神的说法似可商榷。笔者认为，被杀死的不可能是“舞者”，很可能是战俘。

② 详见弘礼《福建少数民族的摩崖文字》，《文物》1960 年第 6 期。

③ 详见叶明生《八闽傩文化形态概述》，《艺术论丛》第 7 辑，1992。

④ 《史记·封禅书》，中华书局，1959，第 1400 页。

⑤ 《后汉书·第五伦传》，中华书局，1965，第 1397 页。

⑥ 《隋书·地理志》，中华书局，1973，第 886 页。

⑦ 梁克家：《三山志》卷 9《公廨类三·诸县祠庙》，福州市地方志编纂委员会编，海风出版社，2000，第 119 页。

⑧ 乾隆《德化县志》卷 8《祠宇志》。

候潮湿炎热，中原汉族迁入后，许多人难以适应，发病率高。而唐代之前，福建沿海地区的医疗条件比较落后，一旦生病，不少人只好求助于巫觋，逐渐形成“信巫不信医”的陋习。唐宋以后，随着福建沿海地区经济文化的长足发展，医疗条件大有改善，医学水平也明显提高，但在广大农村，缺医少药的现象还普遍存在，加上传统习惯的影响，“信巫不信医”的风气并没有发生根本的改变。所谓“越人尚机而信杀，自古然尔。至今风俗不可革，人有疾且忧也，伶于巫觋之徒，戒之曰：‘参苓罔功，必须杀以为命，且有谤讪，惑众取媚’”[①]。北宋时，蔡襄回福建兴化做官，对“闽俗左医右巫，疾家依巫索祟，而过医门十才二三，故医之传益少”[②]的陋习深恶痛绝，大力提倡医药，“因择民之聪明者，教以医药，使治疾病”[③]。庆历六年（1046）蔡襄知福州时，曾请精通医学的何希彭从《太平圣惠方》中选出“便于民用”的药方6096方，抄录于木板上，立在衙门左右，广为宣传，并亲自作《太平圣惠方后序》，“晓人以巫祝之谬”，倡导百姓求医问药。[④]此后，其他一些州县的地方官也曾采取过类似的措施，力图改变信巫不信医的陋习，但因积重难返，收效甚微。宋代梁克家指出：“鬼神之为德不可掩也，而每为巫妪所累……庆历中，蔡公襄为守，尤深恶疾家依巫索祟之弊……然不择贵贱，愚者常易惑；不问富贫，弱者常易欺。故风俗至今未能尽革，每一乡率巫妪十数家，奸民与为道地，遇有病者，相为表里，既共取其货赀，又使其不得访医问药以死，如是者可痛也。”[⑤]直到明清和民国时期，信巫不信医的陋习仍在福建各地普遍存在。明代长乐人谢肇淛指出：“今之巫觋，江南为盛，而江南又闽、广为甚。闽中富贵之家，妇人女子，其敬信崇奉无异天神。少有疾病即祷赛祈求无虚日，亦无遗鬼。楮陌牲醪相望于道，钟鼓铙铎不绝于庭。”[⑥]

---

① 有关内容详见《徐仙翰藻》卷4《辠杀赋》，《正统道藏》第58册，台湾艺文印书馆，1977。

② 黄仲昭：《八闽通志》卷85《拾遗》。

③ 乾隆《海澄县志》卷15《风土》。

④ 黄仲昭：《八闽通志》卷85《拾遗》。

⑤ 梁克家：《三山志》卷9《公廨类三·诸县祠庙》，福州市地方志编纂委员会编，海风出版社，2000，第119页。

⑥ 谢肇淛：《五杂俎》卷6《人部二》，上海书店出版社，2009，第122页。

“好巫尚鬼”的传统，为福建民间信仰的滋生和发展提供了肥沃的土壤。汉代以后，随着大批汉族陆续迁入闽台地区和汉族与当地土著的不断融合，各地相继出现了规模浩大的造神运动，而“好巫尚鬼”的传统则为各地的造神运动提供了取之不尽的素材。翻阅地方文献，我们很容易发现，这一区域的许多地方神的原型就是由巫觋转变而来，或带有巫术的烙印。志称：“闽俗机鬼，故邑多丛祠……余或以神仙显，或以巫术显，皆民俗所崇敬者。”①

首先，部分女巫转化为女神。女巫生前装神弄鬼，骗取了百姓的信任，死后，一些“神通广大”的女巫被百姓奉为神灵。谢肇淛指出：“大凡吾郡人尚鬼而好巫，章醮无虚日，至于妇女祈嗣保胎，及子长成，祈赛以百数，其所祷诸神亦皆里妪村媒之属，而强附以姓名。”② 如在闽台沿海影响最大的妈祖，早在南宋时，廖鹏飞就认为她是女巫，生前“以巫祝为事，能预知人祸福。既殁，众为立庙于本屿”③。宋代的黄公度在《题顺济庙》诗中也有“平生不厌混巫妪，已死犹能效国功”句。④ 此说法后来被志书采纳，如《仙溪志·三妃庙》载：“顺济庙，本湄洲林氏女，为巫，能知人祸福，殁而人祠之，航海者有祷述必应。”在福建、浙江有较大影响的临水夫人也是女巫出身。临水夫人也称陈夫人、顺懿夫人、顺济夫人、陈十四娘娘等，其人物原型是唐代福建古田女巫陈靖姑。志称：“其神姓陈，讳靖姑，生于唐大历元年正月十五日，福州下渡人。适本县霍口里西洋黄演，由巫为神，乡人祀之，祷雨阳驱旱疠，与凡祈年求嗣，无不立应。”⑤ 在福建，由女巫演变为神灵的还有很多，如在莆田、仙游地区有较大影响的灵应夫人，“生为女巫，殁而人祠之。妇人妊娠必祷之，神功尤验”⑥。仙游县西的慈感庙之主神陈氏，“生为女巫，殁而人祠之，夫人妊娠者必祷焉”⑦。孚应女神，福清人，传说她姓陈，“能禁虎暴”，死后，

① 弘治《仙溪志》卷3《祠庙》。

② 谢肇淛：《五杂俎》卷15《事部三》，上海书店出版社，2009，第305页。

③ 廖鹏飞：《圣墩祖庙重建顺济庙记》，载莆田《白塘李氏族谱》。

④ 黄公度：《知稼翁集》卷上《题顺济庙》。

⑤ 嘉靖《罗川志》卷3《观寺志》。

⑥ 弘治《仙溪志》卷9《三妃庙》。

⑦ 弘治《仙溪志》卷9《祠庙》。

当地人在义泉岭立庙祭祀。

其次，不少男巫演化为神明。张标，是唐末福建有名的巫觋，他的拿手好戏是“祷冥府”，与死去的人对话，“因言其家事，委曲皆中，人以为神”①。广泛分布在福建上杭、武平、永定等地的黄仙师庙之主神黄七，是当地有名的巫觋。相传上杭未置县时，妖怪虎狼经常出没，伤害百姓，“巫者黄七以符法治之，因隐身入于其石不出。石壁隐映有人影，望之俨若仙师像。按旧志，未县前有妖怪虎狼为民害，黄七翁父子三人往治之，因隐身入石，群妖遂息。每风雨时，石中隐隐有金鼓声”②。元明清时，上杭县至少有14座黄仙师庙，武平县至少有6座黄仙师庙，永定县也有若干座黄仙师庙。至今，黄仙师在上杭县仍颇有影响。县西的黄仙师庙楹联写道：“虎跨三川临福地，龙回一邑卫杭川”，说明上杭人把黄仙师作为地方保护神来奉祀。崇安县有巫翁吉师者，“事神著验，村民趋向籍籍。绍兴辛巳九月旦，正为人祈祷，忽作神言曰：‘吾当远出，无得辄与人问事治病。’”遂去世，百姓建庙奉祀。③ 仙游县林义，“生为巫医，殁而有灵”。百姓在县西建兴福庙祭祀。④ 古田县东北有显应庙，主神黄师盖，“善巫术，殁于宋景德间，葬竹州，遂祠焉”⑤。在闽东一带广为流传的闾山派的师公，死后被奉为神明、立庙祭祀的不在少数，如“威惠侯祠，祀陈孺。有幻术，得庐山之法。宋，邑多虎，孺□而除之。见梦于邑令林子勋，事闻，朝赐□号，祀家庙”⑥。“张四公，集宁里张家山人。与曹四公结为兄弟，同往闾山学法。殁后，子孙塑像祀之。英灵赫濯，亦与曹四公无异，凡有时气瘟疫，祷之立应。”⑦ 至今在民间，仍有多座供奉曹四公和张四公的宫庙。据实地调查，闽东地区现存的师公庙至少有64座。⑧

最后，一些精通巫术的僧尼道士也被奉为神明。如宋代福安陈药山、漳

---

① 民国《福建通志》总卷47《福建道士传》。

② 黄仲昭：《八闽通志》卷59《祠庙》。

③ 洪迈：《夷坚志》第2册，何卓点校，中华书局，1981，第585页。

④ 弘治《仙溪志》卷9《祠庙》。

⑤ 黄仲昭：《八闽通志》卷58《祠庙》。

⑥ 万历《福安县志》卷2《营缮志·坛祠》

⑦ 康熙《宁洋县志》卷12《杂事志·道释》。

⑧ 详见宁德市民宗局《宁德市民间信仰活动场所调查表》，2006；钟雷兴主编《闽东畲族文化全书》之《民间信仰卷》与《文物卷》，民族出版社，2009。

州陈泥丸、建宁道士叶法广、漳州的保生大帝、武夷山的扣冰古佛、僧惠吉等擅长以巫术给人治病，死后被奉为神明。另外，长溪和尚幼安、德化袒膊和尚、仙游九座禅师、安溪显应禅师、圆光禅师、漳州窈然和尚、三平祖师、安溪清水祖师、汀州的定光古佛、伏虎禅师等，都掌握独特的巫术，生前能为百姓排忧解难，死后百姓便奉之为神明，拜倒在他们脚下。①

总之，越人“好巫尚鬼”的传统，与陆续从中原传来的汉族巫术相结合，相沿成习，为福建民间信仰的滋生和发展提供了肥沃的土壤。福建民间神明众多。《重纂福建通志》指出：“自城邑至村庐，淫鬼之有名号者不一，而所以为庙宇者，亦何啻数百所……一庙之迎，动以十数像。”② 其中不少神明是从巫觋演变而来的，或者深深地打上了巫术的烙印。福建民间信仰特别发达与“好巫尚鬼”的传统密不可分。

二 民间信仰去巫化的主要途径

巫觋是沟通人神的媒介。在上古社会，巫觋在政治、文化上享有较高的地位。汉代以后，占据思想统治地位的儒家视巫觋为怪力乱神，巫觋的社会地位日渐衰落。自唐至清，巫觋的地位一落千丈，其形象也多有负面色彩。当某个巫觋出身或带有巫术成分的神明的影响不断扩大，上升为地区、行业保护神，甚至成为跨地区、跨行业的保护神时，该神明原来的巫觋身世与不断提升的神格就会不可避免地发生矛盾，成为其继续扩大影响的障碍，信徒中的有识之士便开始重新编造神明的身世，改变其原有的巫觋身世，去除其巫术成分。主要途径有三种。

（一）编造新的家世

唐宋以后，从事巫觋的人，或世代为巫，或由于某种机缘巧合，多数是贫困家庭出身，易言之，富贵之家的人一般是不会从事巫觋职业的。因此，善男信女在为其所崇拜的神明进行“去巫化”时，首先要做的就是为

① 详见林国平、彭文宇《福建民间信仰》，福建人民出版社，1993；徐晓望《福建民间信仰源流》，福建教育出版社，1993。

② 道光《重纂福建通志》卷 56《风俗》。

该神明编造新的家世，或说是书香门第，或说是官宦之家。最典型的例子莫过于妈祖了。前面说过，妈祖是一个女巫，这在宋代的文献中多次提到，没有人提出异议。到了元代，随着妈祖神格的提升，影响的扩大，其信徒就开始重新编造妈祖的家世。大德七年（1303），黄渊在《圣墩顺济庙新建蕃釐殿记》中就有“赫赫公家，有其济女，生也圣哲，岳钟渎聚”①的诗句，暗示妈祖出身于一个显赫家族。紧接着，程瑞学就说妈祖为“兴化都巡君之季女”②。明代彭韶进而说妈祖是“都巡检愿之季女”③。黄仲昭则说妈祖是“都巡检孚之第六女”④。清代，《天妃诞降本传》《天后本支世系考》全面编造妈祖世系，考定从始祖“九牧林”到妈祖之兄八世的家谱⑤，最终目的也是说明妈祖为官宦之后，出身高贵，潜台词是妈祖不可能从事女巫这样低贱的职业。无独有偶，临水夫人陈靖姑的巫觋身世，到了明代后期也发生变化，如《绘图三教源流搜神大全》称其“父陈议，拜户部郎中”。

（二）塑造新的形象

巫觋一旦成为神明，随着其影响的逐渐扩大，信徒中的精英就开始去除其巫觋色彩，重塑其形象。仍以妈祖为例，明代的《三教源流搜神大全》卷四编造出这样的故事：妈祖的母亲陈氏，“尝梦南海观音与以优钵花，吞之，已而孕，十四月始娩身得妃，以唐天宝元年三月二十三日诞。诞之日，异香闻里许，经旬不散。幼而颖异，甫周岁，在襁褓中见诸神像，叉手做欲拜状。五岁能诵《观音经》，十一岁能婆娑按节乐神”。兄弟四人经商，往来海岛间。一日遇海难，妈祖“乃出元神救弟兄也”，“年及笄，誓不适人，即父母也不能强其醮。居无何，俨然端坐而逝，芳香闻数里，亦就诞之日焉”。到了清代，陈池养作《林孝女事实》，彻底去除其巫觋色彩，最终完成了对妈祖新形象的塑造：“林孝女系出莆田，唐邵州刺

---

① 黄渊：《黄四如文集》卷4《圣墩顺济庙新建蕃釐殿记》。

② 程瑞学：《积斋集》卷4《灵济庙事迹记》。

③ 黄仲昭：《八闽通志》卷59《祠庙》。

④ 黄仲昭：《八闽通志》卷59《祠庙》。

⑤ 参见蒋维锬《妈祖传记素材的几个问题》，《妈祖研究文集》，海风出版社，2006，第196~197页。

史蕴九世孙。曾祖保吉，周显德中为统军马使，弃官归隐湄洲屿。祖孚，龚勋为福建部督。父惟悫为宋都巡官。孝女次六，其季也。生弥月不啼，因名曰默。八岁，从塾师读，悉解文义，喜育经礼佛。年十六，随父兄渡海，西风甚急，狂涛怒撼，舟覆，孝女负父泅到岩，父竟无恙，而兄没于水。又同嫂寻其兄之尸，遥望水族辏集，舟人战栗，孝女戒勿忧，鼓木世成前，忽见兄尸浮水面，载之归葬，远近称其孝女……自是矢志不嫁，专以行善济人为己任，尤多于水上救人。殆海滨之人，习于水性，世因称道其种种灵异，流传不衰，里人立祠祀之，号曰通贤圣女。厥后，庙宇遍天下，累膺封赐，而称以夫人、妃、后……生于建隆元年二十八。”[①] 显然，重塑妈祖形象的价值取向是儒家的伦理道德。

（三）披上道释二教的外衣

在中国古代，道教和佛教被奉为正统宗教，得到统治者的扶植。如果民间信仰能够披上道教和佛教的外衣，虽然无法享有道教和佛教的特权，但也可以沾点光，甚至起到鱼目混珠的作用。至迟在元代，《圣墩顺济庙新建蕃釐殿记》就说妈祖“即普陀大士之千亿化身”[②]。明代《三教源流搜神大全》据此编造出妈祖之母在梦中吞下观音赐予的优钵花才怀上妈祖的故事，使妈祖在出生前就与佛教结缘。《天妃娘妈传》第二回说天妃在下凡前，观音曾经“口念经咒，足步法文”，传授给她降魔伏妖法力。[③] 明代后期，出现了《观音大士说天妃娘娘经》，进一步确认观音与妈祖的主从关系。妈祖与道教产生联系比佛教更早，宋代就初见端倪。明清时期，妈祖信仰中的道教色彩浓厚，相关传说故事很多。如明代编写的《太上老君说天妃救苦灵验经》，被收入《正统道藏》中，妈祖正式被纳入道教信仰体系，成为太上老君的下属，并统领一大批道教神仙。明末清初编撰的《天妃显圣录》收录有窥井得符、机上救亲、化草救商、挂席泛槎、铁马渡江、祷雨济民、降伏二神、收伏晏公、灵符回生、伏高里鬼、奉旨锁龙、收伏嘉应嘉佑、湄山飞升等道教色彩浓厚的传说故事。临水夫人信仰

---

① 黄渊：《黄四如文集》卷 4《圣墩顺济庙新建蕃釐殿记》。

② 黄渊：《黄四如文集》卷 4《圣墩顺济庙新建蕃釐殿记》。

③ 吴还初：《天妃娘妈传》，春风文艺出版社，1994，第 26 页。

也主动攀附道教和佛教。一方面，其信徒编造了临水夫人为观音的指血变化而成的传说。《绘图三教源流搜神大全》记载，西凉嘉兴元年（417），蛇母兴灾吃人，占据古田县的山洞，当地百姓建宫庙，以安其灵，并许愿每年重阳节送童男童女祭祀，遂不为害。大历元年，观音菩萨赴会，返回南海时，“忽见福州恶气冲天，乃剪一指甲，化作金光一道，直透陈长者葛氏投胎”。另一方面，编造临水夫人为道教弟子的故事。《晋安逸志》记载，陈靖姑的法术来源于一位不知名的老婆婆。她17岁时给隐居山中学道的哥哥著名道士陈守元送饭，途中遇到一个要饭的老婆婆，就把饭送给她吃了。这老婆婆原来是有道行的仙人，便教陈靖姑符术，驱使五丁。后来皇后难产，陈靖姑运气用法术赶到后宫，帮助皇后生下了太子。宫娥上奏，皇帝大悦，封陈靖姑为“都天镇国显应崇福顺意大奶夫人”，并在福建古田为其建庙。陈靖姑学成后，把法术传授给哥哥陈守元。《绘图三教源流搜神大全》说，陈靖姑的哥哥在与蛇妖斗法中不幸失败，幸得其师父救助，将其用金钟罩住，妖怪和人都不能靠近。为了救兄报仇，陈靖姑前往闾山学法，得到驱雷破庙罡法，打破蛇洞，斩除蛇妖，救出哥哥。从临水夫人信仰的各种仪式来看，应该说，临水夫人信仰与道教的关系要比佛教密切得多。民间信仰的神明披上道教和佛教的外衣，在客观上也达到了“去巫化”的效果。

综上所述，民间信仰去巫化的三种基本途径，并行不悖，且多同时进行，但孰轻孰重则因不同神明而异。去巫化的进程也不是一蹴而就的，往往会经历相当漫长的历史，经过几代人的不懈努力才最后完成。

三　民间信仰正统化的基本策略

《礼记·曲礼》云：“非其所祭而祭之，名曰淫祀。”[①]《汉书·郊祀志上》认为，天子以至庶人的祭祀，都有相应的典礼制度，不合典礼的各类祭祀，即为应当禁止的淫祀，所谓“各有典礼，而淫祀有禁”[②]。汉唐时

① 孙希旦：《礼记集解》卷6《曲礼下》，中华书局，1989，第152页。

② 《汉书》卷25《郊祀志上》，中华书局，1962，第1194页。

期，政府对“淫祀”采取以打击为主的政策，仅狄仁杰巡抚江南时就拆淫祠1700多座，所谓“吴楚多淫祠，仁杰一禁止，凡毁千七百房，止留夏禹、吴太伯、季札、伍员四祠而已”[①]。唐中期之后，对“淫祀”的打击虽有所松懈，但因地方长官的好恶而毁淫祠的事件时有发生，如宋景德年间，福建古田县令李堪就“毁淫祠数百”[②]。明代，延平知府欧阳铎“毁淫祠数十百所，以其材葺学宫”[③]。顺昌知县马性鲁、惠安知县叶春及也先后在治内禁止民间信仰。[④] 面对历代王朝对民间信仰的政策，民间信仰的去巫化尚不足以使之合法化，只有主动依附统治者，往正统化方向转变，才有可能求得更好的生存和发展空间。

第一，争取朝廷的封敕或赐额。

在中国古代，皇权高于一切，任何事物只要与皇权沾上边，就风光无限。民间信仰的信众也清楚地认识到这一点，并千方百计加以利用。他们通过各种关系把自己所信奉的神明的种种灵异故事上报朝廷，争取获得朝廷的赐封或赐庙额。民间神明一旦得到朝廷的敕封，或所在宫庙得到朝廷的赐额，即表明其拥有正统的地位，可以避免被列为“淫祀”而遭拆毁，为其生存和延续提供有力的保障。[⑤] 自唐末至明，福建民间为神明请求敕封和赐额蔚然成风。据林拓先生统计，政书中记载的敕封福建地方神明的事例有130次，赐庙额的有107次，而方志中记载的敕封福建地方神明的事例多达242次，赐庙额的有159次。[⑥] 与现实相比，文献记载的敕封地方神明和赐庙额的事例只是极少数。至今仍受闽台民间奉祀的神明和其所在的宫庙，大多数有朝廷敕封的各种各样的封号和赐额。至于这些封号和赐额的来源，多是民间传说，没有任何文献记载，令人对其真实性不免产生怀疑。

我们知道，关于敕封民间神明或赐庙额，朝廷有一套相当严格的规

---

① 《新唐书·狄仁杰传》，中华书局，1975，第4204页。

② 万历《古田县志》卷7《庙祠》。

③ 《明史·欧阳铎传》，中华书局，1974，第5364页。

④ 《明世宗实录》“嘉靖九年二月辛未”条、叶春及《惠安政书》卷16《离社篇》。

⑤ 《莆田县志》卷18《建设志·坛庙》记载，明代正德戊辰（1508），莆田知县雷应龙拆毁淫祠，龙官显应庙因保存有宋代咸淳七年敕封“佑文侯”的敕书而幸免。

⑥ 林拓：《文化的地理过程分析》，上海书店出版社，2004，第364~366页。

制。史称："诸神祠无爵号者赐庙额，已赐额者加封爵，初封侯，再封公，次封王，生有爵位者从其本封。妇人之神封夫人，再封妃。其封号者初二字，再加四字。如此，则锡命驭神，恩礼有序。欲更增神仙封号，初真人，次真君。"① 请封和敕封的过程相当烦琐。宋代庆元年间的法律规定："诸道释神祠祈祷灵应（谓功迹显著、惠利及人、载于祀典者），宜加官爵封号庙额者，州具事状保明申转运司，本司委邻州官躬亲询究，到委别州不干碍官复实讫，具事实保奏本司。"② 也就是说，先由神明所在地方官将神明的种种灵应上报州转运使，州转运使委派邻近州官前去调查和核实。若情况属实，再呈送尚书省，尚书省再发送礼部勘验，经核实后，再送到太常寺书判，拟定封号。而后，由太常寺将所拟封号送回礼部复准，接着送回尚书省，最后由尚书省起草敕封文书，下达赐予神明封号或庙额的诏令。③ 请封和敕封整个过程所需时间长短不一，短则一二年，长者数十年，其间还得有人在朝廷疏通关节才能顺利。以闽台影响较大的清水祖师信仰为例，南宋时期清水祖师先后四次获得敕封，封号从最初的"昭应大师"，到最后的"昭应广惠慈济善利大师"，前后用了 70 年时间，消耗大量人力物力。④ 清水祖师的请封、敕封过程都有详尽的文献记载。我们从中可以得到这样的历史信息：地方神明要想得到朝廷的敕封，绝非易事，只有少数神明在士绅的共同努力下，才能得到封号。因此，可以肯定地说，闽台民间诸神的诸多敕封封号和赐额，多数是信徒伪造的，其目的在于抬高所信奉神灵的地位。这种做法反映了民间信仰具有浓厚的正统意识。

第二，尽可能与帝王攀上关系。

在闽台民间，流传着许多有关地方神明显灵拯救落难皇帝或为帝王治病的传说。如闽南广泛流传着保生大帝显灵帮助宋高宗乘坐泥马横跨黄河的传说，又有保生大帝显灵帮助朱元璋在鄱阳湖大败陈友谅的故事。⑤ 莆田也有威武圣侯显灵帮助陆秀夫驱逐元兵，保护圣驾，皇帝钦赐威武圣侯

① 《宋史》卷 105《礼八》，中华书局，1977，第 2561 页。

② 陆心源：《吴兴金石记》卷 12《仁济庙加封敕牒碑》。

③ 韩森：《变迁之神：南宋时期的民间信仰》，包伟民译，浙江人民出版社，1999，第 88 页。

④ 林国平、彭文宇：《福建民间信仰》，福建人民出版社，1992，第 297~298 页。

⑤ 详见凌志四主编《台湾民俗大观》第 4 册，大威出版社，1985，第 100 页。

“帝懋乃功”匾额的传说。台北广照宫主神的原型为乌龟，传说曾经背负落难的皇帝过江，被敕封为“飞天大圣”。[①] 新竹城隍庙原是县城隍，后因为其救皇子有功而被晋封为威灵公，具有府城隍的神格。[②] 至于神明显灵治愈帝王的疑难杂症而获得封赐的传说故事，更是民众最喜欢编造的类型。笔者收集到的流传于闽台民间的此类传说故事就有十多个，诸如玄天上帝显灵为唐帝治病、真觉添志大师显灵治愈宋徽宗陈太后疾病、临水夫人先后显灵治愈唐王皇后和救治道光帝皇后难产、清水祖师与安溪城隍和罗内境主显灵治愈宋仁宗母后的乳疾，二徐真人显灵为永乐帝和皇后治病、保生大帝显灵治愈永乐帝后的乳疾、田公元帅显灵为太后治病、惭愧祖师显灵为皇后治病、圣公爷显灵救治皇后产厄、广泽尊王显灵治愈雍正皇帝疾病等，许多故事的情节大同小异，意在为所奉祀的神明涂上一层神圣的光环，打上正统性的烙印。[③]

第三，显灵帮助官兵打胜仗，靖国保民。

地方神明显灵帮助官兵打仗，剿灭叛军或匪徒，靖国保民的传说故事最多，几乎成为民间信仰的共性。一方面，统治者通过编造神话来鼓舞士气，并借神明显灵庇佑来表明征伐的正义性。如清廷在收复台湾的过程中，打出了妈祖庇佑的旗号征讨郑成功。康熙十九年（1680）清军征剿厦门，因妈祖显灵帮助，初战告捷，朝廷敕封妈祖为护国佑民妙灵昭应弘仁普济天妃；康熙二十三年（1684），施琅宣称在妈祖的庇护下统一台湾，为妈祖请功，朝廷敕封其为护国佑民妙灵昭应仁慈天后。另一方面，民间通过编造阴功助战的神话来表明其正统的政治立场。如传说莆田莆禧地方一有倭犯，民众就到“保卫宫”祈求张巡、许远、雷万春三神明助战护城，莆禧“天后宫”的妈祖也派千里眼、顺风耳率山神、土地神帮助民众抗击倭寇。莆禧城隍也因抗倭有功而被封为威灵公，具有府城隍的神格。据传，嘉靖年间，倭寇围攻莆田莆禧城五十多天，军民由于长期守城，有些疲惫。正当守兵倦怠疏忽之际，倭寇想突袭，却发现“神灯四布，夜夜

① 详见陈乃蘖《本市寺庙灵显传说·广照宫》，《台北文物》第 9 卷第 1 期，第 4256 页。

② 详见凌志四主编《台湾民俗大观》第 4 册，大威出版社，1985，第 65 页。

③ 林国平：《闽台民间信仰源流》，福建人民出版社，2003，第 394~396 页。

绕城。而寇望城生畏，自溃鼠窜，城而不陷”①。有人看到灯上写有“城隍”二字，才知是城中城隍显灵，出神兵以助战。事后，知府上报朝廷，皇帝赐城隍黄袍，并敕封其为“威灵公”，以彰其灵。② 澎湖城隍也有类似的传说。光绪十一年（1885），法军攻占马公，居民避难于附近的白沙岛，因城隍显灵，大雨倾盆而下，法军大炮哑火，居民幸免于难。中法议和后，通判奏请朝廷加封澎湖城隍为“威灵公”。③ 类似的传说大多源于虚构，但在民间却广为传播，世代相传。人们希望借助这些传说表明其政治立场，为神明争取敕封，这样既可使神明获得正统化的标志，也可抬高神明的地位，扩大神明的影响。

综上所述，民间信仰正统化的基本策略是皇权专制主义的必然产物，也是民间信仰合法化的必由之路。成功地运用上述三种基本策略，最终获得合法的身份，被列入官方祀典的范例并不是太多，但绝大多数民间信仰都会心向往之，并孜孜不倦地去追求。

结　论

“去巫化”是民间信仰发展到一定阶段的产物，虽然只是在源于巫觋或巫术色彩浓厚的某些民间信仰中发生，并不具有普遍性，但对民间信仰的发展起着不可低估的作用。“去巫化”既消除了善男信女心中难言之痛，也为民间信仰的“正统化”做了舆论准备。而民间信仰的“正统化”则具有普遍性，是古代中央集权统治的必然产物，贯穿帝制时代的始终，而且越是到帝制时代后期，民间信仰的“正统化”要求就越是强烈。“去巫化”和“正统化”是否成功，会在很大程度上决定民间信仰的生存和发展空间，甚至决定民间信仰的生死存亡。

原载《世界宗教研究》2013 年第 1 期

① 《敕封守御城隍大神碑文·凤岭鼎建鲤江城隍庙碑记》（现存莆田涵江鲤江庙）。

② 莆田县地方志编撰委员会、莆田县民俗学会编《莆禧“所城”杂记》（内部资料），1997，第 35 页。

③ 详见凌志四主编《台湾民俗大观》第 4 册，大威出版社，1985，第 71 页。

闽台民间信仰的由来与社会基础

林国平

自古以来，闽台民间信仰特别发达，林立的宫庙、成百上千的神灵、频繁的宗教活动、众多的信徒构成了闽台民间信仰的基本特征。闽台民间信仰滋生的土壤是什么？这种信仰是怎样形成的？是如何对外传播的？其社会基础又是什么？本文旨在就这些问题进行初步探讨。

一 “好巫尚鬼”的传统与民间信仰的滋生

秦汉之前，中国大陆东南为百越的聚居地，居住在福建境内的人被称为“闽越”。同一时期居住在台湾的土著民族的族属问题十分复杂，他们是在不同时期，从不同地方迁徙入台的，其中最主要的一支是从福建迁徙入台的闽越人。在泰雅人中至今仍流传着其祖先来自大陆的说法，略云上古时期有兄妹二人为了朝拜太阳，由大陆漂到台湾，后来两人成婚，繁衍了泰雅人的子孙。

闽越人在文化上的重要特征之一是“信巫鬼，重淫祀”[①]。巫术在闽越人中十分流行。闽越人断发文身的习俗实际上就是原始巫术的“模仿术”，即剪去头发，在身上刺上蛇的图案，以吓走水怪。汉代刘向所著《说苑·奉使》载：“（越人）剪发纹身，灿烂成章，以像龙子者，将避水神也。”在相当长的历史时期内，闽越人的后裔一直保留着断发文身的习俗。《隋书》记载台湾土著妇女手臂上有“虫蛇”花纹。直到清代，台湾高山族仍

① 《汉书·地理志》，中华书局，1962，第1666页。

有断发文身之俗。

原始巫术的另一种重要形式是以歌舞来媚神和娱神。福建华安县汰内村附近的九龙江支流汰溪边有一处仙字潭摩崖石刻，在高约 6 米，宽约 30 米的峭壁上，刻着多组风格相近、似字又似画的纹样，“人莫能识”，遂有“仙字”“仙篆”“天书”“雷劈显字”等带有神话色彩的说法。近年来，学术界开展了对仙字潭摩崖石刻的研究，多数人认为仙字潭摩崖石刻是汉以前闽越人的作品，但在摩崖石刻的性质和内容等问题上则众说纷纭。[①] 笔者认为，仙字潭摩崖石刻是闽越人留下的岩画，记录着闽越人载歌载舞祭祀神灵的场面。实际上，福建境内还有数十处无法辨认的所谓“仙篆”，从有关文献“如龙蛇纠缠不可识”之类的记载来看，其中有些可能也是记录闽人宗教祭礼歌舞的岩画。[②] 另外，至今还在福建流行的鸟步求雨舞和拍胸舞，实际上也是闽越人宗教祭祀歌舞的遗存。台湾高山族至清代仍保留着许多原始宗教歌舞活动，无论是收成、猎归，还是出战、酬神，都要载歌载舞以媚神，俗称“番舞”。舞者十余人至数十人，手拉着手，围绕着熊熊燃烧的篝火，有节奏地跺脚、跳跃、摇身、摆手。他们相信通过舞蹈可以博得神灵的欢心，祈福禳灾。

汉武帝元封元年（前 110），汉王朝派大军入闽，灭亡了闽越，并将闽越的官吏、贵族、军队及部分百姓强制迁徙到江淮一带，以绝后患。但闽越族群并没有灭亡，一部分闽越人躲入深山老林，逃避汉军的追捕，后来有的与汉族融合，有的则成为蜑民，有的成为后来台湾高山族的祖先。越人“好巫尚鬼”的传统也没有退出历史舞台，而是与陆续从中原传来的汉族巫术相结合，相沿成习。宋代福州“每一乡率巫妪十数家”[③]。泉州也是“华刹淫祠，山僧野觋，无处无之”[④]。直至明清时期，好巫尚鬼之风在福建等地区犹盛，有关文献记载颇多。明代长乐人谢肇淛指出：“今之巫觋，

---

① 关于华安仙字潭石刻的性质，有“文字说”和“岩画说”之争。关于石刻所反映的内容则有图腾说、事件说、征战说、宴饮说、纪功说、地界说、生殖崇拜说、祭祀说、舞蹈说、媚神娱神说等不同看法。详见福建省考古博物馆学会编《福建华安仙字潭摩崖石刻研究》，中央民族学院出版社，1990，第 4~5 页。

② 弘礼：《福建少数民族的摩崖文字》，《文物》1960 年第 6 期。

③ 梁克家：《三山志》卷 9《公廨类三 · 诸县祠庙》。

④ 乾隆《德化县志》卷 8《祠宇志》。

江南为盛，而江南又闽、广为甚。闽中富贵之家，妇人女子，其敬信崇奉无异天神。少有疾病即祷赛祈求无虚日，亦无遗鬼。楮陌牲醪相望于道，钟鼓铙铎不绝于庭。”① 《龙岩县志》说：“南人好鬼，振古如兹。石或称公，树或能灵。泥塑皂隶，更呼爷爷。疾病掉臂医门，乞灵木偶。道醮僧经，乩方神药。子以此为孝，弟以此为弟。舍田入寺以佞佛，而祠产族田，注意及焉者少；择地葬亲以求福，而椎埋盗骨、因利忘义之事多。运道贵于通利，乃滩石开筑，以为有伤地脉，是自梏也；屋宇宜于高燥，乃以外高中凹为聚气，是以沮洳也为乐土也。岩地山岚瘴疠，异气钟为金蚕，饮食中毒，万虫入腹。事固非尽荒谬，乃妇人疑鬼疑神，谓蓄虫之人，弹指即可杀人，侧目亦能施毒。子女风寒偶中，泻药妄投，往往误死。”②

明中期以后，大批福建人陆续迁居台湾。当时台湾尚未开发，到处是密林杂草，加上地处亚热带，高温潮湿，病菌易于繁殖，瘟疫蔓延，严重地威胁移民的生命。《台湾外纪》载：“台地初辟，水土不服，病者即死，故各岛搬眷，俱迁延不前。”《海上见闻录》卷二亦载：“初至，水土不服，疫疠大作，病者十之八九，死者甚多。”康熙《台湾府志》称：“水土多瘴，人民易染疫病。”③ 直到清代后期乃至近代，台湾地区的瘟疫仍时常发生，而当时的医药又无法有效地控制瘟疫的蔓延，因此，福建本土尚鬼和信巫不信医的陋习很快在台湾扎下根来。嘉庆《续修台湾县志》称：“俗信巫鬼，病者乞药于神……亦皆漳、泉旧俗”。④ 《东瀛识略》曰“南人尚鬼，台湾尤甚，病不信医而信巫。有非僧非道专事祈禳者曰客师，携一撮米往占曰米卦；书符行法而祷于神，鼓角喧天，竟夜而罢。病即不愈，信之弥笃。”⑤

“好巫尚鬼”的传统，为各地的造神运动提供了取之不尽的素材。许多地方神的人物原型就是巫觋，或带有巫术的烙印。谢肇淛指出：“大凡

① 谢肇淛：《五杂组》卷6《人部二》，上海书店出版社，2009，第122页。

② 民国《龙岩县志》卷21《礼俗志》。

③ 康熙《台湾府志》卷7《风土志》。

④ 嘉庆《续修台湾县志》卷1《地志·风俗》。

⑤ 丁绍仪：《东瀛识略》卷3《习尚》，台湾银行经济研究室编《台湾文献丛刊》第2种，台湾银行，1957，第35页。

吾郡人尚鬼而好巫，章醮无虚日，至于妇女祈嗣保胎，及子长成，祈赛以百数，其所祷诸神亦皆里妪村媒之属，而强附以姓名。”①

第一，由于闽台地区女巫特别多，导致女神特别多，且影响大。女巫生前装神弄鬼，百姓信以为真，死后，一些女巫被奉为神灵。如在闽台沿海影响最大的妈祖，早在南宋时，廖鹏飞就认为她是女巫，生前“以巫祝为事，能预知人祸福。既殁，众为立庙于本屿。”② 在闽台影响较大的临水夫人也是女巫出身，志称：“其神姓陈，讳靖姑……由巫为神，乡人祀之，祷雨阳驱旱厉，与凡祈年求嗣，无不立应。”③

第二，不少男巫也被塑造成地方神。张标，是唐末福建有名的巫觋，他的拿手好戏是“祷冥府”，与死去的人对话，“因言其家事，委曲皆中，人以为神。”④ 广泛分布在福建上杭、武平、永定等地的黄仙师庙，其主神黄七，原是当地有名的巫觋。相传上杭未置县时，妖怪虎狼经常出没，伤害百姓，“巫者黄七以符法治之，因隐身入于其石不出。石壁隐映有人影，望之俨若仙师像。按旧志，未县前有妖怪虎狼为民害，黄七翁父子三人往治之，因隐身入石，群妖遂息。每风雨时，石中隐隐有金鼓声。”⑤ 崇安县有巫翁吉师者，“事神着验，村民趋向籍籍。绍兴辛巳九月旦，正为人祈祷，忽作神言曰：“吾当远出，无得辄与人问事治病。”百姓建庙奉祀。⑥ 仙游县林义，“生为巫医，殁而有灵”。百姓在县西建兴福庙祭祀。⑦ 古田县东北有显应庙，主神黄师盖，“善巫术，殁于宋景德间，葬竹州，遂祠焉”⑧。后来还被封为灵佑侯。莆田林康世，“生而神异，殁后百余年，大着灵响”⑨。百姓建灵惠庙祭祀。南平倪师，“生而颖异，殁而神灵，凡水旱，祷之辄应。宋端平中，乡人立庙祀之”⑩。

---

① 谢肇淛：《五杂俎》卷15《事部三》，上海书店出版社，2009，第305页。
② 廖鹏飞：《圣墩祖庙重建顺济庙记》，转引自莆田《白塘李氏族谱》。
③ 嘉靖《罗川志》卷3《观寺志》。
④ 民国《福建通志》总卷47《福建道士传》。
⑤ 黄仲昭：《八闽通志》卷59《祠庙》。
⑥ 洪迈：《夷坚志》第2册，何卓点校，中华书局，1981，第585页。
⑦ 弘治《仙溪志》卷9《祠庙》。
⑧ 黄仲昭：《八闽通志》卷58《祠庙》。
⑨ 黄仲昭：《八闽通志》卷60《祠庙》。
⑩ 黄仲昭：《八闽通志》卷60《祠庙》。

第三，许多神灵虽然不是从巫觋直接演变来的，但其形成的过程充满巫术的色彩。不少僧尼道士也因精通巫术、擅长治病而被百姓奉为医药神，如宋代福安陈药山、宁洋曹四公、漳州陈泥丸、建宁道士叶法广，闽北扣冰古佛、僧惠吉、长溪和尚幼安、德化祖膊和尚、仙游九座禅师、安溪显应禅师、圆光禅师、漳州窈然和尚、三平祖师、安溪清水祖师、汀州的定光古佛、伏虎禅师等福建土神，都有一套巫术，使百姓拜倒在他们脚下。[①]

二　自然灾害、社会矛盾与民间信仰的形成

闽台地处亚热带海洋性季风气候区，是自然灾害多发的地区，一年四季均面临灾害威胁。春季有雷暴、冰雹、暴雨、寒害和沿海大风，夏季有台风、暴雨、高温和干旱，秋季有寒露风和秋旱，冬季有寒潮和沿海大风，自然灾害出现频率高、强度大、危害严重。特别是洪涝、干旱和台风三种灾害最为常见，危害也最大。

福建有文献记载的最早的水灾发生在东晋建武二年（318），从那时到1948年，福建历史上有文献记载的水灾有703次，其中东晋至唐代7次，宋代78次，元代22次，明代210次，清代330次，民国时期56次。[②] 洪涝灾害往往具有突发性，给百姓的生命和财产带来的损失非常大。福建省旱灾频繁，从唐代建中三年（782）至1948年，有据可查的旱灾共有358次，其中唐代3次，宋代39次，元代10次，明代102次，清代177次，民国时期27次。实际旱灾的次数要远远超过此数字。由于旱灾持续的时间往往比较长，受灾的地区也比较广，受害的百姓人数也较多，严重旱灾的危害性比水涝更大。[③] 台风经常发生在每年7~9月间。从唐代贞观二十一年（647）至1948年，有案可查的台风在福建共登陆319次，其中唐代1次，宋代24次，元代3次，明代101次，清代167次，民国时期23次。

① 详见林国平、彭文宇《福建民间信仰》，福建人民出版社，1993；徐晓望《福建民间信仰源流》，福建教育出版社，1993。

② 彭景舜、陈坚主编《福建省志·民政志》，方志出版社，1997，第85~87页。

③ 彭景舜、陈坚主编《福建省志·民政志》，方志出版社，1997，第85~87页。

实际台风的次数也要远远超过此数字。台风往往伴随着海潮，对沿海地区百姓的生命和财产的危害特别大。[①] 上述三大自然灾害往往接连而至，加重灾情，特别是“大灾之后必有大疫”几乎成为普遍规律，对于灾民而言无疑是雪上加霜。

在古代，人们抵抗自然灾害的能力相当有限，加上官府赈灾不力，百姓面对各种自然灾害，只好求助于各种超自然力量，赋予神灵消除旱灾、水灾和瘟疫的职能。如在《八闽通志·祠庙》收录的100多位民间俗神中，主要职能是祈雨、祈阳、祈风涛、驱疫疠的神灵有69个。

台湾地理环境与福建大同小异，特别是明末清初刚开发时，到处乱草丛生，野兽出没，生存条件十分恶劣。《裨海纪游》的作者记载了这样一段可怕的经历：“自台郡至此（指淡水），计触暑行二十日，兼驰凡四昼夜，涉大小溪九十有六，若深沟巨壑，竣阪陡崖，驰下如覆，仰上如削者，盖不可胜数。平原一望，罔非茂草，劲者覆顶，弱者蔽肩，车驰其中，如在地底，草梢割面破项，蚊蚋苍蝇，吮咂肌体，如饥鹰饿虎，扑逐不去。炎日曝之，项背欲裂，已极人世劳瘁。既至，草庐中，四壁陶瓦，悉茅为之。四面风入如射，卧恒见天。青草上榻，旋拔旋生。雨至，室中如洪流，一雨过，屐而升榻者凡十日。蝉琴蚓笛，时沸榻下，阶前潮汐时至。出户，草没肩，古木樛结，不可名状。恶竹丛生其间，咫尺不能见物。腹蛇瘿项者，夜阁阁鸣枕畔，有时鼾声如牛，力能吞鹿，小蛇逐人，疾如飞矢，户阈之外，暮不敢出。海风怒号，万籁响答，林谷震撼，屋榻欲倾。夜半猿啼，如鬼哭声，一灯荧荧，与鬼病垂危者联榻共处。”[②] 除此之外，“水土多瘴，人民易染疾病”[③]，不少移民死于各种传染病。在这样恶劣的条件下，百姓只好求助于神灵保佑。

除了自然灾害的因素外，民间信仰形成的另一个重要因素是各种社会矛盾。在古代，与中原地区相比，福建大规模战乱较少，但小规模的战

① 戴启天编《福建历史上灾害饥荒瘟疫辑录》（内部数据），福建省民政厅、福建省民政学会编印，1988，第317~322页。

② 郁永河：《裨海纪游》卷中，台湾银行经济研究室编《台湾文献丛刊》第44种，台湾银行，1959，第26~27页。

③ 康熙《台湾府志》卷7《风土志》。

乱、各种盗贼的骚扰，还是相当频繁的，对百姓的生命和财产的危害也不小。百姓把那些为保护乡民而献出生命的英雄奉为地方保护神。这类地方神很多，以福州府为例，仅《八闽通志》卷58《祠庙》记载的因御寇盗有功而立庙祭祀的就有刘行全、徐知证、徐知谔、王忠竭、郑仲贤、郑谨净、郑守道、郑诚、王子元、王子清、林偡、林元、徐忠、虞雄、王康、陈霸先等16人。此外，百姓也会赋予一些神灵御寇弭盗的职能。仅《八闽通志·祠庙》记载的119位神灵中，就有40位具有或兼有御寇弭盗的职能。[①] 又如，百姓非常害怕贪官污吏和地痞流氓的欺压，就把历史上的一些清官良吏和乡贤奉为神灵，作为自己的精神寄托。

在台湾地区开发过程中，大批福建移民涌入，引发了一系列社会矛盾。首先是汉人与土著居民之间为了争夺生存空间而引发的矛盾，经常发展为流血冲突。特别是一些土著部落有“出草”猎取汉人首级祭祀神灵的陋习，一些汉人因此丧命。面对死亡的威胁，汉族移民除了联合起来共同抵御土著居民袭击外，还赋予了神灵防御土著袭击的职能。如从漳州平和传入台湾的惭愧祖师，就有预兆土著“出草”的职能。《云林采访册》记载：“居民入山作业，必带（惭愧祖师）香火。凡有凶番出草杀人，神示先兆。或一二日，或三四日，谓之禁山，即不敢出入。动作有违者，恒为凶番所杀。故居民崇重之，为建祀庙。”在嘉义一带颇有影响的神灵吴凤，也是在阻止土著“出草猎首”被杀后被奉为当地保护神的。

来自不同地区的汉人为争夺政治、经济利益，经常爆发大规模的“分类械斗”，所谓“漳人党漳，泉人党泉，粤人党粤，潮虽粤而亦党漳”[②]。有福建人与广东客家人的械斗，有泉州人与漳州人的械斗，泉州和漳州内部有时又分县籍进行械斗，十分复杂，给台湾社会带来冲击。“分类械斗”还给人民的生命财产带来巨大的损失，如咸丰年间闽粤械斗，彰化、淡水等地的不少村庄成为焦土，满目疮痍。[③] 为了团结民众，祈求在械斗中获

---

① 林国平、彭文宇：《福建民间信仰》，福建人民出版社，1993，第17~25页。

② 姚莹：《中复堂选集·东溟文集》卷4，台湾银行经济研究室编《台湾文献丛刊》第83种，台湾银行，1963，第2页。

③ 详见陈孔立《清代台湾移民社会研究》，厦门出版社，1990，第264~265页。

胜，各种保护神被抬出来，成为百姓的精神支柱。在械斗中被打死的，经常被死者一方的百姓视为英雄，成为“义民爷”，加以崇拜。

在清代，台湾经常发生各种起义、暴动，有所谓“三年一小反，五年一大反”之说。统治阶级少不了派兵镇压，使台湾社会更加动荡不安。民众朝不保夕，只好求助于神灵。因此，台湾的民间信仰特别发达。

在历史上，台湾多次沦为外国殖民地。在台湾人民反抗外来侵略的斗争中，出现了许多民族英雄，这些民族英雄也被奉为神灵。如甲午战争之后，“台湾地区新兴的神明，大多跟抗日有关。而抗日的背景和手段不同，大体可分为两种，一是正式率军与日军对阵者，二是凭己之力，行侠仗义者；前者知名的有杨大人、罗福星、林昆冈以及余清芳等人，后者当然就是被人们敬为‘义贼’的廖添丁”①。

三　移民浪潮与民间信仰的传播

三国以后，随着中央政府对福建的重视和北方汉族大批迁徙入闽，福建受中原文化的影响日益深刻。从西晋至五代，中原居民不断南迁，出现了多次移民入闽的高潮，人数少则数千，多则数万。中原居民大批迁徙入闽，不但带来了先进的生产工具和生产技术，也带来了中原的文化传统，包括宗教信仰。

第一，道教、佛教等官方宗教传入福建，并对福建的民间信仰产生了不小的影响。以道教为例：道教的神仙思想至迟在东汉初传入福建，一方面深刻地影响了闽越人的祖先崇拜，如闽越的始祖太姥、武夷君均披上了一层神仙的外衣。传说太姥曾受某道士的九转丹砂之法，七月七日乘五色龙马而去。武夷君受上帝之命，在武夷山“统录群仙”。另一方面，增加了福建民间信仰的对象。不少土神被改造为神仙，如传说中的魏子骞、张湛、孙绰、赵子奇、彭令昭、刘景、顾思远、白石生、马鸣生、胡氏、李氏、鱼道超、鱼道远等被奉为十三仙人，立庙祭祀。② 一些曾隐居于福建

① 详见刘还月《人能造神，也能毁神——台湾民间信仰中的造神运动》，《台湾风物》1999年第3期。

② 董天工：《武夷山志》卷18，方留章等点校，方志出版社，1997，第587页。

的著名道士如左慈、葛玄、葛洪、郑隐、邓伯元、褚伯玉等成为百姓崇拜的道教俗神。同时也增加了民间信仰的内容，如仙游九鲤湖自古以来一直是百姓祈梦的场所，所谓“九鲤祷梦，海内咸知”①。

第二，道教与越巫初步结合为一体。一些巫觋去世后演变为神仙，为百姓所崇奉。福建历史上最早从巫觋演变为神仙的是徐登。据文献记载，徐登原来是一名女子，后来变为男子，擅长巫术，曾与山东东阳巫觋赵炳修炼于福建永泰高盖山，福州等地百姓奉他们为神明，顶礼膜拜。高盖山上有徐真君庙，俗称花林庙，“岁旱，祷雨于此多应”②。五代以后，随着道教与巫术的进一步紧密结合，从巫觋演化为道教俗神的人数剧增，成为福建人格神的主要来源。

第三，中原地区固有的各种宗教信仰随移民传入福建，成为福建民间信仰的重要组成部分。如汉族对山川水火、日月星辰、风雨雷电以及天地的崇拜在东汉后传入福建，建立各种坛庙以祭祀。同时，中原地区的某些动物崇拜也被带入福建。近年来在福建发掘的许多魏晋南北朝墓葬中，发现了不少有青龙、白虎、朱雀、玄武等图案的墓砖，还发现头顶长着一只角的“猪形怪兽”随葬品，反映了当时人对这些动物的崇拜。晋太康年间，侯官建造了福建历史上第一座城隍庙。永嘉年间，邵武城西南建造了社庙——惠安庙，说明城隍和土地公信仰也在两晋南北朝时期传入福建。

第四，一些早先入闽且有功德于民的汉人死后被奉为神灵。如长汀的助威盘瑞二王庙中奉祀的石猛、盘瑞二大王，相传是汉末人，曾在县南扎寨御寇，不幸战死于城下，被当地人奉为神灵。松溪境内有三国时建造的济美庙，奉祀“有惠利于民”的会稽南部都尉陆宏。惠安的凤山通灵庙也建于三国时期，祭祀东吴王将军及其妻子。连江的大小亭庙建于晋，祭祀因海难死亡的黄助兄弟。福宁有马郎庙，祭祀晋之江夏太守司马浮等。

第五，闽越的王公贵族被奉为神灵。闽越灭亡后，还有一部分闽越人

---

① 周亮工：《闽小记》卷2《仙门洞》，上海古籍出版社，1985，第111页。

② 黄仲昭：《八闽通志》卷5《地理》。

仍生活在八闽大地上。他们不忘所出，反而对祖先更加崇拜。汉族入闽后，为了缓解与闽越人的冲突，不但容许闽越人固有的宗教信仰存在，而且还对闽越人的祖先加以祭祀，如闽越的君主无诸、无诸之子郢、郢之子白马三郎、末代君主余善，在福建的许多地方都建有专庙祭祀，有的地方还把他们奉为保护神。

南宋时期，由于北方汉人大量南迁，加上数百年相对安定的社会环境促进了人口的繁衍，福建人口猛增，出现人稠地狭的现象。因此，福建人开始向外移民。移民的路线主要有：由政府组织移民淮南；沿海岸线移民广东的潮州、广西沿海、海南岛、台湾的澎湖列岛；向闽浙、闽粤和闽赣交界的山区移民，如浙江的温州、广东的梅州诸县。大规模的对外移民，客观上推动了福建文化的对外传播。在有的迁入地，福建人占绝对多数，实际上是福建社会的缩影。如南宋潮州十有九人是闽人，所以“虽境土有闽广之异，而风俗无潮漳之分”，“土俗熙熙，无福建广南之异”①。因此，当时福建的民间信仰也随着移民传播到这些迁入地。如妈祖信仰就是在这个时期向周边地区辐射的。时人刘克庄说：“余北游边，南使粤，见承楚、番禺之人祀妃尤谨，而都人亦然。”② 潮州的天妃庙很多，其历史大多可以追溯到宋元时期，与移民浪潮有直接关系。③ 又如临水夫人信仰的影响也相当大。《闽都别记》记载，古田临水宫的香火很盛，“各处之人家或患邪或得病，皆去临水宫请香火。即无事之家，亦去请香灰装入小袋内供奉，以保平安。路上来往不绝，龙源庙内日夜喧腾，拥挤不开。”④ 唐宋时，开发浙南山区的主要劳动力是来自福建东北部的移民，因而，在接受福建移民较多的县，陈夫人庙宇也相应较多。在浙江的东南部和闽北的许多山岩都建有清水祖师庙，故民谚有“有岩就有祖师庙”。广泽尊王的影响更大。除闽南地区外，福建的福州、福安、宁德、建宁、汀州、尤溪、龙岩、漳平等地，台湾的台南、台北、彰化，广东的潮州以及东南亚华人聚居地都

---

① 祝穆：《方舆胜览》卷 36《潮州 · 事要》。

② 刘克庄：《后村先生大全集》卷 91《风亭新建妃庙》。

③ 详见葛剑雄主编《中国移民史》第 1 卷，福建人民出版社，1997，第 125 页。

④ 里人何求：《闽都别记》，福建人民出版社，1987，第 656~657 页。

有广泽尊王庙。[①]

明末及清代，福建向台湾移民的人数大量增多，并在乾隆以后占绝对多数。据统计，1926 年台湾总人口为 3751600 人，其中福建籍有 3116400 人，占 83.07%。因此，汉文化在台湾的传播历史，也是福建文化传播到台湾并在台湾进一步发展的历史。这在民间信仰方面也得到了充分的体现。

闽人渡台，首先面临的问题是要跨越充满危险的台湾海峡。史书记载：台湾海峡的海道复杂，稍微偏离航向或遇到风暴，万幸者会漂流到异国他乡，一去不复返，不幸者则船只沉没，葬身鱼腹。[②] 为了祈求一帆风顺，舟中之人大多随身携带原本崇奉的小神像或香灰之类的圣物。《重纂福建通志》记载的永定李嵘唐等人在东渡台湾时遇到的险情以及其经历与民间信仰的关系具有代表性："永定湖坑李嵘唐偕邑人某往台湾，船坏，同舟唯余李某二人。匍匐登小岛，上有鸟如番鸭，黑色，见人至，竞附人身，因有携带小斧，杀鸟而吮其血，得不死。岛上有瓷碗片，类曾有人至者，环岛约五六里，产松竹不甚高，每有大龟于草际伏卵，取而食，而精神顿健。于沙际掘得淡水，唯苦无火，烈日烁石，破龟卵暴干，并脯鸟以果腹。二人素能为竹器，遂编竹作蓬，以避风雨，见有木棉，因取花捻线织为毯。不知时日，唯见月圆已二十七回矣。忽一日，有小舟漂至，无人，唯载黄蜡甚多。计居此终无了期，去则或冀一生。乃修补小舟，伐木为桨橹，以蜡作缸载淡水，取平日所储鸟脯卵脯为粮，登舟任风所之。已而漂至安南地界，安南巡海人执以见王，语不能达，取纸笔命写来历。王问：'尔同舟皆死，二人何独得生？'李献上天后小神像一颗曰：'此出海时所奉香火也。'王留神像及所织棉毯，资之路费，命附船从广东回。抵家，家中人向闻坏舟之信，已招魂祀之矣。及是见之，群骇为鬼也。其人居岛生食日久，回家亦喜食生物。南溪江君孚蔚为予言。江与李某，至戚也，亲见其人，故详悉如此。"[③]

---

① 光绪《郭山庙志》卷 8《尊王分庙纪闻》。

② 参见高拱干主编《台湾府志》卷 1《封域志》；周元主编《台湾府志》卷 1《封域志》。

③ 道光《重纂福建通志》卷 276《丛谈 · 汀州府》。

移民到达台湾后，开垦荒地，便将小神像或香火挂在田寮或供于居屋、公厝等处，朝夕膜拜，祈求神贶。由于初来乍到，大多数人的生活尚处于变化不定、糊口维艰的境地，根本无暇也无力建造寺庙宫观，所以明末以前台湾的寺庙极少。等到开垦成功，形成村社之后，百姓便集资建造粗陋的庙宇，以答谢神恩，神灵信仰逐渐由私家奉祀发展为村社守护神。随着村社的拓展和人口的增加以及经济实力的增强，村社寺庙的规模也逐渐宏敞，新祀的神灵也逐渐增加。据《重修台湾府志》记载，乾隆初年台湾各地较普遍奉祀的神灵，除了土地公外，排在前列的分别是：保生大帝庙 23 座、关帝庙 18 座、妈祖庙 15 座、玄天上帝庙 14 座。这五位神灵都是从福建奉祀入台的。

乾隆之后，台湾从移民社会逐渐向定居社会转化，大约在嘉庆年间才最后完成了这一转化过程，民间信仰也相应地发生了一些变化。

第一，信仰偶像增加。随着社会分工的形成，各行业的祖师神传入台湾；随着读书人的增多，文昌祠陆续兴建起来；随着城镇的兴起，文庙、城隍庙、社稷坛、昭忠祠等不断涌现。

第二，神灵来源的多元化。随着闽西、福州和潮州等地百姓迁居台湾，这些地区的民间神祇也传入台湾，如福州的临水夫人信仰、闽西的定光佛信仰、广东客家的三山国王信仰在台湾都有较大的影响，从而改变了过去闽南民间信仰在台湾独尊的局面。

第三，家庙、宗祠大量兴建。为了在新的环境中求得生存和发展，移民在东渡台湾时往往是同乡同族结伴而行，或是先后渡台的同乡同族互相援引，因此一开始就形成了同乡同族相对集中居住的趋势。清中叶以后，在一些开发较早的地区，不同族姓及祖籍的移民经常发生“分类”械斗，迫使势力较弱的一方迁徙到同乡同姓人数较多的地区居住，从而进一步促成了同族聚居规模的扩大，家庙、族祠也开始受到重视，大批出现。据统计，1919 年台湾共有祠庙 120 座，其中建于乾隆之前的屈指可数，绝大多数都是清中叶以后建造的。

第四，宫庙的规模宏大。一宫一庙所供奉的神像往往有几个或几十个，甚至数十个，儒道佛的神像往往同处于一庙中，共同接受信徒的顶礼膜拜。不少庙宇还设立神明会，作为宫庙的经济依托。

第五，庙会的规模盛大。据文献记载，“台南郡城好尚鬼神。遇有神诞期，敛费浪用”①。特别是康熙二十二年之后的所谓王爷出巡活动，其规模超过闽南。“建醮请王，飨祀极其丰盛。或一庄一会，或数十庄一会。有一年举行一次者，有三五年举行一次者，有十二年举行一次者，择吉日而行之，为费不少”。②

清代以后，民间信仰在台湾的发展速度十分之快，神祇成百上千，大小庙宇犹如繁星点点，遍布城乡。1918 年、1930 年、1960 年、1966 年、1975 年和 1981 年，台湾有关机构曾先后五次对台湾地区各种寺庙的主祀神进行统计。兹将在历次调查统计中居于前 20 名的主神，列表如下。

表 1　台湾地区寺庙主祀神历年统计③

1918 年		1930 年		1960 年		1966 年		1975 年		1981 年	
主神	寺庙数	主神	寺庙数	主神	寺庙数	主神	寺庙数	主神	寺庙数	主神	寺庙数
福德正神	669	福德正神	674	王爷	677	王爷	556	王爷	747	王爷	753
王爷	447	王爷	534	观音菩萨	443	福德正神	449	观音菩萨	565	观音菩萨	578
天上圣母	320	天上圣母	335	天上圣母	383	观音菩萨	428	天上圣母	494	天上圣母	510
观音菩萨	304	观音菩萨	329	福德正神	327	天上圣母	381	释迦牟尼	480	释迦牟尼	499
玄天上帝	172	玄天上帝	197	释迦牟尼	306	释迦牟尼	308	福德正神	385	玄天上帝	397
有应公	143	关圣帝君	157	玄天上帝	267	玄天上帝	270	玄天上帝	375	福德正神	392
关圣帝君	132	三山国王	121	关圣帝君	192	关圣帝君	192	关圣帝君	334	关圣帝君	356
三山国王	119	保生大帝	117	保生大帝	141	保生大帝	139	保生大帝	160	保生大帝	162
保生大帝	109	释迦牟尼	103	三山国王	124	三山国王	129	三山国王	133	三山国王	135
三官大帝	72	有应公	86	中坛元帅	94	中坛元帅	94	中坛元帅	114	中坛元帅	115
中坛元帅	66	清水祖师	83	神农大帝	80	神农大帝	81	神农大帝	114	神农大帝	112
神农大帝	60	三官大帝	82	清水祖师	63	清水祖师	68	清水祖师	83	清水祖师	99
释迦牟尼	56	中坛元帅	73	三官大帝	60	三官大帝	67	三官大帝	76	玉皇大帝	81
开漳圣王	53	神农大帝	66	开台圣王	57	有应公	62	玉皇大帝	74	三官大帝	77
玉皇大帝	51	开台圣王	57	开漳圣王	53	开台圣王	56	开台圣王	69	开台圣王	70

① 唐赞衮:《台阳见闻录》卷下《风俗》，台湾银行经济研究室编《台湾文献丛刊》第 30 种，台湾银行，1958，第 145 页。

② 《安平县杂记·官民四季祭祀典礼》。

③ 据余光弘《台湾地区民间宗教的发展——寺庙调查资料之分析》表 4 制作，该文载台湾《中央研究院民族学研究所集刊》第 53 期。

续表

1918 年		1930 年		1960 年		1966 年		1975 年		1981 年	
主神	寺庙数	主神	寺庙数	主神	寺庙数	主神	寺庙数	主神	寺庙数	主神	寺庙数
开台圣王	48	开漳圣王	50	元帅爷	47	开漳圣王	55	孚佑帝君	56	开漳圣王	56
文昌帝君	39	大众爷	47	三宝佛	46	城隍	44	开漳圣王	54	城隍	55
清水祖师	36	文昌帝君	30	有应公	46	元帅爷	44	城隍	54	孚佑帝君	52
元帅爷	36	义民爷	30	城隍	44	玉皇大帝	41	元帅爷	49	王母娘娘	51
城隍	29	元帅爷	29	玉皇大帝	38	三宝佛	41	广泽尊王	46	广泽尊王	50
合计	2961	合计	3200	合计	3490	合计	3505	合计	4462	合计	4600
台湾寺庙总数	3476	台湾寺庙总数	3661	台湾寺庙总数	3840	台湾寺庙总数	4786	台湾寺庙总数	5338	台湾寺庙总数	5539

表 1 中的 20 种在台湾影响最大的主神，除了三山国王是从广东传入，开台圣王、义民爷为台湾土生土长的神灵外，其余均是随移民从福建传入台湾的。吴瀛涛在《台湾民俗》一书中也指出：据 1930 年调查结果，台湾有主神 175 种 3580 尊，其中福德正神 674 尊，王爷 534 尊，妈祖 335 尊，观音 329 尊，此四神约占寺庙主神的半数。“而此等祭神大部分都是由福建以分身、分香、漂流三种方式传来者，也有传入后再传播本省各地者。如北港的妈祖分出最多，其次则为彰化之南瑶宫、鹿港之旧妈祖宫等，均表示其灵圣兴盛。”① 其中，天上圣母、保生大帝、清水祖师、开漳圣王、广泽尊王等为闽籍移民奉祀的祖籍神明，被称为“桑梓神”，受到台湾同胞的特别敬奉。

四　实用功利性与民间信仰的强化

中国是一个高度重视伦理教化的国度，历代统治阶级力图把宗教信仰纳入社会教化的轨道，主张“礼法施于人民则祀之，以死勤事则祀之，以劳定国而祀之，有御大灾、捍大患则祀之”②。但是一般老百姓崇拜鬼神的最主要目的是祈福禳灾。在善男信女的观念中，崇拜鬼神有百益无一害，

① 吴瀛涛：《台湾民俗》，罗文图书股份有限公司，1984，第 47~48 页。

② 黄仲昭：《八闽通志》卷 58《祠庙》。

只要点上几根香，献上若干祭品（这些祭品，祭神后仍可带回食用，并未真的被鬼神吃掉），再磕上几个无伤大雅的头，就可以得到万能神灵的保佑，诸多愿望（如逢凶化吉、财运亨通、全家平安、人丁兴旺、风调雨顺、五谷丰登等）都可以实现，何乐而不为呢？千百年来，百姓在生活中无法或难以实现的美好愿望，只好通过对鬼神的祭拜祈祷，在虚幻的宗教世界里得到某种精神上的补偿。这是一般民众对民间信仰的基本心态。

关于闽台民间信仰的实用功利性心态，清初福建连江知县王章就一针见血地指出：时人热衷于崇拜西天诸佛、南海观音及关帝，不惜花巨资建造华丽的寺庙，是因为在他们看来，西天诸佛和南海观音“好福利人”，而关帝则职掌“祸福之枢”，所以人们认为虔诚地崇拜这些神灵，就可以得到他们的保佑，达到祈福禳灾的目的。[①]《闽清县志》的作者也说：人们之所以笃信鬼神，是“于禳灾祈福之故”[②]。董苑芳先生在《台湾民间宗教信仰》一书中指出：“台湾民间敬神的目的均本于现世的个人实用主义，人一到寺庙捧起三炷香，目的不外乎求福禄财源长寿子嗣等，因此凡能迎合民众所欲求者，则认为灵显（或叫‘灵验’，俗称‘有圣’），其香火一定兴旺。此一以灵显为敬神目的之风气，遂演变成一种无庸问及神祇的本质如何，凡天神、人鬼、石头、老树、猪牛猫狗，只要有圣（灵显），参拜的人一定就多，连荒地都会变成闹市，此为台湾民间常有之现象。”[③]

由于实用功利性的宗教信仰态度，在一般信徒看来，多一个神灵就多一层保护，神灵越多就可以得到越多的保佑，需要什么就可以创造什么，带有很大的任意性，各种神灵被大量地创造出来，几乎达到泛滥成灾的地步，充斥着天上、人间、地府等想象中的世界，构成了十分庞杂的神鬼体系，大大地强化了闽台民间信仰。《重纂福建通志》指出：“照得闽人好鬼，习俗相沿，而淫祀惑民……从未有淫污卑辱，诞妄凶邪，列诸象祀，公然祈报，如闽俗之甚者也。”[④] 又曰：“自城邑至村庐，淫鬼之有名号者

---

① 民国《连江县志》卷21《祠祀》。

② 民国《闽清县志》卷5《礼俗志》。

③ 董苑芳：《台湾民间宗教信仰》，长青文化事业股份有限公司，1980，第26页。

④ 道光《重纂福建通志》卷55《风俗志》。

不一，而所以为庙宇者，亦何啻数百所……一庙之迎，动以十数像。”[①] 台湾的民间信仰几乎是闽南民间信仰的翻版，神灵众多，宫庙林立。据 1940 年调查统计结果，台湾有神灵 175 种，宫庙总数 3661 座；据 1970 年调查结果，奉祀于二县市以上的神灵有 85 种，仅祀于一县市的神灵有 160 种（其中 85 姓王爷、14 姓元帅爷和 5 姓将军均以 1 种神灵计算），宫庙总数 3840 座；据 1976 年调查结果，台湾有庙神 198 种，宫庙 4786 座；据 1985 年调查结果，台湾有庙神 257 种，宫庙总数 5338 座。应该说数量是十分惊人的。[②]

综上所述，闽台民间信仰的产生和发展，在深受中华文化传统的影响的同时，与闽台地区的历史传统、自然条件、社会矛盾、移民以及宗教观等密切相关。闽越人“好巫尚鬼”的传统，与陆续从中原传来的汉族巫术相结合，相沿成习，为闽台地区民间信仰的滋生提供了肥沃的土壤；旱灾、水灾、台风等自然灾害和瘟疫等传染病，以及战争、盗匪、械斗等社会矛盾，促使闽台民间信仰进一步形成和发展；随着汉代之后中原居民大批迁入福建和明末清初闽人大批迁入台湾，闽台民间信仰得到迅速传播；而实用和功利性的宗教观，导致闽台人民按照自己的需要塑造神灵，使闽台拥有成百上千的神灵，从而大大强化了闽台民间信仰。

原载林国平著《闽台民间信仰源流》第一章，福建人民出版社，2003

---

① 道光《重纂福建通志》卷 56《风俗》。

② 参见余光弘《台湾地区民间宗教的发展——寺庙调查资料之分析》，《中央研究院民族学研究所集刊》第 53 期。

台湾基督教史述论

林金水

基督教（新教）最早传入中国应自明天启四年（1624）荷兰新教在台湾传播开始。而1662年荷兰殖民者在台统治的失败，宣告了基督教在华传教的第一历史时期的终结。其时间极为短暂，不过38年。也许正因为这个原因，或其他研究上的疏忽，在中国基督教史研究中，荷据时期基督教在台的传播和活动似乎并没有引起人们多大的重视。但由于这一忽略，一部完整的中国基督教史的第一页也就被撕了下来，使人感到略有所失。在其后的200年时间里，台湾的基督教已基本绝迹。鸦片战争后，英国和加拿大长老会传教士以“手术刀”劈开了基督教在台湾传播的新纪元。直至1895年台湾被割让给日本，基督教在台湾的发展跌入低谷时期。此后中国台湾的基督教徒在外族统治下，举步维艰地生存了50年。1945年台湾光复后，台湾的基督教在获得发展空间的同时，也进入错综复杂的政教纷争时期，尤其是台湾的长老会，在两岸关系中扮演了极不光彩的“台独”角色。

本文将就台湾基督教在这四个不同时期：荷据时期、清统时期、日据时期和战后时期的发展与演变，进行简单的勾勒。

一

明末荷兰殖民者入侵中国的行为，与鸦片战争以来西方列强侵略中国的本质一样，都是靠武力。略有不同的是，后者是披着不平等条约的“合法”外衣，冠冕堂皇地踏上中国大地的。而在两岸基督教传播史上，荷兰新教传教士的入台，首次打开了基督教在华传播的大门。他们的传教动机、策略、方法和手段与基督教在19世纪传入大陆的情况相比，没有根本上的差异。两者都要为殖民统治和列强侵略中国及其在华利益服务。前者在基督教在台传不下去的时候，采用武力手段，后者在民教冲突得不到解决的时候诉诸武力。前者原想以他们的传教实践使台湾成为基督教在东亚传播的榜样，但他们的愿望随着郑成功收复台湾而告终。不过荷兰传教士却为他们的后辈留下了许多在台传教的纪实性文献。也许因为历史的割断，或语言上的隔阂，或缺乏历史眼光，19世纪来华的基督教传教士又走了一条与其前人相同的平行路线，做了前人所做过的同样的事情。表面情况是，你做你的，我做我的，并不相干，但只要在中华大地上，前者与后者最终都要解决一个问题：基督教如何与中国传统文化随和与调适。19世纪的新教传教士没有借鉴17世纪荷兰传教士的经验与教训，除来台传教的英国和加拿大传教士外，早期的荷兰传教士也没有借鉴与他们同时代、比他们更早到达中国的天主教传教士的经验，尽管历史曾给他们提供过这样的机会，如荷兰传教士与比利时耶稣会士柏应理（Philippe Couplet）的接触。

随和与调适必须建立在对中国传统文化和当地习俗应有的理解之上。对于初来乍到的荷兰传教士干治士（Rev. Georgius Candidius）来说，这是做不到的。他看到的仅仅是台湾居民的“聪明机智”“心情温顺”等外在形象，而对他们内心的信仰却知之甚少，以致狂妄地说出，他能够使台湾居民抛弃“违背主的意旨的宗教、风俗和行为”。而台湾居民明确告诉他们：“我们的巫师每天与神灵对话，她们能分辨是非，并告诉我们该怎么做”，“如果我们不听巫师的话，神灵就会发怒，不给我们雨水，并且还会惩罚我们。”[①] 要让他们信教，传教士就要表演魔法，以检验他们所宣扬的教义是否灵验。这虽然令干治士啼笑皆非，但也是基督教传入中国后，中国人对新教做出的第一次反应。如果说耶稣可以靠他神迹的灵验获得信徒

① Demaerel. Paul, *Coupet and the Dutch*, *Monumenta Serica* XXII, Stey ler Verlag, Nettetal, 1990, p. 95.

的崇拜，那么台湾居民的这个要求也属于正常的宗教心理。因此，在1624年至1635年荷兰传教士在台传教的开创时期，他们本来应该正视和解决台湾居民的民间信仰问题。但他们并没有这样做。后来台湾基督教在1634年至1640年得到迅速发展，还是靠荷兰殖民者的武力镇压。正如1629年来台的传教士尤纽斯（Rev. Robertus Junius）所说，武力的征服为“上帝敞开了异教皈依的宽广的大门”①。虽然他们并没有用武力胁迫居民抛弃偶像，但每当他们到被征服的番社时，都要告诫社民：要与荷兰人保持和平，服从长老的命令，不要暴力行事，否则将会受到严厉的惩罚。在殖民主义者的“讨伐、威压、宣抚”和传教士的“责备、警戒、劝勉”配合下，当地社民抛弃不抛弃偶像，已无自愿可言，信奉基督教，是他们当有且仅有的选择。荷兰人用枪架起的“十字架”就这样迅速地在各地传播开来。1639年，受洗的教徒达到了2014人。而在1641~1650年这一时期，发展虽然缓慢，但传教的地区和受洗人数有所扩大和增加，并开始创建了教会组织。1659年以后，荷兰殖民统治危机四伏，传教士的策略和方法不断改变，先是由硬而软，“温和传教”，但看到崇拜偶像、通奸、乱伦现象屡禁不止时，又由软而硬，以“鞭笞”“流放”惩处教徒。不过，他们万万没想到这种“暴力”的“福音”传播，最终会惩罚到他们自己。随着“国姓爷”（郑成功）的到来，信徒们又恢复到往日的偶像崇拜中，他们甚至把传教士的头颅割下来，“大家围着跳舞、狂欢”②。荷兰传教士带给台湾人的基督教信仰，也随着其殖民统治的结束而消失，未留下任何实质性的影响。荷兰传教士走了，但作为新教的首次在华传播，在传教策略和方法上，他们开了在华传教办学的先河。他们做了其同时期人——明末清初天主教传教士所未曾做过的一件事：在中国办教育。1635年，他们在被征服的部落办起了学校，采取上学者给予伙食补贴、辍学者的家长要受到经济处罚的强硬措施。学生除了学习教义外，还要学习荷兰语、拉丁语、希腊语，学会懂得“礼貌”“仁慈”“遵从”。据对五个村庄的

① W. Campbell, *Formosa Under the Dutch*, Taipei: Cheng-Wen Publishing Company, 1972, p. 140.

② W. Campbell, *An Account of Missionary Success in the Island of Formosa*, Vol I, London, 1889, p. 257.

统计，1647 年这些村庄各类学生的人数达到 1364 名。[①] 这种“殖民化”的教会教育，为他们培养土著传教人员和驯服“未开化”的居民，起到了作用。19 世纪中叶以后来华的传教士，不约而同地走上了教会办教育的路线。

二

在 17 世纪 60 年代以后大约二百年的时间里，台湾的基督教已基本绝迹，既没有外国的传教士，也不见基督教信仰的存在。1860 年，又有传教士踏上了台湾岛。他们是英国长老会的牧师杜嘉德（Carstairs Douglas）和马肯查（Rev. H. C. Mackemzie）。而重新打开基督教在台湾传播的则是马雅各（Dr. J. L. Maxwell）医生。与荷兰传教士做法不同的是，他们认为要拯救灵魂，必须先从拯救病人开始。因此，医疗与传教同时进行，以手中的“手术刀”为“十字架”的架设鸣锣开道。巫师是昔日传教的最大障碍。面对现代医学的传入，“得病是神仙的惩罚”的说教不攻自破。“巫师”与“牧师”，“神仙”与“上帝”，孰灵孰非，台湾民众“或许会质疑十字架的意义，却不会漠视手术刀的效果”[②]。这一点使近代传教士一来到台湾，就很轻易地获得了传教的主动权，有了他们意想不到的众多信徒，出现了“当中国居民一听说传教士里有医生时，就好像整个城市的人都立刻生了病”[③] 的怪异现象。但在“病人”与“教徒”之间，台湾民众如何做出自己的选择，他们自己心中最清楚，在得病的时候可以“合二为一”，在不需要的时候则“一分为二”。而传教士们心中也很清楚，治病不是他们的宗旨，让他们受洗才是真正的目的：“医疗的功用是在于使人脱离恶鬼的束缚，使人通过医疗与传道而与上帝相遇，得到罪的审判与赦免。医疗传道能达成此目的时，它才是尽其当做的事。人能通过医疗而被导致于信仰

---

① W. Campbell, *Formosa Under the Dutch*, Taipei: Cheng-Wen Publishing Company, 1972, pp. 225-226.

② 魏外扬：《基督教在台早期的医疗宣教》，见林治平《基督教与台湾》，宇宙光出版社，1996，第 218 页。

③ Duncan Macleod, *The Island Beautiful*, *The Story of Fifty Years in North Formosa*, Toronto , Toronto Public Library, 1923, p. 102.

时，这肉体上的医治才对他具有宗教及信仰上的意义。”[①] 英国长老会和1872年来台的加拿大长老会马偕牧师（Rev. George Leslie Mackay）就是采取这种办法开始了在台湾南部和北部的“天路历程”。

英国长老会先在台南府（打狗）传教。1866年，马雅各在打狗建起第一座教堂，高长等四人受洗，这是大约二百年后十字架又一次在台湾架起。随后来台的传教士主要有：李庥（Rev. H. Ritchie）、甘为霖（Rev. W. Campbell）、巴克礼（Rev. T. Barelay）等牧师。

长老会在南部、中部居民中的传教获得了成功。与荷据时期用武力胁迫居民皈依基督教相比，可谓此一时彼一时。显然，这种变化的出现，与清政府在台统治营造的合适的外部环境不无关系。在“朕思民番皆吾赤子”[②] 的抚绥下，台湾的经济开始得到发展，居民的生活有了改善，社会有了进步。这无疑为基督教的传播提供了有利的社会条件。一旦社会安定之后，信仰的需求就凸显出来。而居民传统的宗教信仰：自然崇拜、祖先崇拜、巫神崇拜，随着社会的变迁而受到削弱，出现了“信仰危机”。在生产力低下的条件下，人需要信仰，新的社会关系和生活方式又需要有新的价值体系来支撑。基督教乘虚而入，填补了这个真空。基督教在平埔族社会中的传播就是一个有力的证明。一方面，基督教能为居民信徒提供有效的庇护。传教士在1868年台湾教案中的表现，使平埔族人看到了传教士的力量。“传教士是非常厉害的，可以迫使清政府官员站到他们（传教士）这一边”[③]。另一方面，一些当地居民物质生活极端匮乏，饥饿、疾病和各种自然灾害的威胁常常困扰着他们。传教士们施医送药，凭借他们的医术，会比巫术及中国的民间信仰更有效地解除他们的痛苦和不幸。因此，传教士的医疗与善举容易赢得人们的信任。另外，传教士宣传的基督教的平等观和对他们的关心和帮助，也补偿了平埔族因长期受歧视而形成的自

---

① 台湾基督长老教会总会历史委员会：《台湾基督长老教会百年史》，基督教在台宣教百周年纪念丛书委员会，1965，第26页。

② 张本政：《清实录台湾史资料专辑》，福建人民出版社，1993，第121页。

③ Daniel H. Bays, *Christianity in China*, Stanford, California, Stanford University Press, 1996, pp. 121-137.

卑心理，使他们在做人的尊严上得到了极大的满足。[①] 美国历史学家裴士丹（Daniel H. Bays）说过："尽管加入基督教并不能在物质上使平埔族更富有，也不能提升平埔族在汉人社会中的地位，而且基督教中的'罪人'比汉人的'野蛮人'的形容好不了多少。但平埔族人确实感到心理上的满足。他们可以轻视汉人为崇拜偶像的异教徒，而不用尊重他们为文明的传入者。"[②] 如果说居民真的想通过信仰代表西方文明的基督教，来抬高自己的地位，这只是自嘲。在台湾，是否信仰基督教并不是地位高低的划分标准。他们之中谁也不会以基督教信仰的虔诚者自诩，也没有人把中国的教徒视为西方的文明者。在中国，不管是汉族还是土著民族，任何宗教的信仰者都带有极端的功利主义思想，信徒信仰的虔诚度并不取决于那个宗教教义的真谛是否诱人，最终起作用的还是物质的满足程度。因此，尽管长老会在居民中的传教比较顺利，但到头来，他们看到的是那些"想要达到某个目的时，便急于加入教会；当他们的目的达成时，便又纷纷离开教会"[③]，只有"三分之一的人是真正为了信仰而来"[④]，甚至可以说"从未遇到为了信仰本身而入教的信徒"[⑤]。

英国与加拿大两国长老会在台湾的传教活动以大甲溪为分界线，英国长老会居南，加拿大长老会居北。由于传教士不适应台湾的气候和经费的短缺，南北长老会深感有必要充分利用中国传道人员来传教。马偕曾说过："我深知只有少数外国人能抵抗台湾气候的危害，所以主张要用本地的工作人员去发展教会传教事业"[⑥]，"本地传教者及其家族所需经费不多，所以用外国教会所奉献的金钱雇些外国传教者，足以维持更多更大的本地传教者"[⑦]。而为培养本地传教人员，先是英国长老会巴克礼牧师于 1880 年在台南创办了神学院，由他任第一任院长。1882 年，加拿大长

① 翁伟志：《日据时期台湾基督教之研究》，硕士学位论文，福建师范大学，2001，第 39～43 页。

② Daniel H. Bays，*Christianity in China*，Stanford，California，Stanford University Press，1996，pp. 121－137.

③ Marshall Broomhall，*The Chinese Empire*，London：Fleming H. Revell Company，1907，p. 66.

④ W. Campbell，*Sketches From Formosa*，Taipei：Cheng-Wen Publishing Company，1972，p. 26.

⑤ W. Campbell，*Sketches From Formosa*，Taipei：Cheng-Wen Publishing Company，1972，p. 42.

⑥ G. L. Mackay，*From Far Formosa* ，New York，Chicago，Toronto：1985，p. 44.

⑦ G. L. Mackay，*From Far Formosa* ，New York，Chicago，Toronto：1985，p. 286.

老会也在淡水，由马偕创办了近代台湾的第一所西学学堂——“理学堂大书院”（Oxford College）。至 1891 年，共有 83 名宣教师是从该校毕业的。

在培养本地教牧人员的同时，长老会最早在台湾开展了“三自”运动。早在马雅各医生、李庥牧师于居民中间传教时，这种自养运动就已萌芽。那时他们就已开始有意无意地让信徒们用他们自己的人力、物力、财力建设本地的教堂了。李庥牧师曾说：“埤头教会在年初时决定要献出传教者的薪金，也要设立基金帮助生病的弟兄。打狗的信徒也愿意献出半年的薪金，而我想我也可以劝阿里港的教会这样做，我从头就鼓励他们能早日独立，也说中国的教会愈早能不依靠外国人，就愈能有助于建立健全的教会”[①]。1876 年，施大辟牧师（Rev. D. Smith）到台湾，掌管教会财务工作。他提出，教徒除了每周必要的献金外，还应另外设有特别项目的献金，以唤起信徒的关心和爱心。这使他获取了大量的经费，1880 年献金达 1427 元。在台南教会自养运动的影响下，澎湖岛和其他地方的教会自养运动也相继开展起来。据 1885 年 10 月的统计结果，在有传教士驻扎的 29 处传教所中，已有 5 个达到了完全自养水平，4 个达到了半自养水平，即由英国教会支付驻地传教人员半年的薪水，其余 6 个由英国教会支付 9 个月的薪水，4 个由英国教会支付 10 个月的薪水，6 个支付 11 个月的薪水，其余的 4 个则完全由英国教会维持[②]。“自养”的结果是教会节省了大量的开支。传教士不花钱，或者说花最少的钱，换来的却是教会的发展和扩充。从这一点上说，长老会推行的“三自”，“自治”是诱饵，“自养”才是他们最终要达到的目的。

基督教传入台湾后，民教冲突不断发生，无法避免。而台湾发生的教案与同时期祖国大陆发生的教案既有相同的地方，又具有台湾自身的特殊

① The English Press by Terian Messenger, June , 1870 , p. 133 ；台湾基督长老教会总会历史委员会：《台湾基督长老教会百年史》，基督教在台宣教百周年纪念丛书委员会，1965，第 14 页。

② Band E. , *Working His Purpose Out* ：*The History of the English Presbyterian Mission* 1847-1947, Taipei：Ch'eng Wen Publishing Company，1972，p. 114.

性。[①] 台湾的教案大致可分为两个时期：前期民教冲突（1859~1868）和后期台湾教案（1874~1895）。

前期的教案，开始多是台湾人民对外人的排斥心理和对基督教穿凿附会的谣言及误解引起的。面对民众的焚堂打教行动，传教士或上诉至领事，或求助于地方官，若抗议无效，地方官不理，则无可奈何，听之任之。最初，西方列强并没有因教案问题而诉诸武力，民教冲突的结果多是不了了之。而在台湾的教案中，列强诉诸武力的始作俑者，则是在同治七年的樟脑纠纷中下令炮击安平的英国新任领事官吉必勋。当时的教案并不源于世俗与非世俗群体在信仰上的冲突，而是反映了列强与清政府围绕在台商业利益展开的攫取与反攫取的斗争。台湾对外的樟脑贸易和台湾地方官员对它的管理，直接涉及台湾经济命脉及地方政府的税收，牵连中国的内政与国体。因此，教案成为英国谋求商业利益的最好借口，而武力成为英国解决与清政府一切争端的最简单、最有效的工具。后期教案的发生，主要由教士、教民的劣行，违法妄为，任意插讼，干预中国内政以及中法战争和中日战争时列强对台的入侵而引起的。尤其是在中日战争期间的教案中，台湾各地亦掀起了轰轰烈烈的反对列强，特别是反对外国传教士的斗争。他们闻知外国传教士为日本侵略军做向导，顿时怒气冲冲地袭击了教堂，对教会的助纣为虐，给予沉重的打击。

在台湾教案中，逐渐形成了以地方乡绅为中坚力量，以广大人民为先锋，以地方官府为后盾的三位一体的反教格局。官府反教偏重于对政治权威与社会秩序的维护，士绅反教出于价值观念的差异与维护自身地位的需要，民众则侧重于个人实际利益的得失。通过对台湾各地教案起因的考察，可以发现，只有一件教案是由单纯的宗教教理之争引发的，相当多数的教案则是台湾人民在当时半殖民地半封建条件下，为了反对帝国主义洋教士骑在自己头上胡作非为而进行的自发的反抗和斗争，是为保卫自己起码的人权、民族的荣誉和国家的尊严而战。从这个意义上讲，台湾同胞不

① 李颖：《试析清季台湾教案中官绅民的反教原因及其关系》，《福建师范大学学报》2001年第3期。

屈不挠地开展反洋教斗争，应是反抗外来侵略和民族精神的表现。正是这种民族精神，促使台湾同胞产生了不可战胜的伟大力量。①

三

在中国基督教史上，基督教从来都接受中国统治者——汉民族或其他少数民族统治者的管理。而在殖民统治下，中国的基督教又是如何生存和发展的？殖民者与中国统治者对待基督教的立场、态度及其所实行的政策、法规又有什么不同之处呢？日本殖民统治下的台湾基督教能够为我们提供这方面的资料。

日本统治台湾时期，岛上的宗教既有传统的佛教、道教以及民间信仰，还有自西方传入的基督教与天主教。在日本侵占和吞并台湾岛的初期，为了安定民心，日本殖民当局根据其“帝国宪法”保障信仰自由的条款，尊重台湾人的信仰自由。对台湾的寺庙，原则上不加干涉，任其自由发展。在这种所谓的“宗教信仰自由”政策下，台湾的基督教曾一度得到发展。日本国内的基督教教派日本基督教会、日本圣公会、日本组合基督教会、救世团（又名救世军）、日本圣教会、日本美以美会、第七日再临团（即安息日会）以及日本天主教、日本哈里斯特正教会（即希腊正教会）等也乘机传入台湾。大陆的真耶稣教也于 1926 年传到台湾。一时间，岛上教派林立，各派都积极采取措施，以争取信徒。

另外，日本在台实行的某些殖民统治政策无形中也帮了教会的忙，如在社会风俗上，禁止年轻妇女缠足，妇女闭门不出的风气得以改变，上学的女孩越来越多，男女同学可以自由地玩耍。这在教会看来，“是一个最有伟大意义的社会事实”②。

日本统治者实行的“宗教信仰自由”政策，随着 1931 年“九·一八”事变的爆发，也开始发生了根本的转变。1936 年，台湾总督小林下令，台湾官民“无论所信宗教为何，每家应设神棚，安置‘神宫大麻’以为祭祀

① 参见李颖《清季台湾教案研究》，硕士学位论文，福建师范大学，2000，第 47~51 页。

② Duncan Macleod, *The Island Beautiful*, *The Story of Fifty Years in North Formosa*, Toronto, Toronto Public Library, 1923, p. 220.

皇祖之圣坛"[①]。

日本统治者企图通过这种"信仰的皇民化"，让"所有台湾人都瞻仰日本的神，赞美日本的神，相信日本的唯神之道为无上的真道，并进而成为自己的生活规范，且将这规范纳入实际生活中具体实行"[②]，以日本的国家神道思想来代替台湾固有的宗教信仰，从思想上清除台胞的民族意识，从生活上改变汉族的风俗习惯，从而全面动员台胞参加战争。他们很清楚地看到，"倘若此地居住的日本人（按：指台湾人）没有作为日本人应有的精神思想，惜力谋私，仅披着日本人的假面具，政治、经济方面暂且不论，国防上便犹如坐在火山口上"[③]。因此，为确保日本人的价值观和思想都能灌输到殖民地的臣民中，根除所有不同的观点，取得对华战争的胜利，日本统治者对台湾的基督教加以遏制和打击，要求传教士做到"基督教之日本化"。他们直言不讳地对西方传教士说："我们知道你们基督教宣扬的是爱、和平与亲善。在和平时期我们并不反对。但如今日本国正处在战争之中，如果你们有一个字妨害或削弱在战时的我们，我们将让你们基督教徒和你们的教堂在世上消失。"[④]

这时，整个教会的活动被监视，谈不上开展任何积极的活动。大部分教会，特别是农村教会，被日本士兵占去，牧师只能在家中服务。基督教的任何聚会或定期礼拜日的户外活动都须经特别警察的同意，会上警察要做记录。牧师前往所在城镇之外的任何堂会，都必须向警察报告。周末还要汇报整周的活动情况。报告时如果有任何不全面的地方，警察就会成功地把它指出来。有些人还因被日本怀疑与美军配合登陆台湾岛而受到迫害，"日本人并不隐瞒这个事实，如果美军登陆，他们打

---

① 蔡锦堂：《日本据台时期的宗教政策——奉祀"神宫大麻"及发行〈神宫历〉》，郑生编《第二届中国政教关系国际学术研讨论文集》，出版者赵荣耀，1991，第 318 页。

② 白井朝吉、江间常吉：《皇民化运动》，东台湾新报社台北支局，1939，第 105～108 页；陈玲蓉：《日据时期神道统制下的台湾宗教政策》，自立晚报社文化出版部，1992，第 231 页。

③ 戴国辉：《台湾与台湾人》，（东京）研文堂，1980，第 208 页；陈孔立：《台湾历史纲要》，九州出版社，1996，第 412 页。

④ "The United Church of Canada Board of Foreign Missions", Japan *Box* 4 *File* 81, *Onterbridge to Arnup* 22 , September 1937, Ion. A. Hamish, *The Cross in the Dark Valley*, Canada: Wolfrid Laurier University Press, 1999, p. 243.

算杀掉所有基督徒，男人、女人和小孩，一份死亡名单都已编好了”。在这种情况下，“也不免有人恐慌并退教，不过大部分人还能坚持他们的信仰”①。

如果将大陆基督教和台湾基督教进行比较，人们会发现：日据时期的台湾基督教与基督教在大陆的状况有很大的差异，其中最根本的不同是传教士通过不平等条约获得的一切传教特权在台湾已荡然无存，因为当时日本已经以列强之一的身份统治台湾，从过去的争夺特权转变为不容许西方列强染指其殖民地的立场。日本从清政府手中割占台湾，并不想承认清政府与西方列强签订的条约中所包含的通商口岸、领事裁判权、协定关税、外国人居住及拥有不动产等特权，“日本完全控制本岛事物后，传教士已不再有这个‘保护’的特权，日本人推行各种计划时，不喜欢别人，尤其是欧洲人来干扰”②。这就大大限制了传教士的传教活动，不像在大陆的传教士可以自由地到他们想去的地方传教。在台湾的传教士不得不承认，在清政府统治台湾时期，清政府给予了西方传教士种种方便，他们“从来不会无缘无故地检查护照；我不记得，有任何清朝官吏曾主动和欧洲人攀谈或查看护照。日本人正好相反，他们对护照最苛刻，绝不放弃任何检查护照的机会，即使日本警察知道我们带了护照，他们还是要查看护照有没有过期”③。在日本统治时，传教士感到了麻烦，“这就是日本警察的态度……一个人除非事先报告从何处来、往何处去，否则不能在城外过夜……除这一切外，还必须回答一些不相干的问题，如：你到底为了什么事情，非要出城不可？在外面要停留几天？为什么还要回来？等等”④。这些事实从另一方面也告诉我们，清政府对传教士的管理较为宽松。

这个根本的不同带来的另一个变化是：以往在大陆常见的入教、吃教和寻求教会庇护的现象大量减少。由于传教士特权的丧失，基督教也就失

---

① Hollington K. Tong，*Christianity in Taiwan*：*A History*，Taipei：China Post，1961，p. 77.

② Fr. Pablo Fernandez O. P.：《天主教在台开教记》，黄德宽译，（台北）光启出版社，1991，第 152~153 页。

③ Fr. Pablo Fernandez O. P.：《天主教在台开教记》，黄德宽译，（台北）光启出版社，1991，第 151 页。

④ Fr. Pablo Fernandez O. P.：《天主教在台开教记》，黄德宽译，（台北）光启出版社，1991，第 179 页。

去了它的“吸引力”，这在台湾少数民族中的表现尤为突出。平埔族信徒的入教动机本来就不是为了信仰，而是想得传教士的“保护”，或出于对传教医师“手术刀”的感情回报，因此，他们中的许多信徒并未真正了解教义，不做礼拜，不遵守教会的规戒律事，有些人干脆脱离教会，造成大量平埔族人退教。

在中国基督教史上，“礼仪之争”曾是明末清初天主教在华传播时遇到的一个大问题，牵涉“祭祖祭孔”的问题，引起了康熙皇帝与罗马教会之争。在近代，新教在华传播时不可避免地也会遇到同样的问题，但它仅限于教会内部在考虑传教效果时对方针、策略的选择，清政府并没有在这个问题上与基督教会发生纠纷。而在日据时期的台湾，基督教所遇到的“神社参拜”问题，又是大陆基督教与台湾基督教状况不同的一个典型的事例。

日本殖民者明确规定，在教会办的学校里，学生要参拜神社。台湾基督教会则以信仰不同为由，拒绝参拜神社。因为神社包含神道教的因素，不但抵触宪法所保障的信教自由，而且违背了当局所提倡的教育与宗教分离的主张。对此，日本政府声称，神道不是一种宗教，而是一种有关帝国家族的国家礼仪，是保存国家古老传统的爱国组织。而对于基督徒来说，这种说法显然站不住脚，参加神道节日明明带有某种宗教成分。但作为台湾的殖民统治者，为了巩固其殖民统治和满足侵华战争的需要，最后强行以“神道是超宗教的，作为一个忠贞臣民，不论他本人信仰何种宗教，对神道的参拜都是他应尽的责任”① 为由，加以推行。在这种情况下，台湾的基督教教会，不得不屈从于自欺欺人的所谓“神社参拜非宗教性”的特殊说明，允许学生参拜神社。② 这就是中国基督教在殖民者统治下必然的遭遇，它完全有别于明清时期天主教与近代基督教所遇到的同样的问题，基督教被迫成了殖民者的附庸。

---

① Band E. , *Working His Purpose Out: The History of the English Presbyterian Mission* 1847-1947 , Taipei: Ch'eng Wen Publishing Company, 1972, p. 181.

② 翁伟志：《日据时期台湾基督教之研究》，硕士学位论文，福建师范大学，2001，第 69~70 页。

四

1945年台湾光复后，在国民党统治下，台湾基督教步入了中国基督教史上从未有过的错综复杂的政教纷争时期。按教派来分，台湾基督教大的分支主要有5个：长老会、浸信会、卫理公会、聚会处和新约教会。而按政教关系来分，即根据对国民党的政治态度，又分为四个派别：代表闽南语系统的长老会，对国民党政府采取激烈对抗的态度；代表国语系统的浸信会、卫理公会，与国民党政府有限度地合作；独立教派聚会所，完全不理会现实的政治；作为新兴教派的新约教会，因宗教的原因与政府激烈对抗。①

最早埋下政教关系紧张种子的是1947年的“二二八事件”。“二二八事件”本来是台湾人民与国民党当局压迫与反压迫、专制与反专制、独裁与反独裁的斗争，“而非本省人与外省人的对立”②。但是在西方反华势力的煽动下，基督教教会中少数别有用心的人，借口“二二八事件处理委员会”的基督教上层人物遭到蒋介石政权的逮捕与杀害，以“省籍情结”，挑起事端，将反对国民党的情绪逐渐转移到排斥外省人以至祖国大陆上来。从此，在台湾的基督教教会内，萌生了“台独”的温床。在各派教会中，长老会成了“台独”狂热的鼓吹者和推动者。

长老会强调“台湾本土”色彩，在教会中推广闽南语，别有用心地把闽南语改称为“台语”，同样不称普通话为国语，而是称之北京话，以此作为对国民党政权推行的“独尊国语，罢黜方言”政策的不满和反抗。语言问题初期是长老会与国民党当局进行政教斗争的一种工具，到了20世纪90年代，“台独”分子利用它从文化上消除台湾民众对“中国人”和“中华民族”的认同意识。他们危言耸听，提出使用国语将会导致台湾本土人的“种族灭绝”。陈水扁上台后，多次在公开场合鼓吹“台语”，并要求在“本土化教育”中使用闽南语。“台独”分子在语言

① 参见朱峰《战后台湾基督教》，未刊稿，2001。

② 林鸿信：《二二八事件的迷思与省思之再思》，见《苏南洲基督教与二·二八》，雅歌出版社，1993，第91页。

问题上大做文章，与西方民族分离主义者利用语言问题搞民族分裂的行径如出一辙。

20世纪70年代，台湾被驱逐出联合国，日本、美国相继与中华人民共和国建交，台湾国民党当局在国际上面临着空前的孤立。台湾长老会当时与岛内的“台独”分子沆瀣一气，看准时机，兴风作浪，主张“台独”，作为与国民党当局抗衡的政治行动。长老会成为一股不可忽视的“台独”势力。

而在台湾岛“文化台独”的喧嚣声中，更有欺骗性、煽动性，危害极大的是长老会在神学上为“台独”抛出的“乡土神学”“出头天神学”的理论。台湾的乡土意识是台湾知识分子在台湾光复初期怀有的归祖国、爱台湾心情的一种流露。长老会抓住台湾同胞的这种心态，以乡土意识对基督教“本色化神学”进行诠释，“乡土神学”“出头天神学”正是在这一背景下出台的。“乡土神学”要求神学反省与台湾社会政治生活相结合，试图通过对文化的认知和身份上的认同，彻底切断台湾和祖国大陆的文化脐带。所谓“乡土神学”是不折不扣的政治神学。它和它所服务的“台独运动”一样，都是别有用心的。[①]“出头天”一直是“台独”分子的一块骗人的招牌。“本土神学”和“出头天神学”成了当前台湾岛内“台独”分子搞“文化台独”的理论工具。

随着台湾政局的变化，长老会与国民党的政教纷争逐渐从过去的对抗转为妥协和合作。

民进党上台后，长老会与国民党的政教斗争虽然告一段落，但他们依然打着“人民自决”的旗号，走宗教干预政治的道路。然而，要指出的是，长老会内部并非铁板一块。以台湾神学院为中心的北部地区的牧师和许多信众并不认同长老会总会挑起政治争端的做法。在“退出普世教协案”，通过《对国是的声明与建议》《人权宣言》等重大事件中，长老会北部教会都有不同的声音。而且，在台湾宗教界，长老会也只代表一部分宗教群体。[②]

① 参见朱峰《战后台湾基督教》，未刊稿，2001。

② 参见朱峰《战后台湾基督教》，未刊稿，2001。

综上所述，人们不难想起《圣经》上的一句话：“把恺撒的东西给恺撒，把上帝的东西给上帝。”[①] 一部台湾基督教的历史，从荷据时期传教士用武力把“十字架”插到台湾岛，到清统时期西方传教士用“手术刀”作为敲门砖，使基督教在台湾再次传播，再到20世纪末叶以来，长老会利用“乡土神学”和“出头天”的幌子来充当台湾政治的婢女，以至今日，人们依稀看到的是，政治与宗教就像一块硬币的两面，伴随着战后台湾基督教传播与发展的全过程。

原载《福建师范大学学报》（哲学社会科学版）2003 年第 3 期

① 《马可福音》第 12 章第 17 节，《圣经》，香港联合圣经会，1979。

三坛小法与闽台传统社会

黄建兴

三坛小法主要分布于福建的漳州、厦门、泉州及台湾的澎湖、台南、漳化、高雄等地。他们不像道士法师一样可以单独行法，往往需要集体作法，人数少则七八人，多则20~30人，甚至达40~50人之多。因为这个特征，三坛小法在台湾南部亦被称为"小法团"。关于台湾三坛小法的研究成果丰富，既有专著、论文集①，也出现了一批学位论文②。从研究内容上看，学者们的研究已经颇为深入、细致，视角也多样：既关注台湾三坛小法本身的科仪内容、特征、传承和派系，也涉及三坛与地方道教、戏曲、音乐和聚落角头的关系。但是，对作为其源头的闽南三坛小法却仍然缺乏深入的研究，尚无相关的专论。本文依据笔者在闽南、台湾中南

① 吴永猛：《澎湖宫庙小法的功能》，澎湖县立文化中心，1996；高怡萍：《澎湖群岛的聚落、村庙与犒军仪式》，澎湖县立文化中心，1998；黄有兴、甘村吉：《澎湖民间祭典仪式与应用文书》，澎湖县文化局，2003；戴玮志、周宗杨、邱致嘉、洪莹发：《台南传统法派及其仪式》，台南市政府文化局，2013；甘村吉、陈定国：《澎湖宫庙小法与祭祀科仪》，澎湖县文化局，2014；台湾民俗信仰学会编《2009法教与民俗信仰学术研讨会论文集》，文津出版社，2011；台湾民俗信仰学会编《2010、2011法教与民俗信仰学术研讨会论文集》，文津出版社，2013；台湾民俗信仰学会编《2012、2013、2014法教与民俗信仰学术研讨会论文集》，文津出版社，2015。

② 马上云：《犒军仪式之音乐研究——以台湾西南沿海地区为主的观察》，硕士学位论文，台湾师范大学，1995；马上云：《澎湖法教普庵派仪式音乐之研究》，博士学位论文，台湾师范大学，2008；林承毅：《澎湖宫庙小法操营结界仪式之研究》，硕士学位论文，台北大学，2004；王钊雯：《台南市宫庙小法团之研究》，硕士学位论文，台南大学，2005；萧启村：《澎湖宫庙小法造桥仪式及操营仪式音乐研究》，硕士学位论文，台北艺术大学，2005；邱致嘉：《安平宫庙小法团之研究——以海头社法派为例》，硕士学位论文，台南大学，2012。

部和澎湖等地的田野调查，论述闽台两地三坛小法的历史渊源和宗教形态，并对两地的三坛小法进行初步比较。本文所聚焦的问题如下：三坛小法与道教闾山派有何渊源？两者有何异同？闽台的三坛小法在不同的政治、经济、文化背景下各自会有怎样的发展？三坛小法在闽台传统社会到底扮演了怎样的角色？

一　三坛小法的历史渊源

关于“三坛”一词的意涵，闽台不同地区的小法有着不同的解释。漳州的一些小法认为“三坛”与小法们做法事时摆设的坛场有关，“上坛普庵大教主，中坛哪吒三太子，下坛黑虎大将军，左坛降旨龙树王，右坛北方黑绿帝（玄天上帝）”。无论是“上中下”还是“左中右”，横竖都是三坛，所以称为“三坛”。但是台湾澎湖法师郑煌滨先生却有“三山传三法”之说。三山指的是闾山、横山和灵山三大法派。三大法派的主要法器不同，其中“闾山擅用净鞭法索，横山擅用帝钟（法铃），灵山擅用角鼓”，所以合称“三坛法”[①]。也有法师认为澎湖的三坛来源于道教，当初太上老君传了10坛咒给道士，后来道士又传了3坛给法师，自己则留了7坛维生[②]。关于“小法”一词，学界普遍认为其来源与道教有关。相较于道教隆重的醮仪，三坛小法所做的多为小型法事，加上其学法者年龄偏小（多为青少年），习学三坛法事的仪式专家也被普遍称为“小法”“法仔”和“小法团”等。[③]

由于三坛小法主要在民间流传，其传承方式主要靠口传身教，加上其秘传的特征，阙之记载。各地三坛小法大多只能将其历史往前追溯5至6代，再往前就说不清道不明了，唯留有历代口耳相传的起源传说故事。漳州芗城区进发宫称三坛起源于远古洪荒时代。那时凶神恶煞横行世间，为了人间太平，闾山圣祖（亦有太上老君之说）降世传授道法，遂演为三教。其中道曰道教，僧曰释教，三坛曰神教。因此，当地亦称三坛为“三

① 余光弘、黄有兴编纂《续修澎湖县志》卷12，澎湖县政府，2005，第33页。

② 高怡萍：《澎湖群岛的聚落、村庙与犒军仪式》，澎湖县立文化中心，1998，第95页。

③ 参见吴永猛、谢聪辉《台湾民间信仰仪式》，台湾空中大学，2011，第16页。

坛神教”。进发宫尚可追溯的三坛历史有 5 代。第一代法长为晚清的郑合法（生卒年不详），第二代为郑如川（1882～1959）和林郑满水（生卒年不详）……第五代法长为郑休山（1958～）①。龙海市海澄镇山后村英埭社的三坛，相传始于明末清初。那时天下大乱，疾病瘟疫横行，为了拯救黎民，英埭社主神玄天上帝授意当地民众聘请三坛先生，学习三坛法事，以驱邪赶煞。关于英埭社三坛的传承，据其现任法长杨云奎介绍，英埭社原先没有三坛小法，社里举行踏火仪式时，需要从邻村邀请三坛小法来演法。有一年，邻村的三坛小法违约，不来踏火，村里的民众一气之下，发奋学习三坛法事，拜请该镇港岸村鸿岸宫三坛法长张文川为师。《英埭社三坛咒语簿》记载了该社三坛的师派传承名录。

> 众先生传法姓名：
>
> 周狼（郎），沈法显，姚得江，吴清泉，高发贤，黄梓文，周发惟。
>
> 分派从原主传来：
>
> 沈发（法）显，吴清泉，陈法练，岐山连克谋，长洲社黄启国，张文生，漳州西□船郑振元，山城圩黄木石，港岸张文川，英埭杨登科（杨佃九）、杨肃德、杨溪，传杨云洲、杨云奎。②

在漳州一带，小法尊称三坛师傅为“先生”。该名录所载的三坛先生有 19 位，其中后 5 位为英埭社人士。杨登科、杨肃德和杨溪为该社的第一代法长，杨云洲与杨云奎为第二代。传法于英埭社的港岸村鸿岸宫亦有三坛传承，《鸿岸宫三坛咒语簿》亦载有该宫三坛的传法名录。③ 经比对，除了个别书写差异外，英埭社与鸿岸宫三坛前面的 12 位先生是一致的，由此可知这两个宫庙三坛的师承关系。英埭社与鸿岸宫三坛均认为周郎是三坛的开派先生，自称属于“周郎派”。相传周郎为明代人士。漳州龙海有不

---

① 漳州九龙江进发宫文件保护小组：《漳州疍民习俗——省级非物质文化遗产代表性项目申报书、辅助材料汇编》（内部资料）。

② 漳州龙海市海澄镇山后村英埭社：《英埭社三坛咒语簿》（内部资料）。

③ 漳州龙海市海澄镇港岸村鸿岸宫：《鸿岸宫三坛咒语簿》（内部资料）。

少三坛均属于周郎派。但是这些宫庙小法均无法明确叙述周郎的生平，咒语簿上所载的周郎、沈法显、姚得江、吴清泉及高发贤等先生究竟是同辈师兄弟，还是师徒关系，因年代久远，漳州小法们均已不了解。

关于三坛的历史渊源，台湾虽保存着一些文献记载，但年代也都较晚。《澎湖厅志·风俗篇》载："又有法师与乩童相结，欲神附乩，必请法师催咒。每赛神建醮，则乩童披发仗剑，跳跃而出，血流被面。或竖长梯，横排刀剑，法师猱而上，乩童随之。乡人有胆力者，亦随而上下。或堆柴火炽甚，跃而过之，妇女皆膜拜致敬焉。"① 文献中虽然没有明确指出法师即三坛小法，但从其过柴火、爬刀梯且与乩童相结合的特点，可知其所描述的是澎湖地区兴盛的三坛小法。台南安平地区亦盛行三坛小法，与龙海一样，其三坛法长也被称为"法官"。《安平县杂记》载："法官者，自谓能召神遣将，为人驱邪治病，作一切禳解诸法……"②

与闽南一样，台湾的三坛小法也多以传说故事来述说其源头和历史。澎湖的三坛小法主要分为普庵派和吕山派。相传这两个派别都起源于摩呢祖师，而摩呢祖师则是向太上老君学法的。三坛（法教）起源于闽中地区，即福建泉州和莆田一带。嚤呢公原来是一个王国的太子，但是他不思继承王位，而一心只羡慕名山，并在一个叫"深谷岩"的地方搭了一间茅屋，朝夕修炼沙门的瑜伽五部大法。数年之后，突然有一位老道造访茅庵，嚤呢很恭敬地接待了他。老道于是将道家的秘法：召神遣将、呼风唤雨、腾云驾雾的本领都传授给他，并赐给他三坛龙书一册，"三宝"法器：五雷令一块，柴胡一枝，青蛇索一条，并嘱咐：这本书有妙诀，五雷一响，神兵就到；柴胡一散，天清地灵；蛇索一响，诸邪心惊。嚤呢得到这些法术之后，日夜练习。数年之后，他对法术熟练于心，于是就到处打听老道的名号。过了许久之后，才知道原来是太上老君。因为嚤呢是阿弥陀佛座下弟子转世，与道家有缘，所以太上老君特意下山传授法术给他。自此之后，嚤呢专心辟谷修炼，在山中修炼仙丹。后来嚤呢入西天，成为嚤呢佛。嚤呢的门徒历代传承不绝，并奉南泉香水院普庵祖师为教主，福州

---

① 林豪编《澎湖厅志》第 2 册，台湾银行，1963，第 327 页。

② 《安平县杂记》（不著撰人），台湾银行，1959，第 23 页。

白龙潭吕山祖师为法主。[①] 此为澎湖普庵派关于三坛起源的传说。澎湖吕山派的三坛也有类似的传说，只不过故事的主角变成了闾山，普庵是闾山的仆人，其法术亦来源于闾山。[②] 金门岛原来也有不少三坛法师，从大陆地区过来，赤脚行法，身穿白色布裙，做一些小法事，与极度不洁的凶煞有关，在其仪式的文书中自称为三坛法师。三坛法师在举行仪式的时候，不挂道教的三清像，而是挂闾山和四圣者的画像，其形象均是法师着戎装，四圣者更是被画成披散长发的形象，像做法中的法师。相传当初统领五营神兵的张、萧、刘、连四圣者斗法，由于法术不相上下，斗了许久也分不出高下，于是请在闾山修道的闾山来担任他们的首领，最后才解决了争端。[③]

从闽台两岸三坛小法的历史渊源上看，各地三坛小法仪式的兴起多与瘟疫和疾病有关。三坛小法踏火仪式的主要功能是消灾治病。虽然不同地方流传着不一样的传说故事，但多数三坛的源头故事与闾山（或吕山）有关。然而，三坛法术的最终来源却是道教的太上老君。在传说故事中，无论是闾山还是嚩呢，均是太上老君的弟子，这显示了三坛小法与道教的密切关系。清代至民国时期是三坛小法最为兴盛的时期，其仪式在闽南地区广为流传。19 世纪，西方学者格鲁特（J. J. M. de. Groot）在厦门从事“师公”仪式研究时，就已经关注到了三坛小法。“事实上，厦门师公与童乩在法事时也是密切合作，很多‘童乩会’中都会有一名师公，但更常见的是‘法长’‘法官’（未传度的学法者），作为其引导员。”[④] 从中可知三坛小法与闽台师公（闾山派）的密切关系。

台湾的三坛是从大陆闽南原乡传播过去的。台湾三坛小法研究学者对两岸三坛的渊源关系多有认同，但却着墨不多。不少学者认为，三坛小法在大陆已经严重式微了，或者认为台湾三坛小法仪式是在台湾发展的。“法师一般而言均属于私人的法坛，主要应聘为宫庙或个人进行法事，具

① 郑煌滨整编《正宗澎湖三坛要诀全书书：普庵正法》，如意堂出版，2001。

② 高怡萍：《澎湖群岛的聚落、村庙与犒军仪式》，澎湖县立文化中心，1998，第 94~95 页。

③ 参见李翘宏《金门民间道教仪式的知识流动与重组》，《湖北民族学院学报》2005 年第 5 期。

④ J. J. M. de Groot, *The Religious System of China*: *Its Ancient Forms*, *Evolution*, *History and Present Aspect* , *Manners*, *Customs and Social Institutions Connected the Rewith*, Reprinted by Southern Materials Center, INC, 1989, p. 1289.

有营业性质；而澎湖宫庙中的法师则截然不同，这些法师由宫庙负责训练，并且在学有所成后也义务为宫庙或村里提供服务，从来没有任何营业性质。这个现象不仅在台湾可说是没有，在澎湖信仰原乡的泉厦漳金一带也几乎找不到相似的地方，乃为澎湖一个十分独特的现象。”① 对两岸三坛小法渊源探讨较多的是余光弘和黄有兴。但是他们也认为“村村自有法师”的现象是在澎湖的发展。“我们从澎湖人祖先的原乡福建霞浦的烽火列岛、福州、闽安、海坛（平潭）、泉州、厦门、金门、漳州、铜山（东山），乃至广东的南澳一路追查，均无法发现有近似澎湖村村自有法师的现象。唯一接近的线索在厦门发现。”② 其实，闽南的三坛小法历史上也很兴盛，现今虽有所衰微，但依然颇为流行。据笔者近段时间的初步考察，三坛小法在福建厦门、漳州、泉州和莆田地区仍有不同程度的分布，其中漳州芗城、龙海和南靖一带保存的三坛小法数量最多。据了解，仅龙海角美地区就有 40 个宫庙有三坛。角美东美村共有 15 个社，其中 6 个社有三坛小法。龙海海澄镇山后村共有 6 个社，其中 3 个社有三坛。

二　三坛小法的宗教形态与特征

本节以笔者在漳州的田野调查为基础，从三坛小法的坛班构成、神明体系、法器与服饰、法事科仪、科仪文书着手进行叙述，然后将其与台湾的三坛小法进行比较，以观其宗教形态之概貌和特征。

（一）三坛小法的坛班构成

三坛小法一般不单独行法，而是通过集体分工合作来展演法事。一个宫庙的坛班通常有几十位小法成员。坛班成员根据其在坛班中的不同分工，扮演不同的角色或职位，且具有等级之别，有法长和普通小法之分。法长，又称法官、坛（堂）主、三坛头，因地而异。法长无疑是三坛坛班中最重要的人物。作为一坛之主，他要精通三坛各类法事，包括咒语、符

① 萧启村：《澎湖宫庙小法造桥仪式及操营仪式音乐研究》，硕士学位论文，台北艺术大学，2005，第 18 页。

② 余光弘、黄有兴编纂《续修澎湖县志》卷 12，澎湖县政府，2005，第 26 页。

法和指法。法长又分为文、武法长。其中，文法长负责三坛坛场的布置、科仪的程序以及法事所需要的各类符箓；武法长负责法事的科仪展演和法器操演。文法长的地位比武法长略高，因为文法长所掌握的三坛符法是秘传的，轻易不传授他人。除了负责法事的展演之外，文武法长还要负责新小法的训练。三坛法长的产生并非靠血缘继承。要想成为一名受人尊敬的法长并不容易，不仅要有好的天资，还要人品好，勤奋刻苦。传统上，要想成为一名法长，还必须经过受牒仪式，或称受职仪式，即通过仪式在三坛法界取得职位及法号，并获得相应的官将。牒文中有“生为三坛，死归闾山”之词。授职时要请师兄弟坛来考法，以证明其有当法长的资格。在受牒仪式中，新法长要当众在神灵面前立下誓言，一生中要付出“贫”“夭”或“孤”的代价。贫是指一生清贫，不贪图财富，作法事不能收取费用，最多只能收取一张红条；夭是指不长寿、短命，在 50 岁之前就去世；孤是指孤家寡人，没有后代。法长若在仪式中发誓一生只穿破衣，那么他以后每次买新衣服时，在穿戴之前都要故意将衣服剪破，缝补之后再穿；若发誓不用好碗，那么他以后就只能用有缺口的碗。据说只有发下类似的毒誓，法长的法术才会灵验。如今，闽南三坛小法的受牒仪式大都衰微，很多宫庙都已经不再举行传统的受牒仪式。漳州龙海高坑村宗仁庙法兴堂小法曾于 2015 年尝试恢复三坛的受牒仪式。这是一场集体的受牒仪式，参与受牒的小法有二三十名之多。每个参加受牒仪式的小法都要背一个包袱，象征上山学法。包袱中放有小法的受职牒文，牒文中记载了该小法的职位。申请为文法长的称为“司文法官头”；若是武法长，就称为“司武法官头”；念咒的小法称为“司咒法官”；打鼓的小法称为“司鼓法官”。相应的还有“司锣法官”“司旗法官”。然而，由于三坛小法受牒仪式已经中断多年，宗仁庙虽尝试恢复，但现今已无小法能够主持该仪式，只好请当地的道士来主持受牒仪式。

在传统社会中，小法在年龄很小的时候就要随法长和师兄学习小法科仪，从七八岁至十几岁不等。小法们成批集中到庙里学法，每批至少 6 人，多则不限。如同法长在受牒仪式之前要宣誓一样，小法们在学法之前也要宣誓，在坛前宣读疏文契约，表示学法之后要无私奉献，不拿信众的一针一线，并将文疏焚化于神灵香炉内。小法在学习期间要学会唱诵不同神灵的咒语，掌握不同法器及科仪的各种动作和阵法。小法学法的时间不是随意的，而是要在每年三坛开坛之后才能动锣鼓学法，一直到收坛为止。这段时间，小法们每天晚上都要到庙里的法坛练习三坛法事，直到熟练三坛咒语和科仪为止。小法学法时要在庙里的墙壁上挂一张牌，或贴一张红纸，上面写着“众小法学法，诸神莫听”（漳州芗城文衡殿），或者“堂中分四圣，座下闻三坛；小法学习咒语，诸祈鬼神勿听”（漳州龙海紫泥镇霞宫）。这是小法学法时的预防措施，因为小法所唱诵的均是召神驱鬼的咒语，怕学法时真的惊动了诸神明。

（二）三坛小法的神明体系

漳州三坛小法的神明体系较为庞杂，且不同地区三坛所崇拜的神明不太一样。不过一般来讲，各地三坛小法所崇拜的神明可以分为三类。第一类是三坛小法教派的神灵，小法内部称其为“本坛诸猛将”。这类神明包括普庵大教主、秽迹金刚龙树王、玄天上帝（又称黑绿帝）、中坛元帅（哪吒）、法天张圣者、辅天萧圣者、七台刘圣者、岭上连圣者、黑虎将军、唐中太乙君、闾山法主、正法陈夫人、注生娘娘、三十六官将等。第二类神明是三坛小法的“先生公”。先生公即小法的历代传法祖师。三坛小法在各类仪式中均要召请先生公，并向先生公敬供茶水。小法注重其传法谱系，一般会在科书中记载历代先生公的名号或法名。漳州龙海英埭社咒语簿开篇就有“未曾抄法书，预先写师派”之句。可惜由于三坛小法的仪式在历史上曾一度中断，现今三坛小法咒语簿上的先生公传法谱系大都不完整，或者语焉不详。第三类神明是区域神和三坛所隶属的宫庙供奉的各位神明。区域影响较大的神明也往往会成为三坛小法仪式召请的对象。闽南地区的主要区域神有关公、清水祖师、广泽尊王等。三坛所属宫庙供奉的主神被小法们称为“主公”或“恩主公”，亦是三坛的重要神明。小法每年均会为该神明举行庆贺神诞仪式。

（三）三坛小法的法器与服饰

闽南三坛小法在仪式中要频繁地使用多种法器，以召神驱鬼。各地三坛小法的法器不太一致，但一般包括法索、法印、五雷号令、长柄手鼓、马锣、令尺、令旗、营头旗、法刀等。可以看出，闽南三坛小法缺乏其他地区闾山派的龙角法器。一些宫庙三坛小法又将手鼓、马锣、令尺等仪式伴奏器物称为乐器，将其与其他法器区别开来。但其实这些乐器与其他法器一样，均具有宗教功能，在仪式中都要经过小法的敕令。三坛小法最具标志性的法器是法索。法索，又称龙蛇法鞭、蛇鞭、金鞭圣者、圣者、法姥爷等，是一条带有蛇头形状手柄的麻绳，绳子较长，一般有两三米。各地法索的蛇头雕刻形态不太一样：有张牙咧嘴、口吐信子的蛇头，也有嘴巴紧闭的蛇头，有些三坛的蛇头上面还刻有八卦图案，比较特别的还有口含一小型人头的蛇头形状。三坛小法在各类法事中基本上都要用到法索，而且其使用比其他法器要频繁许多。法事开坛时就需要小法手持法索在地上鞭打数下，口念咒语："一打金鞭天门开，二打净鞭地户裂，三打法鞭人长生，四打法鞭人长生，五打五营三十六员大神将速速到坛前，太上传来一敕鞭，三十六员大神将……"① 法索的主要功能在于驱赶邪鬼、清净坛场。使用法索之前，小法会对其进行敕令，以注其神力，召请龙蛇大将。法事结束之后，三坛小法会把法索盘绕收起，置放于庙宇内的神像旁边或案桌之上，供小法和信徒瞻拜。所以，在闽南地区，供奉法索的庙宇一般都有三坛小法服务。漳州地区的一些三坛小法甚至把法索视为本派的开派祖师，称其为法主、法主公或法姥爷。

闽南各地小法举行仪式时的服饰和装束也不尽相同。漳州进发宫三坛小法上身穿白色汉装，下穿蓝色长裤，腰扎绿色腰带。漳州龙海石码登第社三坛小法上身穿红色衣服，下穿白色法裙。龙海玉江三元祖庙三坛小法上身为白色结衣，肩上佩戴黄色"香袋"，腰系绣有"万"字的围裙，小腿绑白布。有的三坛小法在举行仪式的时候会在头上绑一块红色头巾，如龙海鸿岸宫法长在做补运时就是头包红布，腰系白色围裙。还有些地区的三坛小法对服饰有一些特殊的规定。龙海角美昆尚宫小法上身穿白色结衣，腰缠腰带，绑腿赤脚。根据当地习俗，小法上身穿的结衣一定要由其舅舅出钱购买。由此可见，各地三坛小法的服饰各具特色，但是各地三坛

① 漳州芗城区打锡巷文衡殿：《咒语簿》（内部资料）。

小法（特别是法长）在做法事时一般会在肩上盘绕一条法索，下身穿白色法裙，打赤脚。

（四）三坛小法的法事科仪

闽南三坛小法传统法事众多，总体来讲可分为私事和公事。私事指的是为社区民众个体做的法事，其仪式规模较小，但种类繁多，渗透进民众日常生活的各个方面，如过关、造花盆、栽花换斗、买寿、抢魂、关落阴及治疯癫等各类消灾治病和驱邪逐煞的法事。“过关”是为体弱多病或哭闹不乖的小孩举办的过限厄的仪式。“造花盆”“栽花换斗”是为未怀孕或已怀孕的妇女举行的助孕及保胎儿平安的仪式。“买寿”是为病危或行将过世的人举行的增加寿数的仪式。“抢魂”是为受到惊吓或被邪鬼侵扰的病人举行的召回魂魄的仪式。“关落阴”是通过三坛小法做法使乩童或死者亲人下阴间与死去的亲人亡魂对话的一种仪式。“治疯癫”是医治精神不正常病人的一种仪式。在传统社会，由于医疗条件落后，诸如此类的法事非常盛行。值得注意的是，三坛小法从不参与地方的丧葬仪式，他们对死亡和丧仪讳莫如深。倘若家中有亲人去世，小法不得已参加了丧葬仪式，那么他们要经过一段时间的规避之后才能参加三坛仪式。

公事指的是为宫庙神明或社区民众集体做的法事，包括庆贺神诞、每月初二和十六的“做牙”、神像开光点眼、宫庙落成奠基、补运、拜寿、请火、喷油等。与其他宗教派别的法事不同，三坛小法的公事仪式只有在小法“开坛”之后才能举行，“收坛”之后就不再举行法事了，俗语称“收坛之后就不再动锣鼓了”。开坛即召请三坛法神兵马降临人间消灾祈福，收坛即送神仪式，感谢神明一年来的护佑。“庆贺神诞”就是为宫庙神明祝寿，仪式隆重，规模较大。“做牙”指的是小法在开坛之后每月农历初二和十六对三坛的官将和兵马进行犒赏，既要在殿内供桌上摆供品，诸如三牲、猪肝酒、线面之类，用以敬奉维护社区平安的三坛兵将，也要在殿外放置稻草、黄豆及水，以供奉三坛兵将的马匹。“开光点眼”即为新雕刻的神像开光，以注入神力和灵性。“宫庙落成奠基”仪式一般在新的宫庙刚刚落成之际举行。“补运”指的是三坛小法通过仪式为宫庙所属社区民众集体举行的一种保平安、消灾厄的仪式。“拜寿”指小法为邻近宫庙神明或联谊宫庙神明祝寿。“请火”指三坛小法到祖庙为宫庙神明迎请香火，以增加灵气。“喷油”仪式在村庄发生不平安或灾难之时举行，由三坛小法用火将油煮沸，到村庄各家各户喷油或喷火，以消除引起灾难和瘟疫的邪鬼和不干净的东西。

三坛庆贺神明诞辰、请火及宫庙落成奠基等大型仪式内容丰富，程序繁杂，不同地区的仪式细节也各异，但是基本上遵循一套基本的仪式结构，即“开坛请神”“召营放兵”“操营结界”“踩踏火盆”“钉符巡境”“犒军收坛”。“开坛请神”即唱咒邀请神灵降临坛场，消灾祈福。三坛小法首先诵唱三坛教派的重要法神咒语。诵唱过三坛法神咒语之后，接着唱诵本区域神明及自己宫庙神明的咒语。小法们在开坛请神时唱诵的咒语多达10到20首。在三坛法器手柄长鼓、马锣和令尺乐声的伴奏下，小法们齐声唱诵咒语，时快时慢，颇为震撼。不同宫庙的咒语调子有所不同，不同神明的咒语音调也不一样，其中有2拍子、3拍子、4拍子等。接下来便是“召营放兵”仪式，即释放三坛兵马以保护坛场。小法在召营仪式时要按序召请东南西北中外营的兵马，每个营都有统帅，统领不同数量的兵马，其中东营是“九千军，九千军马，九万人”；南营是“八千军，八千军马，八万人”；西营是“六千军，六千军马，六万人”；北营是“五千军，五千军马，五万人”；中营是“三千军，三千军马，三万人”；外营是“数千军，数千军马，数万人”。六营又与传统的五行概念相结合，其中东营为木轮界，青旗；南营为火轮界，红旗；西营为金轮界，白旗；北营为水轮界，黑旗；中营为土轮界，黄旗；外营为土轮界，七星旗。三坛小法在传统的五行五方外，又增加了“外营”的概念，其背后的因素值得探讨。“操营结界”是由6名小法装扮成东、西、南、北、中、外6营，统领营下兵马进行操练，其中有很多精彩的武术动作和不同的阵法展演。“踩踏火盆”俗称“踏火”，是三坛仪式的高潮，由法长主持。踏火之前，参加仪式的三坛小法及信众要戒荤禁欲数天，并在踏火前一天沐浴洗脚。举行仪式时，众人在宫庙前的广场上铺上一层厚厚的、燃烧的木炭。届时法长会根据火候，不时地向火炭上撒米粒和盐巴。此举一来会降低火炭的温度，二来可以使火炭大量冒烟，增强仪式的氛围。接下来，由小法代表不同的营头，两人或者4人一组，手拿不同法器，围着火炭绕圈，并做出各种舞蹈动作。这期间，小法口念雪山咒，按东、西、南、北、中、外6个方位，用法刀或赤手将符箓插入燃烧的木炭之中，在插入符箓的同时将木炭扬起，形成一道艳丽的弧形火焰。待时机成熟，小法用法索朝地上鞭打，称为开火路。之后，在法长的带领下，由三坛小法抬着神轿，带领村庄信众赤脚踏过一堆燃烧的木炭，以达到祈福驱邪的目的，闽南俗语称之为“过火无事尾”[①]。踏火结束之后，围观民众争着到炭堆中捡取还在燃烧的成块木炭，并将其带回家保平安。“钉符巡境”是请三坛小法在村庄的各个路口钉下贴有符箓的竹符，之后再抬神轿巡境。“犒军收坛”是对三坛的6营兵马进行赏赐，供奉酒水、三牲及粮草等兵马所需之物，并将其收回营内。

（五）三坛小法的科仪文书

科仪文书是三坛小法行法的文本依据。闽南三坛小法的科仪文书较为简单，一般只包括两种类型：一种是三坛咒语簿，另一种是三坛的符箓秘本。

三坛咒语簿记载了小法开坛请神、召营放兵、操营结界、踩踏火盆及犒军收营等各类咒语。各个宫庙三坛现今保存的咒语数量不一，少的有十余首，多的有上百首。由于三坛小法主要在民间流传，在传统社会中，各地小法的受教育程度又普遍不高，再加上三坛咒语多用方言唱诵，各地三坛小法科书中多有别字、方言字。即使是同一个神明的咒语，不同三坛也有不同的版本。从内容上看，大多数咒语涉及所召请神明的传说故事、形象、法术功能及其部将、法器。从形式看，咒语一般以“奉请”“谨请”开头，以“太上老君急急如律令”或“神兵火急如律令”结尾。从结构上看，咒语为七言诗体，即7个字一句。此类诗体咒语配以简单的锣鼓音调，易于唱诵。除此之外，宫庙三坛咒语簿的记载比较详细，记录了三坛各个科仪的具体步骤，法长及小法的口白动作及科仪所需的各类符箓和供品。

三坛符箓秘本包含了小法举行各类仪式所需要的各种符箓、秘咒及指

---

① 漳州芗城区打锡巷文衡殿：《漳州哪吒鼓国家级非物质文化遗产名录申报文本》（内部资料），2008。

法等，如各神明的符箓、治疗各种疾病的符咒等。与咒语簿相比，此类科书多不示人，一般在历代法长之间传承，因此称为秘本。三坛小法在举行仪式时不像道士、师公那样会在坛场四周挂神明或像图，但是三坛符本中包含了一张总坛符。总坛符上半部分为八卦图，下半部分是三坛重要法神的符箓，每张总坛符上大约有 56 张神明符。

从以上的描述来看，闽南三坛小法的教派形态和内容很有地方特色。其中有两个特征需要特别强调。第一，三坛小法的仪式充满了展演的色彩，特别是操营结界和踏火科仪，很是精彩！漳州芗城区文衡殿小法林济民将三坛仪式的要点概括为“禹步、侧身、赤脚、屈膝、手打鼓、嘴念咒”。三坛小法仪式集音乐、武术、道教阵法和各类民俗表演于一体，往往成为具有各地区特色的民俗活动。第二，传统三坛小法与附体的乩童关系非常密切，以至乩童也成为三坛小法坛班的固定成员。闽南地区将与三坛小法合作的乩童称为“三坛乩”。几乎所有的小法开坛请神咒语均是用来降神附体的。三坛请神咒语簿中充满了诸如“降在坛前摄生童”“珠砂符印摄生童”“接引生童在阳间”“扶童下降度群生”等句子。[①] 漳州龙海角美地区至今仍然保留着三坛小法与乩童的合作科仪。但是总体而言，三坛小法与乩童的配合已经不如以往那么密切了。台湾的三坛小法源自闽南原乡，其宗教形态与特征大体也延承了闽南的传统，但是由于社会时空背景的差别，两者难免会有不同的发展，从而在仪式的细节、法器、服饰等方面产生变异。台湾澎湖的三坛小法分为普庵派和闾山（吕山）派。普庵派小法视普庵为祖师，在开坛请神时首先就要唱“普庵大教主”的咒语；闾山派小法视闾山为祖师，开坛请神时首先请闾山法主。两派在咒语、音调、法器和服饰等方面略有区别。根据闽南三坛小法咒语簿保存的闾山咒语（“尼山门下哥哥使”），结合闾山为三坛小法祖师的传说故事来看，历史上闽南地区应该也有闾山派流传。但是据笔者现今在漳州地区的调查结果，各地小法在开坛请神时却均先唱“普庵大教主”的咒语。闽南地区的闾山派小法是否已经衰微？这个问题还有待进一步开展大面积的普查。闽台三坛还有一个明显的区别：台湾地区的三坛小法没有“六营”的概念，

① 漳州龙海市福岸社西年堂：《咒语簿》（内部资料）。

而只有“五营”。但是台湾澎湖的小法在举行操营结界科仪时需要有6名小法扮演东、西、南、北营4将军、中坛元帅（中营将军）和领令，其中领令手执令旗，指挥其他5名小法进行点兵、排兵、布阵及巡营安寨等展演，6名小法缺一不可。澎湖宫庙法师长在训练新小法时，每批也必须招收至少6个小法，分别扮演不同的角色，执掌不同的法器，其中最优者才可担任领令的角色。但是，如今澎湖小法及其研究者已经不清楚小法仪式中为何一定要有领令这个角色。从闽南三坛小法的科仪可知，澎湖小法的领令角色相当于“六营”中的“外营将军”。

由于台湾三坛小法在历史上并没有出现断层，不少在闽南已经衰微或者失传的传统科仪却能在台湾得以保存。上文提到，三坛小法在仪式中与乩童密切配合的特征在闽南地区已经不常见了，但在台湾却是常态。至今在台湾南部及澎湖地区，我们还可以经常看到三坛小法与乩童合作的仪式。台湾澎湖以“一个是桌头（小法），一个是童乩”；“焦（焦良）不离孟（孟赞），孟不离焦”；“福官（小法在澎湖的一种称呼）父，童乩子”[①]等谚语来形容三坛小法与乩童在仪式中的密切关系。澎湖乩童不仅需要小法唱咒来使其进入附体的状态，在附体过程中，他们还需要小法在其身边“护法”，以防突发情况。当仪式临近尾场时，若乩童出现不能顺利退神的情况，也需要小法的协助。由于乩童在仪式中呈现出附体的特殊状态，需要不时地用鲨鱼剑和刺球等法器来敲打自己的头和背，因此他们往往成为民众关注的焦点。从表面上看，乩童仿佛是仪式的主导者，实则不然，在一旁“护法”的小法才是仪式的主持者和引导者。两者除了在仪式中密切合作外，三坛的法师长还是乩童的训练者及其在以后进阶“坐禁仪式”的指导者。要成为一名合格的乩童，需要不时地将自己关在庙里修炼，戒荤戒色，在法师长的指导下熟悉附体，学会开口，练习步法、指法等科仪。当然，三坛小法也离不开乩童。台湾澎湖地区至今仍然流行“王爷抓小法”的宗教传统，即小法是由乩童通过当地的主神王爷附体来遴选的，充满了神秘的色彩。甘村吉与陈定国对澎湖59处宫庙、60位法师长进行了详细的调查，其中由“王爷捉小法”产生的小法

① 甘村吉、陈定国：《澎湖宫庙小法与祭祀科仪》，澎湖县文化局，2014。

就有 18 位，由乩童“口谕”而产生的法师长有 16 位，需要参与坐禁修炼的法师长有 28 位。[①]

台湾澎湖地区至今还保存着小法的传承仪式，有一整套相关的“开馆”“出馆”和“谢馆”仪式。其中出馆仪式最为重要和精彩，是为新小法举行的一场“考试”，以检验他们对三坛科仪的熟练程度。在仪式中，小法们要向法师长、乩童及在场的民众展演“献供”“操营”“结界”及“造桥”等科仪。前三项科仪，闽南三坛小法也会操演，所不同的是，台湾澎湖地区所保存的内容更加丰富。在操营与结界科仪中，澎湖小法会在仪式中展演很多不同的阵法。如澎湖马公市复兴里海灵殿小法在操营结界科仪中使用的阵法有：太子游宫阵、三人凹、银锭缚阵、蛇脱壳阵、关公巡城阵、驻营阵、破营阵、斩五方阵、缚五方阵等。[②] 造桥科仪，又称为“造桥过限”。小法们要用白布等造一座横跨阴阳两界的平安桥，之后由小法带领众信徒从桥上走过，象征着消灾解厄保平安。整个造桥仪式极具表演和戏剧色彩。造桥之白布要由小法们自产自织，故小法们要模仿世人做出种棉、采棉、纺纱、织布、买布和卖布的虚拟动作，并有相应的唱词。布织好之后，小法还要扮演观音、娘妈（妈祖）、五营将军等神明来造桥、镇桥、巡桥，并带信众过桥。造桥时，需要由两个小法扮成观音与凤裙娘妈。扮演者要惟妙惟肖地模仿观音与娘妈，做出打扮的动作，扭腰走花步，呈现出女性阴柔的特征。在仪式中，观音与娘妈还有不少口白，并一起唱《娘妈咒》，犹如一场精彩的小戏。造桥结束之后，小法还要请观音与陈氏夫人（陈靖姑）前来为信众举行过运限、排 12 生肖和过路关等科仪。在此期间，小法们还会穿插唱南曲，如“勤烧香”“请月姑”“牵君的手送”等曲目，甚至还有带有言情色彩的曲目“和尚与尼姑”。造桥科仪在闽南地区已经衰微。虽然漳州不少宫庙的三坛咒语簿中还保留了一部分造桥科仪的咒语（如《娘妈咒》），但是小法们大多已经忘却与该咒语配套的科仪了。

---

① 该数据是根据《澎湖宫庙法师人才普查资料及历届小法传承名录》整理所得。参见甘村吉、陈定国《澎湖宫庙小法与祭祀科仪》，澎湖县文化局，2014，第 189～292 页。

② 参见甘村吉、陈定国《澎湖宫庙小法与祭祀科仪》，澎湖县文化局，2014，第 308 页。

三　三坛小法、地方庙宇与传统社会

三坛小法通过一场场大大小小的义务法事，为民众消灾解厄保平安，从而在传统地方社会中扮演了重要的角色，满足了地方民众的精神需要，丰富了民俗文化活动。

（一）三坛小法与地方庙宇

与其他道派法师或道士不一样，闽南三坛小法不在家中设坛，而是附属于地方庙宇，与庙宇和神明崇拜紧密相关。坛靠庙显，庙借坛兴，两者相得益彰。从其形态上看，主要分为两种：一种是把庙宇作为法坛，另一种是在庙中设坛。第一种形态的三坛小法完全附属于庙宇，称为“某某宫庙的三坛”或者“某某宫庙的小法”。如闽南漳州文衡殿三坛、正顺祖庙三坛、进发宫三坛、英棣社三坛等。三坛把庙宇当成法坛，视庙宇的主神为恩主和最高神明，将三坛所用之各类法器、咒语簿、科书等全部放置于庙宇之中。第二种形态的三坛则在庙宇主殿或者侧殿设坛，称为“某某宫庙某某堂（或坛）”，坛（堂）供奉三坛主神，并放置有三坛各类器物。其坛场形态与台湾各地附属于宫庙的阵头馆相似，如宋江阵馆、八家将馆、南管社、北管社等。漳州龙海登第社北眷堂、福岸社西年堂、镇霞宫万年堂、宗仁庙法兴堂、昆尚宫三坛馆等均属此种类型。北眷堂是登第社的三坛，设于登第社侧殿，堂中供奉登第社主神谢府元帅，堂内宫庙两侧挂满了小法的合影及各类仪式的照片。北眷堂还有三个师兄弟堂，分别是浮宫白水的东眷堂、榜山坂头的西眷堂及莲花西月的南眷堂。相传这 4 个三坛堂分别由 4 个师兄弟所创，现在东眷堂已经失传。[①] 昆尚宫三坛馆设立在昆尚宫旁边的一座独立坛馆，馆正中间贴了一张神榜，榜中神明为玄天上帝、齐天大圣、中坛元帅、张萧刘连、田府元帅、福德正神。神榜的前面有两尊神像，分别是齐天大圣和田府元

① 参见《登第三坛法会习俗》，福建省龙海市文化体育局、龙海市非物质文化遗产保护中心编《龙海市非物质文化遗产图典》（内部资料），2011，第 117～118 页。

帅。其中齐天大圣和玄天上帝为昆尚宫的主神，而田府元帅是三坛小法的主神。

台湾的三坛形态与闽南相似，主要也分为上述两种。台南府城与安平地区的宫庙多有小法团服务。安平地区的小法团多附属于当地的角头庙或境主宫，未独立设坛。而府城地区的小法则多会立坛，称为“某某宫庙某某坛”。每个坛都有其专门的传承谱系。① 澎湖地区三坛也多会在宫庙内设坛或神龛供奉其法主，普庵派供奉普庵法主，吕山派供奉吕山法主。澎湖湖西天后宫设有三坛，称为醒心社同仁堂。天后宫大殿中供奉着一个吕山法主的神龛。神龛上方写有“吕姓山家”，下面正中是一张吕山符“吕山祖师法主禄位”；神龛两侧是一副对联“吕氏授来无非妙法，山家教法总是真修”。彰化地区的三坛小法多传自澎湖。鹿港景灵宫大殿中设了一个神龛，供奉三坛历代先贤（先生）。神龛顶上写有“景灵宫传教堂”，中间为：本教开基老先生澎湖永福师，下面是该堂历代 100 多名小法先贤的名号。景灵宫大殿正中还有一块题有“妙法参天”的匾额，落款为“景灵宫吕山法主安座大典留念，鹿港护安宫吕山法主传教堂诸门下敬赠”。可见景灵宫传教堂还有师兄弟堂。

（二）三坛小法与地方传统社会

台湾澎湖传统社会中三坛小法数量众多。1918 年，日本的丸井治郎对台湾的法师数量进行了统计。当时全台湾有法师 482 名，其中台北有 31 名，宜兰 5 名，新竹 1 名，台中 72 名，台南 63 名，花莲港 2 名，澎湖 286 名。② 澎湖一地的法师就占了全台湾的近 60%，并且台南、漳化、高雄、台中等地的法师均受到澎湖三坛小法的影响。因此，澎湖可算是台湾三坛小法的大本营。现今澎湖的三坛小法依然保存较好。至 2003 年，澎湖登记在案的庙宇共有 147 座，有法坛 136 座，其中普庵派有 113 座，吕山派有

---

① 参见戴玮志、周宗杨、邱致嘉、洪莹发《台南传统法派及其仪式》，台南市政府文化局，2013，第 42~43 页。

② 参见林承纬《法教与民俗学——从民间传承的视野出发》，台湾民俗信仰学会编《2009 年法教民俗信仰学术研讨会论文集》，文津出版社，2011，第 27 页。

23座。[①] 澎湖真是几乎“村村自有法师（三坛）”。三坛小法在传统社会中只招收庙宇所属村落或社区的子弟，其他村落子弟均无资格参与。村落庙宇免费为新小法提供习法场地及法器，法长无偿传授新小法技艺。“想要进入小法团，以前都是社内的小孩子才有这种权利”。[②] 在享受权利的同时，庙宇的三坛小法也要相应地为村落举行各类大小法事。三坛小法只为本村落庙宇提供义务服务，不为其他村落庙宇做法事。由于传统中断的原因，闽南三坛的分布密度已经没有澎湖那么高了，但是上述特征还得以保留。如同台湾澎湖三坛，闽南的三坛小法亦只招收村内的子弟，并且也是义务为民众服务。由于这个性质，有些地区的民众亲切地称庙里的三坛小法为“义工”。

三坛小法并非职业法师，他们个个都有自己的职业，其中有农民、渔民、工人、教师、工匠、个体户、打工者等，涉及多个行业，但是他们却几乎承包了庙宇和村落社区的所有法事。遇到村落和庙宇公事仪式，如神明圣诞、进香、庙宇落成奠基，小法们即便再忙，也要抽空甚至请假到场参加法事。这些法事是全村落社区所有民众的公共事务，关乎每个人的精神需要和福祉。三坛小法通过踏火仪式为全村民众消灾解难，通过在村落边境钉竹符、绕境来界定村落的边界，把邪魔鬼怪挡在村落之外，这就好比为村落搭建了一道无形的防护网。在台湾南部和澎湖村落的边界处，还常常可以看到数座规模不等的供奉五营兵马的营头。这也是法师在村落边界构建的“防卫所”。不仅如此，三坛小法还利用其仪式来联结和维系自己所在村落与其他村落的关系。闽南漳州大多数村落的庙宇都有数座“兄弟庙”。漳州芗城文衡殿有11座兄弟庙。当文衡殿神明诞辰或有其他重要事务时，邻近兄弟庙便会组织小法或阵头前来庆贺或助阵。兄弟庙小法到达时，主庙的小法要在庙口或社区口列队相迎，双方旗手各自挥舞着营头旗，敲鼓念咒，步法随着唱调的变化而变化。客进主退，直至将客庙小法接入庙宇。当客庙小法在庙宇内拜神唱咒时，本庙的小法要蹲在庙埕两侧

① 参见黄有兴、甘村吉《澎湖民间祭典仪式与应用文书》，澎湖县文化局，2003，第58页。

② 李丰楙：《“中央—四方”空间模型：五营信仰的营卫与境域观》，《中正大学中文学术年刊》2010年第1期。

唱咒，以为对应。客庙小法礼神完毕，本庙小法要再次列队，采取客退主进的方式将其送至社区口。文衡殿将该仪式称为“交旗仪式”。交旗仪式时，双方小法会相互比拼，就唱咒声音的洪亮、阵形步法的整齐程度一较高下，以扰乱对方的唱调和阵法为目的。当然，比赛结果不重要，重要的是双方在此类仪式中达到了娱神娱人的效果，并通过仪式增进了彼此之间的情感和交流。台湾也有类似的习俗，相互联结的庙宇称为“联谊庙”或“交陪庙”。在闽台传统社会，特别是移民社会形成初期，地方社会除了以宗族血缘来凝聚民众之外，还多以地缘或神缘来团结乡民，通过庙与庙之间的联谊，神与神之间的结盟，以宗教仪式为媒介结成区域共同体。

除了丧事外，三坛小法几乎承包了地方村落的所有宗教仪式，渗透到民众日常生活的方方面面，涉及精神、心理和生理等领域。除了各类法事外，小法还擅长治病，仿佛一个医术高明的医生，精通内科、外科、精神科等领域。遇到妇女难产、小孩子体弱多病、肚子病、呕吐、眼睛肿痛、血流不止、头脚痛、感冒发烧、鱼刺卡住喉咙、长疱疹（俗称“长飞蛇”）、疯癫，甚至是家里的牲畜生病，都会有人向小法求助。三坛小法的科书中保存有很多医治此类疾病的符箓和咒语。小法治病好像并无科学依据，也没有西医那么精准，多靠符箓咒语，因此常有人认为这是迷信。但奇怪的是，他们的医疗却多有疗效，民众在遇到疑难杂症时会自然而然地想到他们。其实，闽台不少地方小法都是民间医疗的能手，他们掌握了当地历代相传的民间医学常识、中草药知识及各种偏方，在治病时除了使用符箓咒水，还会使用一些中草药和推拿按摩方式。但更为重要的是，三坛小法精通当地民众的心理和精神状态，他们治疗的多是相关心理和精神疾病。例如“治疯癫”仪式，闽南有不少三坛小法以治疗疯癫而闻名。由于小法不视其为异常，也不感到恐惧，能很好地跟这类病人沟通交流，从而慢慢缓解其症状。因此，治愈一个疯癫病人，绝非民众表面上看到的仅靠一两张符箓或几句咒语，而是要经过小法长期的耐心指导和医治。再如“收惊”仪式，台南民间有句谚语：“顶有张金石，下有和意堂”。其中，张金石是台南市北区著名的儿科医生，擅长物理治疗；和意堂是台南南区出名的小法坛，以民俗医疗“收惊”而出名。据说以往到和意堂“收惊”

的民众要挂号排长队，一天甚至多达二三百人次。[①] 可以说，小法才是民间社会真正的“赤脚医生”，因为“赤脚行法”是他们的特色。

在传统社会，村落中的很多家长都愿意让他们的小孩去学习小法仪式，从中既可以学习神明咒语、各类法事科仪，又可以通过踏火仪式培养其勇气，增进与村落中其他儿童的友谊。因此，以往报名学小法的人数很多，颇具村落集体习法的性质。当人数太多的时候，法长要择优录取，首选聪明伶俐的小孩，或者到神明神龛前打筶杯决定。学习小法须遵守一定的戒律和禁忌，且有较高的伦理道德要求。小法在入门之前就要发誓为神明和民众义务服务，无私奉献。因此，村落小法普遍受到民众的尊敬和认可。特别是法长，不仅有权决定宫庙的宗教事务，而且通常还是村落社区的领袖。台湾学者洪莹发曾提到，澎湖 1 名县长候选人曾在竞选活动中特意强调自己小时候曾经学过小法。

由于地方法师和道士在生前经常为民众举行驱赶邪鬼的法事，有些著名的法师去世后会被民众视为神明，充当地方社会或宗族的保护神。闽东地区有不少师公庙，供奉的均是已经去世的、法术高强的闾山法师。他们被民众视为地方“土主”或“地主”神，民众相信他们在死后依然可以像生前一样保护村落免于邪鬼的侵扰。[②] 湘中亦有类似的现象，当地著名的梅山派法师在去世后会被后代供奉为宗族的“家主”或地区的“地主”神。[③] 闽南与台湾地区的三坛小法与闽东的闾山法师和湘中的梅山法师一样，生前为民众举行各类法事，去世后留下很多传奇故事，但奇怪的是，他们却很少成为地方保护神。至今仅发现两座三坛小法的庙宇。一是漳州龙海紫泥镇霞宫万年堂。镇霞宫主供中坛元帅，其左侧神龛中有该宫庙三坛小法的第一代先生公沈法显的挂像和塑像。相传沈法显是明代人士，收有 3 个徒弟，分别在溪墘村镇霞宫万年堂、南书村田头社莲明堂和新路社顺兴宫传法。3 位徒弟抽签决定由谁来供奉师傅的金身，

① 参见戴玮志、周宗杨、邱致嘉、洪莹发《台南传统法派及其仪式》，台南市政府文化局，2013，第 76 页。

② 参见黄建兴《福建闾山教师公庙及法师传说探讨》，《福建师范大学学报》2013 年第1 期。

③ 参见吕永升《法术的庇佑：湘中冷水江苏姓村落的仪式与地理空间》，劳格文、科大卫编《中国乡村与墟镇神圣空间的建构》，社会科学文献出版社，2014，第 153~187 页。

结果万年堂抽中。沈法显挂像类似张天师形象。神像头顶中部无发，两旁留有头发，眼睛圆睁，络腮胡子，身穿道袍。据该宫小法介绍，原先宫内仅供奉沈法显的挂像，供小法们上香祭拜。2012 年，经打筶杯，在取得先生公的同意后，才由小法集资雕塑了神像。二是澎湖西屿乡池村西中堂，该堂供奉的也是小法的先生公。当地老一辈人都知道他曾是当地出名的小法。然而，上述两位先生公其实是被视为三坛小法的祖师而受到供奉的。三坛小法视其历代先生公为传法祖师，在举行仪式时会召请他们下坛助法。台湾不少三坛小法在举行仪式的时候还会在坛场张挂写有历代小法名字的“先贤图”，并对其进行简单的祭祀，或在特定的日子（如开馆日）设香案祭祀先生公或三坛法主，但仅此而已。也就是说，三坛小法即便成为先贤或祖师，甚至有专供的庙宇，也只局限于在小法内部供奉，与其他地区成为地方保护神和宗族神的法师神明有明显的区别。这一现象应与闽南和台湾强盛的民间信仰背景有关。据粗略统计，闽南厦、漳、泉 3 地共有约 12000 座庙宇，其中厦门有 2600 多座，漳州有 4200 多座，泉州有 5500 座。[①] 3 地庙宇约占福建庙宇总数的一半，其密度之高是宁德、三明、龙岩、南平等地市所无法相比的。台湾的庙宇数量也令人瞠目。据 1992 年统计，台湾有道教庙宇（其实大部分是民间信仰庙宇）12409 座。[②] 闽南及台湾神缘相通，两地最有影响的区域神明有妈祖、王爷、保生大帝、关公、玄天上帝、土地公等，他们受到当地民众的普遍信仰，各地均保存着不少庙宇及相关的信俗活动。闽南及台湾强盛的民间信仰，一方面促进了三坛小法仪式的传播与发展，另一方面也大大局限了去世小法进一步成为地方保护神的可能性和必要性。

在讨论地方社会的结构和秩序时，不少学者都已经充分意识到了宗族与宗教在其中所扮演的重要角色。学者认为，宗族是明清基层社会的重要组织单位。科大卫认为：“当 20 世纪的新知识分子视宗族为封建时，他们早已忘记在培养百姓对于国家的忠诚方面，在培养邻居的互信方面，在建

① 参见段凌平《闽南与台湾民间神明庙宇源流》，九州出版社，2012，第 61 页。

② 参见段凌平《闽南与台湾民间神明庙宇源流》，九州出版社，2012，第 61 页。

立公司架构以控制财产，进行投资，因而实现经济增长方面，正是宗族这个制度发挥了重大作用。”① 从事宗教研究的学者则指出宗教在地方社会的作用也不可小觑，民众会利用神明传说故事和风水信仰来解释宇宙的生成、运行和社会变迁，利用神灵信仰和宗教仪式来凝聚族群和维系社会秩序。与宗族的组织功能相比，地方庙宇则是一个跨血缘的地缘组织单位。劳格文认为，地方宗教的这个角色功能比宗族更加悠久。早在宋元时期，当地方神灵大量接受朝廷的封赐时，庙宇就已经成为地方社会的神圣中心，并一直得以延续和传承。中国传统地方社会不仅是一个血缘社会，同时也是一个“地缘”或者说“神缘”社会。② 区别于其他学者重视官府、乡绅、宫庙理事会在地方宗教与社会中的作用，本文从宗教仪式的角度来看宗教与地方社会的关系，从中不难看出三坛小法在闽南及台湾传统社会中的重要作用。小法通过一系列的法事活动，满足了地区民众的精神生活，丰富了地区的民俗活动；在医疗技术不发达和卫生条件落后的时代，小法“赤脚医生”的角色也是地区民众生理、心理和精神发展所必需的。三坛小法甚至丰富了地区民众的日常生活词语，诸如“上刀山、下火海”“法度”“跳师”“做尪”“画飞蛇”等口语词均是从小法仪式中发展而来的。随着科学技术的发展和医疗水平的进步，三坛小法在现代社会扮演的角色已经不比从前。但是，在大力提倡和弘扬优秀传统文化的今天，闽南的小法似乎有“复兴”之势，不少村落庙宇都在想方设法恢复已经中断多年的小法仪式。在广大的乡间社会，又可以听到小法有节奏的唱咒声，看到精彩的阵法展演。从小法们洪亮的唱咒声及扬在脸上的自信，可知他们并没有将其当成迷信活动，而是视其为传承家乡传统特色文化的一种方式，从中寻找认同感和自豪感。三坛小法的法事及其所承载的民间宗教音乐、舞蹈和戏剧，成为当地不可多得的传统文化资源。当地政府和民众以此来申报非物质文化遗产，甚至将其作为与台湾及东南亚地区沟通的桥梁。台湾南部的三坛小法团成为各地庙宇进香绕境的流行阵头之一，台湾澎湖宫庙的小法祭祀科仪被视为“无形文化资产保护项目”；漳州芗城区

---

① David. Faure, *Emperor and Ancestor* : *State and Lineagein South China*, Stanford University Press, 2007, p. 216.

② John. Lagerwey, *China*: *a Religious State*, Hong Kong: Hong Kong University Press, 2010.

文衡殿的哪吒古乐被列为福建省非物质文化遗产项目，进发宫的三坛小法习俗被列为漳州市非物质文化遗产项目，龙海登极社的三坛法会习俗和玉江三元祖庙法官鼓均被列为龙海市的非物质文化遗产项目。三坛小法从传统区域社会一路走来，有起有落，在现代多元文明社会中也终于找到了一席之地，并被赋予了新的社会功能和意义。

原载《宗教学研究》2018 年第 3 期

晚清传教士的台湾少数民族观及其影响

郭荣刚

伴随着台湾的现代化进程，岛内少数民族的祖灵信仰日渐消失，取而代之的是基督教高耸的十字架、集体崇拜上帝的景象。大部分少数民族村落已舍弃传统宗教信仰，加入天主教或长老会、安息日会、真耶稣会等各类基督教宗派。另一方面，基督教对少数民族亦用力甚深，有的成立相关的委员会，有的组建相关的神学研究中心，有的设置原乡教区，甚至还有人提出将少数民族打造成为“上帝的部落”。[①] 欲弄清基督教与台湾少数民族深度结合的缘由，就不能不从源头上考察晚清来台传教士在与少数民族接触时所产生的印象及其影响。但遗憾的是，尽管学术界对基督教与台湾少数民族的互动已有所关注，然而仍未就这一问题进一步追本溯源。[②]

---

① 在少数民族中传教较为成功的基督教宗派有天主教、长老会、真耶稣教会，此外循理会、神召会、万国浸信会及安息日会也有一定的发展。（见翟海源《台湾天主教发展趋势之研究》，翟海源编《宗教、术数与社会变迁（二）：基督宗教研究、政教关系研究》，桂冠图书股份有限公司，2006，第 42 页。本文将天主教与新教合于基督宗教内进行考察。

② 陈建樾评述了各时期政民关系。他将传教视为西方利用宗教进行殖民的手段，认为殖民者利用基督教的力量来分化台湾人民（见《台湾“原住民”历史与政策研究》，社会科学文献出版社，2009）。林金水认为“原住民”社会的特征是边缘化和短缺化，在社会变革力量面前，原有的信仰和价值体系已经不能为他们提供有意义的规范和思想，因此平埔族的宗教信仰是一种“集体皈依行为”，基督教在其间具有强烈的感染力（《台湾基督教史》，九州出版社，2003）。何绵山梳理了天主教与基督教在台湾发展的过程，但对基督教与“原住民”的接触细节未作展开（《台湾民族与宗教》，厦门大学出版社，2013）。彭维斌的《台湾少数民族宗教信仰的变迁及其社会影响》提出殖民者宣教的目的是以宗教来“安慰”原住民，并具体分析了泰雅、邹、布农、排湾、卑南、鲁凯、雅美等族群接受基督教后的状况，认为“原住民”传统宗教文化是建立在千百年民族文化积淀的基础上，不可能完全被基督教等西方文化所取代［《福建师范大学学报》（哲学社会科学版）2013 年第 6 期］。张先清用西班牙语史料对殖民背景下发生在北台湾与原住民之间的传教、（转下页注）

一 殖民科学理论与少数民族宣教

18、19世纪，由于全球殖民扩张的需要，人类学、民族学、博物学等一系列学科纷纷产生或迎来发展的黄金机遇，激发了公众对原生态社会的广泛兴趣，亦推动了传教士向少数民族宣教的渴望。全球贸易、航海技术、照相术、殖民地医学的发展，创造了西方人深入未知领域探险的物质条件，为欧美人在炎热潮湿的亚热带环境中生存提供了保障。这一点在博物学方面体现得尤其明显。正如范发迪所说，博物学的空间与欧洲势力的扩张是“齐头并进”的，博物学也因此打上了“帝国博物学”的印记。达尔文与赫胥黎的进化论观点，亚历山大·洪堡、库克、班克斯等人的旅行考察成果均引起了社会大众的广泛兴趣。19世纪60年代出版了超过300种博物学杂志，这显示了博物学黄金时代的到来。台湾正是一个长期被外界视为“奇特”“可爱”“美丽”的异域，岛上少数民族居住的森林环境、黥面猎头的传说均引发了西方人极大的兴趣，对台湾动植物以及人种的搜罗与分类研究也随之展开。来台传教士一手拿着福音书，一手拿着近代的科学书籍，深入少数民族区域进行考察。[①] 撒母耳·邱恩思（Samuel Kiuns）的《摩西与地质学》[②] 用近代科学对圣经加以“印证”，更是受到传教士的欢迎。福科曾指出，这一时期，博物学致力于对自然秩序之建构，因而关注分类的问题。[③] 受此影响，传教士亦对台湾的动物、植物乃至人种进行了细致的分类，如马偕

（接上页注②）冲突与改宗等问题进行了探讨，指出随着西方人进入泛太平洋地区，“原住民”社会经历了一系列变化，反过来，这些地区的原住民也以“互惠”的形式形塑了世界历史的进程。非西方社会在解构自身的同时，也解构了西方世界的各种观念（《传统、冲突与文化解释——17世纪台湾原住民与天主教的相遇》，《学术月刊》2013年第12期）。

① 传教士携带的书籍，属于通俗科学领域的有《大众科学》《通俗科学月刊》；属于植物学领域的有《暗线上的明珠》；属于地质学领域的有《结冰的亚洲》《自然地理学》《地底下的世界》《古老的红砂石》《贝特赛的巡航》《在黑暗的非洲》；属于解剖学领域的有《体腔期刊》《在黑暗的非洲》《没有双手的居所》，属于哲学领域的有《类比》等。

② 马偕：《马偕日记Ⅱ》，北部台湾基督教长老教会大会、北部台湾基督教长老教会史迹委员会译，玉山社出版事业股份有限公司，2012，第454页。

③ George Leslie Mackay, *From Far Formosa: The Island, Its People and Missions*, Toronto: Fleming H. Revell Company, 1895, p. 92.

（George Leslie Mackay，1844~1901）将台湾的植物分为森林、果树、纤维、豆科4类，其中森林植物又分为肖楠、长青橡木、脂浊树、通脱木等28种；果树分为野苹果、番石榴、佛手柑、凤梨等24种；纤维植物分为黄麻、苎麻、咸草、矮棕榈、构树等9种；豆科分为靛青、都累等8种；草本植物分为小麦、大麦、茅草、沙草、芦草等10种①；哺乳动物分为31种（14种为台湾独有）②；鸟类分为25种（15种为台湾独有）③；昆虫分为26种④；爬行动物分为7种⑤；蛇类分为3种⑥；鱼类分为17种⑦。传教士在淡水建立台湾的第一座博物馆，也体现了近代殖民科学与宣教的密切关系。

表1　《摩西与地质学》对科学与基督教关系的解读⑧

时间	经文出处	经文内容	地质学
第1日	1~5节	产生光	发光的星云
第2日	6~8节	形成大气	一望无际的宇宙
第3日	9~13节	生产菜蔬	始生代时期，鳍甲鱼属于劳伦系岩石层，寒武纪
第4日	14~19节	分明暗	水汽消散
第5日	10~13节	双鱼宫 鸟纲 爬虫类	鳍甲鱼 爬虫：1. 希留利亚纪 2. 三叠纪 3. Oslitic. Palaroroic Mesozic
第6日	14~31节	哺乳动物 人类	第三纪 后第三纪

① George Leslie Mackay, *From Far Formosa: The Island, Its People and Missions*, Toronto: Fleming H. Revell Company, 1895, p. 92.

② George Leslie Mackay, *From Far Formosa: The Island, Its People and Missions*, Toronto: Fleming H. Revell Company, 1895, pp. 76-78.

③ George Leslie Mackay, *From Far Formosa: The Island, Its People and Missions*, Toronto: Fleming H. Revell Company, 1895, pp. 79-80.

④ George Leslie Mackay, *From Far Formosa: The Island, Its People and Missions*, Toronto: Fleming H. Revell Company, 1895, p. 92.

⑤ George Leslie Mackay, *From Far Formosa: The Island, Its People and Missions*, Toronto: Fleming H. Revell Company, 1895, pp. 81-82.

⑥ George Leslie Mackay, *From Far Formosa: The Island, Its People and Missions*, Toronto: Fleming H. Revell Company, 1895, pp. 82-83.

⑦ George Leslie Mackay, *From Far Formosa: The Island, Its People and Missions*, Toronto: Fleming H. Revell Company, 1895, pp. 83-84.

⑧ 马偕：《马偕日记Ⅱ》，北部台湾基督教长老教会大会、北部台湾基督教长老教会史迹委员会译，玉山社出版事业股份有限公司，2012，第454页。

在1878年万国博览会上，首次将殖民地人种公开展示，反映了西方人潜意识里建构出来的颇具优越感的突出“自我”贬低“他者”的世界文明对照图景。受此影响，传教士亦对台湾的人种问题发生兴趣。[①] 19世纪下半叶，西方旅行者络绎不绝地探访台湾少数民族部落，如苏格兰人伊德沿着东海岸探访少数民族，陶德对泰雅族群进行了长期调查，必麒麟在中央山脉进行冒险等。这些西方人都是基督徒，他们自然对少数民族可否皈信基督教颇为关注。英国驻华副领事史温侯认为，“这些野蛮民族，虽蒙昧愚鲁，对于接纳基督教的信仰，却无多大的困难”，其理由是少数民族实行自我治理，不受更高权威的控制。[②] 美国博物学家史蒂瑞走访了台湾西海岸与西南山麓。他将少数民族容易皈依基督教的首要原因归结为远离大陆庙宇、家族的影响，更容易接受基督教的教义。[③] 他还推测，荷兰人离开后的一百多年仍有少数民族基督徒存在，因此，平埔族倾向于接受基督教。除了俄国人艾比斯，其他关注过此类问题的西方旅行者几乎都认为少数民族是基督教良好的发展对象，认为他们尽管生性鲁钝，却容易皈依基督教，成为“上帝的良好子民”。[④] 这些西方人的宣传，既反映了外界的看法，也对传教士在少数民族中的工作起到了推波助澜的作用。

表2　14位旅行者对少数民族皈依基督教可能性的评判[⑤]

访台年份	姓名	身份	是否可能皈依基督教			著作
			是	否	未置评	
1861~1862；1864~1866	史温侯（Robert Swinhoe）	英国驻中国地区副领事、领事	√			《福尔摩沙岛访问记》《福尔摩沙民族学记事》《福尔摩沙记行附录》

① George Leslie Mackay, *From Far Formosa: The Island, Its People and Missions*, Toronto: Fleming H. Revell Company, 1895, p. 92.

② 参见史温侯《福尔摩沙民族学记事》，《看见十九世纪台湾——十四位西方旅行者的福尔摩沙故事》，费德廉、罗效德编译，如果出版社、大雁文化事业股份有限公司，2006，第52~53页。

③ 参见史蒂瑞《来自南福尔摩沙的信件》，《看见十九世纪台湾——十四位西方旅行者的福尔摩沙故事》，费德廉、罗效德编译，如果出版社、大雁文化事业股份有限公司，2006，第99页。

④ 艾比斯认为“生番”不容易皈依基督教，但“平埔番”可以皈依基督教。

⑤ 参见史温侯《福尔摩沙民族学记事》，《看见十九世纪台湾——十四位西方旅行者的福尔摩沙故事》，费德廉、罗效德编译，如果出版社、大雁文化事业股份有限公司，2006，第52~53页。

续表

访台年份	姓名	身份	是否可能皈依基督教			著作
			是	否	未置评	
1868	怀特（Francis William White）	英国人，打狗海关税务司			√	《南福尔摩沙内部之旅》
1973～1874	史蒂瑞（Joseph Beal Steere）	美国人，探险家、自然史学家、大学教授	√			《来自福尔摩沙的信件》
1874	甘为霖（William Campbell）	苏格兰人，长老会传教士	√			《福尔摩沙的野蛮人》《澎湖群岛记行》
1875	佚名	英国人			√	《福尔摩沙与日本人》
1875	佚名	英国人			√	《深入福岛内部之旅》
1874～1875	艾比斯（Pavel Ivanovich Ibis）	爱沙尼亚人，俄舰军官	√	√		《福尔摩沙：民族学游志》
1866～1867	必麒麟（William Alexander Pichering）	苏格兰人，水手、海关检查员、洋行职员、探险家、通译、殖民地官员	√			《福尔摩沙中部的番人：一八六六至一八六七年》
1878	李庥夫人（Elizabeth Cooker Ritchie）	英国长老会传教士	√			《妇女在福尔摩沙的工作》《在熟番妇女间从事主的工作》《福尔摩沙熟番的乐器》
1882、1885	陶德（John Todd）	苏格兰人，初期居住在台湾北部的商人、对台湾乌龙茶外销有贡献，被誉为“台湾乌龙茶之父”			√	《福尔摩沙高山族可能来源之我见》《北福尔摩沙高山部落的风俗习惯略览》
1882	克莱因瓦奇特（George Kleinwächter）	德国人，中国海关职员			√	《福尔摩沙的地质研究》
1887	泰勒（George Taylor）	英国人，海关职员，南岬灯塔看管人			√	《福尔摩沙的原住民》《福尔摩沙原住民的民间故事》
1889	韦伯斯特（Webster，H. A.）	《大英百科全书》第9版“福尔摩沙”条目作者			√	《福尔摩沙》
1886、1890～1891	余饶理（George Ede）	苏格兰教育家、传教士				《福尔摩沙北部之旅》《穿越东福尔摩沙之旅》

晚清来台传教士之所以注重向少数民族宣教，一方面是出于近代科学引发的对原生态社会的兴趣，另一方面也是在台宣教的形势所迫。传教士原本

将占人口大多数、受到良好教育的汉人视为传教的优先目标，随后却发现汉人功利性较强，是“天生的商人”，且受到儒家文化、民间信仰的熏陶，不容易接受基督教。基督教在汉人中间传播遇到困难，相反，在少数民族中进展顺利，于是传教士逐渐集中力量于少数民族。在传教士的努力下，1863年，天主教多明我会郭德刚会长在屏东万金传教，有40位少数民族居民皈信，次年又有47名领洗，奠定了天主教在少数民族中工作的基础。[①] 1895年，台湾南部基督教长老会的信徒有1256人，其中近三分之二是平埔族人；北部长老教会到1892年有信徒1751人，其中四分之三以上是平埔族人。[②]

二　传教士对台湾少数民族的认识

随着对少数民族认识的日益深入，到台湾的传教士开始区分所谓的“汉人”“番人”和“野蛮人”,[③] 并逐渐将宣教力量集中于少数民族。在这一认知过程中，亦形成了他们对台湾少数民族的初步认识。

第一，在将宣教重点转向少数民族的背景下，到台湾的传教士对原有的基督教人种观进行了一定程度的“修正”。[④] 基督教传统认为黑人、印第

---

① 江传德：《天主教在台湾》，闻道出版社，2008，第47页。

② 林金水：《台湾天主教史》，九州出版社，2003，第196页。

③ “番人”指居住于平原、汉化程度较高的平埔族，“野蛮人”指居住于高山、汉化程度较低的高山族。

④ 基督教人种观的发展可谓“一波三折”。早期基督教关于人种的观点主要来自使徒保罗的《新约·歌罗西书》3章11节（οπου ουκ ενι Ελλη και Ιοθδαιος，περιτομη και ακροβυστια，Βαρβαρος，Εκυθης，δουλος，ελευθερος，αλλα παντα και εν πασιν Χριστος，直译为：在此并没有犹太人，没有希利尼人，没有化外人，没有西古提人，唯有基督是一切，又在一切之内）。这种上帝面前各族平等的思想，从宗教信仰的角度，为罗马的奴隶制度注入了某些平等观念。在《新约·腓利门书》中，保罗通过接纳奴隶为教会一分子，提出了信徒身份平等的例证。然而，近代以来，由于殖民扩张及资本主义对原材料掠夺的需要，奴隶贸易被纳入殖民体系中，基督教对人种优劣的思想观念亦发生较大变化。基督教更多引用《旧约·创世纪》中的“挪亚诅咒”（Curse of Noah）作为人种观的根据，为奴隶贸易提供理论支持。《旧约·创世纪》第9章第23节记载挪亚由于醉酒后赤身，受到其子含的藐视，另外两个儿子闪和雅弗则拿件衣服搭在肩上，倒退着进去给父亲盖上，背着脸就“看不见父亲的赤身”。挪亚醒来，“咒诅”了含，为闪和雅弗祝福。基督教据此解释说，挪亚的长子闪是犹太人的祖先，次子含是黑人的祖先，三子雅弗是欧洲人的祖先，耶和华是“以色列人的神”，欧洲人将会“扩张”，而黑人、印第安人等因受到“咒诅”，会沦为奴仆。然而，19世纪到台湾的部分传教士出于向少数民族传教的现实需要，借用人类学的理论，为原本受到歧视的少数民族“松绑”，替自己的行为辩解。

安人等在上帝眼中较为低下，属于被上帝抛弃的“劣等人种”。然而，到台湾的传教士在文明程度较高的汉人中传教受挫以后，转向少数民族，亟须建立一套理论为自己的行为辩解。为此，甘为霖（William Campbell，1841～1921）扮演了“理论家”的角色。甘为霖称，台湾宣教过程中最为有趣之处即在于岛上的少数民族。他从体质人类学与文化人类学的角度分别进行了论证。他认为，从语言和头骨来看，台湾少数民族来自马来群岛、菲律宾群岛、波利尼西亚，属于太平洋和印度洋的海上民族，他们臣服于汉人，在长期与汉族农人交互来往中，逐渐被汉人同化、吸收。然而，甘为霖进一步提出，从“更广阔的区域范围”来说，少数民族甚至与传教士实出自“同样的种族”，只不过由于居住的纬度和气候不同，才造就了他们体质上区别于欧洲人的特征。语言是人种学、民族学研究的重要内容。甘为霖从台湾少数民族的发音、神话接近的角度来说明台湾少数民族与外部世界的关联。至于为何少数民族不如过去那般智慧，甘为霖的解释是：因为他们居住在孤岛，与外界缺少交流，阻碍了文明的进程。鉴于在少数民族中宣教的成功，甘为霖认为对台湾人种进行科学研究“完全符合”《圣经》。他进一步提出，传教士需要建立一所教授人种学、民族学的学校。对于阻碍宣教的基督教人种观，甘为霖主张必须在五个方面进行“修正”与“努力”：修正《旧约·创世纪》中有关人种观点的理解，根据传教需要的现实情况加以发展（尤其需要对“挪亚咒诅”进行重新解释）；研究亚洲古代史的知识，了解亚洲人类最初是如何分布与迁徙的；研究各民族的语言和传统是如何形成的；开展特殊人种的研究；开拓近代人种研究的科学路径。[①] 甘为霖的观点既受近代人类学发展的影响，同时又出于向台湾少数民族宣教的现实需要，对基督教的人种学理论“灵活而大胆”地提出了修正。[②]

第二，传教士逐渐形成台湾少数民族可以培养成“上帝的优秀子民”的观点。17 世纪到台湾的荷兰传教士经过接触，认为可以使台湾少数民族

---

① William Campbell, “An Account of Missionary Success in the Island of Formosa”, *The Chinese Recorder and Missionary Journal*, Shanghai: Presbyterian Mission Press, Vol. 20, 1889, pp. 433–435.

② 甘为霖对人种学的知识建立于近代殖民科学人种学基础上，这种人种学深受达尔文进化论的影响，尽管并不接受其低级向高级进化之说，却吸收了“变化”与“适应”的思想。

成功皈信基督教，其依据是：台湾少数民族比其他东方人似乎更加“好学”，他们能够更快地学知基督教教义；当时台湾并没有一个能够阻止或者妨碍外来宗教传入的政府或者强有力的统治者；少数民族的宗教没有深厚的基础，没有形诸文字的教义体系，因此不会对基督教形成有效的钳制。[①] 19世纪到台湾的欧美传教士在与少数民族接触的过程中，进一步将他们与汉人比较，产生了“原住民能够成为上帝优秀子民”的新看法：少数民族不曾被儒家文化“污染”，他们是上帝所造“天然的人”；少数民族没有汉人重男轻女的观念，愿意将女儿送到教会学校学习；少数民族没有汉人的经济功利主义。可见，近代以来传教士逐渐认为少数民族可以被培养成为“上帝优秀子民”。相比以往，这一时期的传教士多了一个让少数民族皈信的途径，因为他们吸收了近代医学的成果，他们所携带的药品和手术刀成了“驱赶恶灵”、赢得少数民族人心的重要手段。1872～1889年，传教士在台湾替人拔过18235颗牙齿，医治过7735个病人，同时也为2650人施洗，建立了50个教会。[②] 一些热心的少数民族经常陪同传教士到各处宣讲，有些人后来成了传教士的“医师助理”，少数民族部落里甚至产生了一批近代医生。[③]

第三，传教士认为台湾少数民族与汉人的隔阂为其提供了良好的宣教契机。17世纪，台湾平原人口不到10万，其中五分之三是少数民族。由于大陆移民激增，至1859年，台湾人口已超过200万，而少数民族只占不到二十分之一。[④] 清政府对少数民族实行恩威并用的政策，例如乾隆朝渡台平叛的将军福康安在奏折中写道“生番等野性难驯”，主张采用“慑以兵威”与“结以恩信”的理番策略。[⑤] 光绪朝“牡丹社事件”后，闽浙总督兼署福建巡抚何璟进一步提出“开山抚番”的政策，他奏称：“生番类

---

① 高育仁：《重修台湾省通志卷三・住民志・宗教篇》，台湾文献委员会，1992，第563页。

② William Campbell, “An Account of Missionary Success in the Island of Formosa”, *The Chinese Recorder and Missionary Journal*, Shanghai: Presbyterian Mission Press, Vol. 20, 1889, p. 40.

③ 白尚德：《英国长老教会宣教师与台湾原住民的接触：1865～1940》，郑顺德译，顺益台湾“原住民”博物馆，2004，第26页。

④ Shepherd J. R., *Statecraft and Political Economy on the Taiwan Frontier* 1600-1800, Stanford: Stanford University Press, 1995, p. 161.

⑤ 福安康：《奏报台湾地方情形并卓灵生番头目来京瞻觐由》，李天明编《军机处奏折录副台湾原住民史料汇编》中册，台北“故宫博物院”，2010，第509页。

皆强悍，旋服旋叛，屡犯兵力……先后渡台督办，剿抚兼施，并分设义塾教读，以冀生番潜移默化……"[①] 中央政府的这些政策，无疑有其自身的考量，然而，平埔族却受到不少汉人游民的挤压，逐渐退缩到山地。福安康也承认，部分台湾地方官视少数民族为"异类"，并且"阻其向化"，还有一些汉人甚至"越界滋扰，至启衅端"，侵占少数民族田亩。[②] 另一方面，1868 年台湾教案之前，台湾的地方官员对传教士通常持排斥态度，尽管传教士呼吁官府公正对待他们，地方官员却"巧妙回避"条约中涉及宣教自由的条款。[③] 传教士甚至认为，台湾官员比大陆官员更具戒心。[④] 发生汉人冲击的紧急情况时，传教士有时还不得不出示盖有中英政府印章的护照以保护自己。从这方面看，晚清在台传教士的处境与少数民族存在某种程度上的类似。黄子宁指出，来台的外国人被称为"洋番"，少数民族被称为"土番"，显示了二者在汉人眼中的类似地位。[⑤] 两个受到主流文化排斥的群体也自然容易相互接近。传教士马偕、马雅各等人敏锐地觉察到平埔族不仅受到身边汉人的排挤，也受到山里野蛮部落的敌视。然而，他们认为，正是平埔族受汉人歧视与生番猎头威胁的状况，为基督教的宣教提供了良机。江传德也指出，天主教对少数民族的宣教同样是在少数民族与汉人冲突背景中展开的，这种冲突也有利于天主教的传播。[⑥]

第四，传教士对少数民族性格存在较为矛盾的心态。一方面，传教士认为少数民族相对接近上帝所造的"天然"的人类，西方人也尽可能美化他们，如艾比斯曾说过："平埔族被认为是爱好和平、勤奋工作、且很愉

---

① 何璟：《奏为台湾筹办海防及开山抚番养船经费收支银数事》，李天明编《军机处奏折录副台湾原住民史料汇编》下册，台北"故宫博物院"，2010，第 1427~1434 页。

② 福安康：《奏报台湾地方情形并卓灵生番头目来京瞻觐由》，李天明编《军机处奏折录副台湾原住民史料汇编》中册，台北"故宫博物院"，2010，第 509 页。

③ William Campbell, "An Account of Missionary Success in the Island of Formosa", *The Chinese Recorder and Missionary Journal*, Shanghai: Presbyterian Mission Press, Vol. 1, 1868, pp. 65-68.

④ J. L. Maxwell, "Medical Mission Work in Formosa", William Campbell, "An Account of Missionary Success in the Island of Formosa", *The Chinese Recorder and Missionary Journal*, Shanghai: Presbyterian Mission Press, Vol. 2, 1869, pp. 112-113.

⑤ 黄子宁：《天主教在屏东万金的生根发展（1861~1962）》，硕士学位论文，台湾大学，1992，第 119 页。

⑥ 江传德：《天主教在台湾》，闻道出版社，2008，第 76~77 页。

快的人。汉人跟传教士对他们都赞不绝口。后者称他们也非常善于获取新知，且很渴望学习新的东西。这些条件也是基督教教义如此易于为其接受的原因。"[①] 传教士称少数民族具有善良、诚实、好学、没有被金钱观念腐蚀、忠于家族、不歧视外人等品格，对他们不因民间信仰而排斥基督教的态度更是大加赞赏。[②] 不过，传教士赞赏少数民族的出发点显然是因为这类品格对宣教有利而显得不可或缺。然而，在这种宣传之下，某些西方人对少数民族产生了极度美好的感觉。例如，1875 年，一个西方旅行者来到六龟里，少数民族给他留下了深刻印象，他说："（六龟里的少数民族妇女）是我见过最可爱的女子。她们的服装、发式与自身的美丽很搭配，达到好品味的极致。同时，她们每个人的姿态都极优雅，就像罗马神话中的月亮和狩猎女神戴安娜一样。"这个西方人甚至觉得自惭形秽，揶揄自己在少数民族中就像"优雅美丽的图画上的一块瑕疵"。[③]

另一方面，传教士对少数民族在道德方面的问题显然也有不少抱怨。晚清台湾一些少数民族部落的婚俗传统具有其自身特点。[④] 然而，由于受基督教伦理观念的影响，传教士对少数民族婚姻的"纯洁性"问题大为失望，对这种"败坏道德"的行为进行了严厉的挞伐："平埔番的习俗真不对，令人讨厌！不需要钱也不需要仪式，在见面喝酒后这女孩就立刻变成他的妻子。哎！真悲哀！之后还要一或两个礼拜他们就分开，不需要任何原因。通常丈母娘总是造成分离的主因。妻子太容易得到也就太容易离

① 艾比斯：《福尔摩沙：民族学游志》，费德廉、罗效德编译《看见十九世纪台湾——十四位西方旅行者的福尔摩沙故事》，如果出版社、大雁文化事业股份有限公司，2006，第 194 页。

② Huge Ritchie, "Missionary Work among Formosan Aborigines", William Campbell, "An Account of Missionary Success in the Island of Formosa", *The Chinese Recorder and Missionary Journal*, Shanghai: Presbyterian Mission Press, Vol. 3, 1870, p. 167.

③ 佚名：《深入福岛内部之旅》，费德廉、罗效德编译《看见十九世纪台湾——十四位西方旅行者的福尔摩沙故事》，如果出版社、大雁文化事业股份有限公司，2006，第 150~151 页。

④ 他们的订婚效力较为薄弱，任何一方随时可以解约，另一方不得拒绝。已订婚的男女来往也较为自由，不少部落存在女方在怀上未婚夫的孩子之后才嫁过去的情况。参台湾总督府临时台湾旧惯调查会编，中研院民族学研究所编译《番社惯习调查报告书》第 3 卷，中研院民族所，1998，第 102 页。

开，没有任何羞耻。”① 当这种风俗不可避免地影响到教会里的少数民族信徒时，传教士告诫说：“这种事情仍然来到我们面前时，总是让人沮丧……我们要在此训斥，在此告诫，在此努力建造我们主耶和华的礼拜堂。这些人的生活真的很随便！我非常感谢所有的人都告白那是一个坏习俗，但是他们无法马上就远离它。”② 此外，一些少数民族嗜烟好酒，也令传教士感到不满：“仅仅两三岁的小孩，就可能看到有嚼槟榔、抽烟的，更糟的是，喝烧酒还喝到醉了。槟榔和烟显然未造成太大的伤害，但自他们从汉人哪里学会了酿酒的艺术，亚力酒就变成每天必喝的东西。连幼小的孩子也让他们爱喝多少就喝多少。结果非常可悲，那显然妨碍正常发育，而造成胃肿胀积水。那些让其喝酒的小孩，很少能够活到十五岁。除非放弃此陋习，否则此种族残存的日子屈指可数。”③ 对少数民族不讲卫生、懒散、安于现状的性格，传教士也进行了批评。更让传教士苦恼的是平埔族天生“见异思迁”的个性。他们发现，这些“上帝子民”对信仰显得“十分不可靠”。总之，传教士对少数民族性格的褒贬都是围绕少数民族能否成为上帝“纯洁子民”的出发点而展开，同时受到西方基督教伦理的局限，他们希望能够以此对少数民族加以改造。

三　少数民族基督教化及其影响

清中后期以来，由于通婚、居住环境等因素的改变，台湾少数民族在文化、体格、生活习惯等方面与汉人日益趋同。另一方面，受西方文化影响，在台湾南部和北部都出现了集体接受基督教信仰的现象。少数民族自身的文化也发生了重大变迁，造成了深远的影响。

第一，基督教的传入，加快了少数民族原始社会的解体，却未根本改变少数民族的社会地位。基督教的传入，引起了少数民族乡村面貌的很大

① 马偕：《马偕日记Ⅱ》，北部台湾基督教长老教会大会、北部台湾基督教长老教会史迹委员会译，玉山社出版事业股份有限公司，2012，第 330 页。

② 马偕：《马偕日记Ⅱ》，北部台湾基督教长老教会大会、北部台湾基督教长老教会史迹委员会译，玉山社出版事业股份有限公司，2012，第 330 页。

③ 泰勒：《福尔摩沙的原住民》，费德廉、罗效德编译《看见十九世纪台湾——十四位西方旅行者的福尔摩沙故事》，如果出版社、大雁文化事业股份有限公司，2006，第 194 页。

改变，新式医疗及教育机构的引进、高耸的十字架、固定集会礼拜与唱诵圣歌，形成了原乡新的氛围和特色，加快了原生态社会的解体。传教士的药品和手术刀逐渐赢得了少数民族的信任，减轻了疾病带来的痛苦。基督教音乐也起到了一定的慰藉与宣泄作用。传教士曾报告说："熟番的音乐是由北部的神职人员带来的。音乐对他们有很大影响，礼拜仪式过后很久，他们吟唱着这些基督教圣歌，忘记了贫穷、负债，以及工作上的辛苦。"[①] 然而，基督教并未根本改变少数民族在台湾的社会地位，他们仍旧处于社会的边缘。传教士也不得不承认，当汉人看到少数民族一窝蜂地皈依基督教时，却以更加排斥的眼光看待他们。[②]

第二，基督教的传入，造成了原乡文化的变迁，尽管保留了少数民族的文化形式，其文化内涵却往往由基督教所替代。在基督教的传播过程中，少数民族的祖灵信仰逐步瓦解。史温侯认为，少数民族祭司除了遵照传统以外一无所知，基督教很容易瓦解他们的原始信仰："从疯狂的女祭司身上找不到多少（理由）可劝服他们去坚持以前的迷信。"[③] 史蒂瑞也发现，许多少数民族未经什么困难，就成为"很好的基督徒"。他认为，其原因在于基督教这类建制性宗教比原始宗教存在更多优越性。[④] 西方人记述了一些少数民族的皈依过程。例如，彰化有一个老人曾深受胃溃疡之苦，辗转至台湾府基督教医院就医得愈，也就接受了"福音"。他走了一百多英里返回家乡，在疾病"神迹般"康复的影响下，有一百多个族人起来捣毁偶像和祖先的灵牌，改守"安息日"。不过，他们的"安息日"是星期六，而非基督教通常认为的星期日，因为老人在回家的路上"把日子数乱了"。[⑤] 根据马偕的记

① 史帝瑞：《来自南福尔摩沙的信件》，费德廉、罗效德编译《看见十九世纪台湾——十四位西方旅行者的福尔摩沙故事》，如果出版社、大雁文化事业股份有限公司，2006，第106页。

② 白尚德：《英国长老教会宣教师与台湾原住民的接触：1865~1940》，郑顺德译，顺益台湾"原住民"博物馆，2004，第26页。

③ 史温侯：《福尔摩沙民族学记事》，费德廉、罗效德编译《看见十九世纪台湾——十四位西方旅行者的福尔摩沙故事》，如果出版社、大雁文化事业股份有限公司，2006，第52~53页。

④ 史温侯：《福尔摩沙民族学记事》，费德廉、罗效德编译《看见十九世纪台湾——十四位西方旅行者的福尔摩沙故事》，如果出版社、大雁文化事业股份有限公司，2006，第52~53页。

⑤ 史帝瑞：《来自南福尔摩沙的信件》，费德廉、罗效德编译《看见十九世纪台湾——十四位西方旅行者的福尔摩沙故事》，如果出版社、大雁文化事业股份有限公司，2006，第85~86页。

述，这个少数民族村庄“有 500 个拜偶像的人清除了自己的偶像，并将一个花费 2000 英镑建造的庙宇改为教堂”[①]。传教士抵达后，发现村里到处都在喧嚷沸腾，因为少数民族正在发泄“长期事奉偶像”的愤怒。村民从一个村庄到另一个村庄，搜集偶像、香柱和偶像设施并付之一炬。当由偶像庙改建的教堂启用时，少数民族蜂拥而至，高唱圣诗。[②] 一位清政府海关官员也见证了基督教在台湾北部宣教的成功。他报告说，北台湾 50 个传教站里有许多掌握医学知识的本地宣教士，正对该岛的所有人——平埔番、生番及汉人——“产生显著的影响”，那里的平埔番“愿意替马偕博士做一切事”。[③]

由于宣教的需要，传教士也刻意保留某些少数民族文化，寻找基督教与少数民族文化相互印证的地方。有的传教士研究少数民族神话故事与《旧约·创世记》相合的话题。[④] 长老会传教士致力于经典翻译与字典编撰。马雅各把圣经翻译为罗马拼音式的闽南语，让少数民族能够与汉人一样阅读基督教文本。甘为霖把位于埔社东边雾番语的 400 个词汇编成手册，在一定意义上起到了保存少数民族语言的作用。[⑤] 天主教对少数民族文化更加开放，不但允许其献祭，甚至还帮助少数民族恢复传统祭祀礼仪。大量少数民族语言的基督教圣经译本、礼仪经本，反映了传教士试图将少数民族文化与基督教结合的努力。然而，传教士建构的这些文化，看似保留了不少少数民族文化面貌，其精神内涵却往往为基督教所替代。

---

① “Missionary News”, Huge Ritchie, “Missionary Work among Formosan Aborigines”, William Campbell, “An Account of Missionary Success in the Island of Formosa”, *The Chinese Recorder and Missionary Journal*, Shanghai: Presbyterian Mission Press, Vol. 22, 1891, p. 392.

② “Missionary News”, Huge Ritchie, “Missionary Work among Formosan Aborigines”, William Campbell, “An Account of Missionary Success in the Island of Formosa”, *The Chinese Recorder and Missionary Journal*, Shanghai: Presbyterian Mission Press, Vol. 23, 1892, p. 48.

③ “Missionary News”, Huge Ritchie, “Missionary Work among Formosan Aborigines”, William Campbell, “An Account of Missionary Success in the Island of Formosa”, *The Chinese Recorder and Missionary Journal*, Shanghai: Presbyterian Mission Press, Vol. 24, 1893, p. 146.

④ 泰勒：《福尔摩沙原住民的民间故事》，费德廉、罗效德编译《看见十九世纪台湾——十四位西方旅行者的福尔摩沙故事》，如果出版社、大雁文化事业股份有限公司，2006，第 298 页。

⑤ 白尚德：《英国长老教会宣教师与台湾原住民的接触：1865～1940》，郑顺德译，顺益台湾原住民博物馆，2004，第 26 页。

表 3　基督教、天主教翻译的少数民族语《圣经》与弥撒经本①

<table>
<tr><th></th><th>语种</th><th>翻译者</th><th>译本</th></tr>
<tr><td rowspan="7">基督教圣经</td><td>泰雅语
(Northern Tayal Language)</td><td>加拿大传教士穆克里（Mac Gill)</td><td>部分《旧约》及全部《新约》罗马拼音本</td></tr>
<tr><td>泰雅/太鲁阁语
(Tayal/Taroko Language)</td><td>本族传道人与传教士 Ralph Civek</td><td>《新约》《旧约》中文与罗马拼音对照本</td></tr>
<tr><td>布农语
(Bunun Language)</td><td>胡文池牧师、白冷会贝慧德神父（Titus Benz）及本族基督教、天主教传道人</td><td>《新约》《旧约》中文与罗马拼音本</td></tr>
<tr><td>阿美语
(Amis Language)</td><td>魏克林女士、方敏英女士(Virgimia Fey)、池作基神父(Meinrad Tschirky）及少数民族传教士</td><td>《新约》《旧约》中文与罗马拼音本</td></tr>
<tr><td>鲁凯语
(Rukai Language)</td><td>圣经公会</td><td>罗马拼音本</td></tr>
<tr><td>排湾语
(Paiwan Language)</td><td>怀约翰（John Whitehorn)、少数民族童春发、许松牧师</td><td>《新约》与部分《旧约》罗马拼音本</td></tr>
<tr><td>雅美/达悟语
(Yamei/Tao Language)</td><td>魏克林女士及雅美人基督教、天主教传道人</td><td>雅美人《新约》摘译本、罗马拼音《新约》全书</td></tr>
<tr><td rowspan="6">天主教礼仪经本</td><td rowspan="4">泰雅语
(Northern Tayal Langugae)</td><td>方济会巴义慈神父（Alberto Papa)</td><td>弥撒影印本</td></tr>
<tr><td>耶稣会孙国栋神父（Gerardo del Valle)</td><td>弥撒影印本</td></tr>
<tr><td>耶稣会宋恒毅神父（Aquilino Miguelez)</td><td>儿童弥撒影印本</td></tr>
<tr><td>圣高隆会徐立仁神父（Tom Browning）与教友高亲妹</td><td>弥撒影印本（附有圣歌）</td></tr>
<tr><td rowspan="2">泰雅/太鲁阁语
(Tayal/Taroko Language)</td><td>奥斯定咏礼会沙智勇神父(Alphonse Savioz）/雷振华神父（Charles Reichenbach)</td><td>甲、乙、丙年弥撒经本</td></tr>
<tr><td>陈春光神父根据万荣乡巴黎外方传教会牧德全神父（Ferdinand Percoraro）及牟仁德神父（Raoul Mauger）的弥撒经文修订</td><td>泰雅/太鲁阁语弥撒经文</td></tr>
</table>

① 丁立伟、詹嫦慧、孙大川:《活力教会：天主教在台湾原住民世界的过去现在未来》，光启文化事业，2004，第 364～368 页。

续表

	语种	翻译者	译本
天主教礼仪经本	泰雅/赛德克语（Tayal/Sediq Language）	邱来顺、黄春芳	弥撒经文（附有圣歌）
	布农语（Bunun Language）	白冷会苏德丰神父（Gottfried-Suter）	弥撒经本 Is-atumashig Tama Dihannin tu hudas
	阿美语（Amis Language）	白冷会彭海曼神父（Hermann-Brun）及六位本地传道员	甲、乙、丙年南阿美语弥撒经本
		阿美人神父曾俊源	甲、乙、丙年北阿美语弥撒经本与圣咏集
		巴黎外方传教会博利亚（Louis Pourrias）神父、潘世光（Maurice Poinsot）神父	甲、乙、丙年中部阿美语弥撒经本与圣歌本 Hmeken ita ko Wama
	卑南语（Puyuma Language）	卑南人曾建次神父	附有圣歌本的弥撒经本
	邹语（Tsou Language）	郑政宗传道员	邹语弥撒经本 Bau Ci Misa
		圣言会温安东神父（Anton Weber）	甲、乙、丙年弥撒经本
	鲁凯语（Rukai Language）	传道员江辰荣及两位教友巴桂美、巴惠美	附有圣歌本的弥撒经本 Ngudadeadekadan ka sasi Burluburluan ki Tinsiokio
	排湾语（Paiwan Language）	艾格里神父（Hans Egli）	台东南排湾语弥撒经本 Sikialingan a Pinaiwanan
		道明会范济国神父（Luis Otero）	北排湾圣歌本 Pinayuanan a Senai 并影印弥撒经本 Misa en Paiwan
		龚岱恩神父（Josef Guntern）	排湾语四福音

第三，传教士采取汉人、少数民族“分而治之”[1]的传教策略，造成台湾基督教长期以来的分化格局。在进行了初步的人种研究之后，传教士

① 在论及传教士对原住民采用的宣教策略时，陈建樾提出过“分而治之”的观点。不过，他将此概念用于说明荷兰殖民者对汉族和少数民族的统治政策，而非传教士的宣教策略。此外，陈建樾也未将这种观点扩展至晚清传教士，而认为晚清传教士采取的传教策略主要是医学传教。参见陈建樾《台湾“原住民”历史与政策研究》，社会科学文献出版社，2009，第 71 页、第 75~83 页。

相信少数民族与汉人属于不同的种族，因此决定开展差异化的宣教工作。以马偕、马雅各、甘为霖为代表的西方传教士，在少数民族区域开展了长达数十年的工作，使基督教得以扎根少数民族山地，开始了基督教本土化的历程。在少数民族当中，主要是使基督教在形式上与少数民族文化相结合。而在汉人当中，则采取了更加直接的基督教化方式。此外，对少数民族教会与汉人教会进行区隔。传教士在语言、文化等方面采取汉人、少数民族两条线各自发展的做法。这种“分而治之”的宣教策略，导致这两部分人群由于缺少交流，在语言、习惯、音乐、建筑方面形成较大差别，影响到今日台湾基督教的基本面貌，使汉人教会与少数民族教会分化的格局日益凸显。传教士在少数民族中间推广所谓的“原乡教会”，使汉人和少数民族区隔发展，也埋下了二者对立分化的根源，至今影响深远。

余　论

18、19世纪，在殖民扩张的背景下，引发了公众对原生态社会的兴趣，到台湾的传教士亦将宣教重点从汉人转向少数民族。这一转向过程，既透露出基督教寻求本土化的努力，也反映了地域文化对外来文化的调适，在一定程度上调整了西方基督教的人种观；传教士对少数民族的矛盾看法，也折射出基督教在向少数民族宣教过程中的境遇与迷思。传教士带来的包括医学在内的近代科学知识，加快了少数民族社会的解体，促使其向近代社会过渡。然而，传教士采取将汉人、少数民族“分而治之”的宣教策略，却形成了台湾基督教长期以来的分化格局。近几十年来，基督教通过与少数民族的关系，使自身更加深入地嵌入台湾社会基层，面对社会结构转型造成的种种问题，在所谓“关怀社会”思想的影响之下，发展出独特的社会问题意识，并借助族群力量进行社会参与，致使少数民族问题为政治势力所操弄。尽管这与晚清来华基督教传教士对少数民族的印象和宣教活动不无关系，然而这已不是单纯的宗教问题了。

原载《宗教学研究》2017 年第 4 期

图书在版编目(CIP)数据

领先阁史学文萃. 第二辑，闽台交流卷 / 叶青主编
. --北京：社会科学文献出版社，2020.6
(福建师范大学史学文库)
ISBN 978-7-5201-6551-8

Ⅰ. ①领… Ⅱ. ①叶… Ⅲ. ①文化史-福建 ②文化交流-文化史-福建、台湾-文集 Ⅳ. ①K295.7 ②K265.8-53

中国版本图书馆 CIP 数据核字(2020)第 063464 号

·福建师范大学史学文库·
领先阁史学文萃第二辑（闽台交流卷）

主　　编 / 叶　青

出 版 人 / 谢寿光
责任编辑 / 宋淑洁

出　　版 / 社会科学文献出版社 · 经济与管理分社（010）59367226
地址：北京市北三环中路甲 29 号院华龙大厦　邮编：100029
网址：www.ssap.com.cn
发　　行 / 市场营销中心（010）59367081　59367083
印　　装 / 三河市尚艺印装有限公司

规　　格 / 开　本：787mm × 1092mm　1/16
本辑印张：14.75　本辑字数：225 千字
版　　次 / 2020 年 6 月第 1 版　2020 年 6 月第 1 次印刷
书　　号 / ISBN 978-7-5201-6551-8
定　　价 / 598.00 元（全四辑）

本书如有印装质量问题，请与读者服务中心（010-59367028）联系